榆林市科技局项目：乡村振兴战略视域下榆林红色文化资源深度开发利用研究（项目编号：CXY-2021-98-01）

乡村振兴战略视域下
榆林红色文化资源深度开发利用研究

薛改霞　著

九州出版社
JIUZHOUPRESS

图书在版编目（CIP）数据

乡村振兴战略视域下榆林红色文化资源深度开发利用
研究 / 薛改霞著 . -- 北京 ：九州出版社，2024. 8.
ISBN 978-7-5225-3302-5

Ⅰ . F592.741.3

中国国家版本馆 CIP 数据核字第 2024036BC4 号

乡村振兴战略视域下榆林红色文化资源深度开发利用研究

作　　者	薛改霞　著
责任编辑	陈丹青
出版发行	九州出版社
地　　址	北京市西城区阜外大街甲 35 号（100037）
发行电话	（010）68992190/3/5/6
网　　址	www.jiuzhoupress.com
电子信箱	jiuzhou@jiuzhoupress.com
印　　刷	武汉鑫佳捷印务有限公司
开　　本	787 毫米 ×1092 毫米　16 开
印　　张	15.75
字　　数	249 千字
版　　次	2024 年 8 月第 1 版
印　　次	2024 年 8 月第 1 次印刷
书　　号	ISBN 978-7-5225-3302-5
定　　价	78.00 元

在乡村振兴战略视域下，榆林红色文化资源的深度开发利用具有重要意义。榆林作为陕北地区的重要城市，承载着丰富的红色文化资源，这些资源既是历史的见证，也是乡村振兴的重要支撑。在乡村振兴的背景下，深度挖掘和充分利用榆林的红色文化资源，不仅可以提升当地的文化软实力，还可以促进乡村经济发展和社会稳定。通过深度开发利用这些资源，可以打造一批具有红色文化特色的旅游景点和旅游线路，吸引更多的游客前来参观游览，推动当地旅游业的发展。同时，还可以开发相关的红色文化衍生产品，如纪念品、文化创意产品等，丰富乡村经济的产业结构，提升农民的收入水平。榆林的红色文化资源也是传承和弘扬社会主义核心价值观的重要载体。通过开展丰富多样的红色文化宣传教育活动，加强对红色文化资源的保护和传承，可以引导广大群众树立正确的历史观、国家观、文化观，增强爱国主义精神和集体主义意识，促进社会和谐稳定。

本书旨在深入研究乡村振兴战略视域下榆林红色文化资源的深度开发与利用。乡村振兴战略是中国式现代化建设的重要战略之一，旨在实现农村经济社会全面发展，提高农村居民的生活水平。榆林地处中国陕西省，拥有丰富的红色文化资源，这些资源承载着革命历史的光辉与记忆，具有重要的历史价值和文化特点。将乡村振兴与榆林红色文化资源相结合，既有助于实现农村发展的战略目标，也有助于传承和弘扬红色文化的精神。本书旨在为政策制定者、研究学者、社会各界提供有关乡村振兴和红色文化资源深度开发的有益信息，以促进榆林市的可持续发展和文化传承。希望读者通过本书能够更好地理解如何充分利用红色文化资源，推动乡村振兴战略的实施，实现文化与经济的双赢局面。

作者在写作本书的过程中，借鉴了许多前辈的研究成果，在此表示衷心的感谢。由于本书需要探究的层面比较深，作者对一些相关问题的研究不透彻，加之写作时间仓促，书中难免存在不妥和疏漏之处，恳请前辈、同行及广大读者斧正。

目　录

第一章　乡村振兴与红色文化资源

第一节　乡村振兴战略概述

一、乡村振兴战略的内涵

乡村振兴战略作为当代中国乡村发展的战略指导思想，以"产业兴旺、生态宜居、乡风文明、治理有效、生活富裕"为核心理念，旨在推进广大农村地区（包括小城镇）的建设和发展，全面实现农村、农业的现代化，进一步缩小工农差距和城乡差距。这一战略的核心理念涵盖了经济、生态、文化、社会等多个方面，体现了对乡村振兴全面发展的追求和努力。乡村振兴战略将"产业兴旺"确立为核心。这一方面通过农业供给侧结构性改革，推动农业产业链、价值链的延伸，以提升农村地区的农业综合效益和竞争力。通过加强农村产业的发展，提升农民的收入水平，从根本上解决了农村地区的贫困问题，推动了乡村经济的蓬勃发展。"生态宜居"成为乡村振兴战略的重点。战略要求在生态文明建设的引领下，通过人居环境整治和因地制宜发展绿色农业等措施，提升农村地区的生态环境质量，实现生产、生活、生态的协调发展。这不仅有助于改善农村居民的生活环境，也为可持续发展奠定了重要基础。

"乡风文明"作为乡村振兴战略的保障，强调了文明新风的树立。通过弘扬中国特色社会主义核心价值观，提升乡村社会文明程度和农民精神风貌，旨在构建和谐、文明、进步的农村社会。"治理有效"作为战略的组织基础，强调了基层治理体系的建设[1]。通过夯实基层基础，构建新型农村治理体系，打造平安乡村新风貌，为农村地区的稳定发展提供了坚实保障。"生活富裕"被确立为战略的根本目标。战略强调了不仅要带领农民脱贫，更要

---

[1] 乔婉婷. 乡村振兴战略背景下"三农"经济发展问题对策研究 [J]. 边疆经济与文化, 2024(03): 44-48.

确保其生活质量的提升，拉近农村居民与城市居民的生活差距，使广大农民群众能够与城市居民一同步入全面小康社会。这一战略的核心理念充分体现了对乡村发展的全面考量，不仅仅是简单的经济振兴，更是社会层面、文化层面、生态层面的全面振兴。乡村振兴战略的实施不仅有助于解决当前农村面临的经济、社会、环境等问题，更能够为未来乡村发展注入持续发展的活力和动力。因此，乡村振兴战略的落实需要各级政府、相关部门和社会各界的共同努力，共同推动乡村振兴事业不断迈向新的高度。

二、乡村振兴战略实施的原则

（一）党管农村工作原则

该原则强调，在落实乡村振兴战略的过程中，必须充分认识和明确党在农村工作中的决定性领导地位，深入贯彻党的各项指导方针，积极建立健全党管农村工作体制和相关制度、章程，以确保党在农村工作中的主导地位和指导、协调作用得到充分凸显，为乡村振兴工作的开展和战略目标的实现提供强有力的政治保障。这一原则的重要性不言而喻，体现了党对乡村振兴工作的高度重视和坚定领导。必须充分认识党在农村工作中的决定性领导地位。党的领导是中国特色社会主义最本质的特征，是中国特色社会主义制度的最大优势。在乡村振兴工作中，必须坚持党的领导不动摇，牢固树立"党管农村工作、党建助推乡村振兴"的理念，自觉把党的领导贯穿于乡村振兴全过程。必须深入贯彻党的各项指导方针。党的各项指导方针是乡村振兴工作的行动指南和思想保证，必须全面深入贯彻习近平新时代中国特色社会主义思想，贯彻党的农村工作方针政策，落实乡村振兴战略部署，确保党的农村工作始终沿着正确的方向前进。必须积极建立健全党管农村工作体制和相关制度、章程。建立健全党组织在乡村振兴工作中的组织体系和工作机制，完善党的农村工作制度，加强党的农村基层组织建设，确保党在农村工作中的全覆盖、全面领导、全过程管理。必须充分凸显党在农村工作中的主导地位和指导、协调作用。党在农村工作中的主导地位必须得到充分凸显，党的农村工作要把握好政治方向，坚持正确的工作导向，积极发挥党的组织优势和政治优势，推动乡村振兴战略有效实施。党的领导是农村振兴工作的根本保证和核心要求，必须坚决贯彻落实这一原则，确保党的领导始终成为乡村振兴工作的强大动力和坚强支撑，为实现乡村振兴战略目标提供坚实的政治保障。

（二）农业农村优先发展原则

在新时代背景下，各级党组织和地方政府应将乡村振兴战略的落实视为共同的工作目标和意志行动，并在开展农村建设和农业发展相关工作时，做到要素配置优先满足、干部配备优先考虑、公共服务优先安排、资金投入优先保障等，以此全力提升农村农业发展速度，尽快补齐发展短板。这一原则的提出体现了对乡村振兴工作的高度重视和实际行动，为推动乡村振兴战略的有效实施提供了有力保障。要素配置优先满足。农村发展需要充足的要素支持，各级党组织和地方政府应将优先满足农村的要素需求作为工作的首要任务，包括土地资源、人力资源、技术资源等，确保农村发展有充足的要素支撑。

干部配备优先考虑。优秀的干部队伍是农村振兴工作的重要保障，各级党组织和地方政府应优先考虑向农村派驻优秀的干部，加强农村干部队伍建设，提升农村干部的素质和能力，为农村振兴提供坚强的组织保障。公共服务优先安排。农村地区的公共服务水平直接关系到农村居民的生活质量和幸福感，各级党组织和地方政府应将公共服务优先安排在发展工作的重要位置，加大对农村基础设施建设、教育医疗卫生等方面的投入，确保农村居民能够享受到与城市居民同等水平的公共服务。资金投入优先保障。农村振兴需要大量的资金支持，各级党组织和地方政府应将资金投入优先保障在发展工作的重要位置，采取有效措施加大对农村地区的资金支持力度，确保农村振兴工作有充足的资金保障。这一原则的提出，有助于各级党组织和地方政府在乡村振兴工作中把握正确的发展方向，注重发挥政府在资源配置和政策引导中的作用，全面推动乡村振兴战略的实施。只有将各项工作措施贯彻到位，才能有效提升农村农业发展速度，尽快补齐发展短板，实现乡村振兴战略的目标和愿景。因此，各级党组织和地方政府应切实履行责任，全力推进乡村振兴工作，为广大农村居民创造更加美好的生活。

(三) 农民主体地位原则

在实施乡村振兴战略时，应充分尊重广大农民群众的意愿，将维护农民群众根本利益、带动农民脱贫致富作为工作的出发点和落脚点。这一原则的提出体现了对农民群众权益的尊重和对农村发展的深刻思考，有助于激发农民群众的积极性和创造性，推动乡村振兴工作朝着正确的方向迈进。实施乡村振兴战略要充分尊重农民群众的意愿。农民是乡村振兴工作的主体和受益者，他们对自己的家园和生活有着深刻的理解和期待。各级党组织和地方政府应积极听取农民的意见和建议，将他们的合理诉求纳入乡村振兴规划和实施过程中，真正做到以民为本、倾听民声、解决民忧。要维护农民群众的根本利益。乡村振兴战略的目的在于改善农民生产生活条件，提升其生活水平和幸福感。在实施过程中，必须始终把农民的根本利益放在首位，坚决打击侵害农民合法权益的行为，保障他们的合法权益不受侵犯。要以带动农民脱贫致富为出发点。乡村振兴的根本任务是促进农村经济的持续健康发展，实现农民的全面小康。因此，各项政策和措施都应当围绕着如何帮助农民增收致富展开，为他们提供更多的发展机遇和平台，助力他们实现自身的美好生活。要调动农民群众的主观能动性和创造性。农民群众是乡村振兴工作的积极参与者和推动者，他们在农村农业发展中拥有丰富的经验和智慧。各级党组织和地方政府应充分尊重和调动农民的主观能动性，鼓励他们参与到乡村振兴的各个环节中来，发挥出他们的创造性和潜力，共同推动乡村振兴事业不断向前发展。实施乡村振兴战略需要坚持尊重农民群众的意愿，维护他们的根本利益，以带动农民脱贫致富为出发点，调动他们的主观能动性和创造性，使乡村振兴战略的实施更加深入人心、顺应民意，为实现全面小康社会目标贡献力量。

(四) 乡村全面振兴原则

1. 破除体制机制弊端

在推进乡村振兴战略的过程中，应坚决破除体制机制弊端，进一步凸显市场对资源配置的决定性影响，并在此基础上充分发挥政府的引导、协调作用，塑造城乡要素自由流动、平等交换的和谐化发展形态，以此打造城、乡两地工业、农业、商业相互促进、协同发展的良性发展模式，以此实现城乡发展资源的互补，工业与农业相互促进，通过构建"全面融合、共同繁荣"的城乡发展势态，推动乡村振兴战略的落实。坚决破除体制机制弊端。乡村振兴战略需要通过改革开放，解决制约农村发展的体制机制问题。必须坚决破除阻碍农村经济发展的体制弊端，推动政府职能转变，优化营商环境，为市场主体提供更加公平、公正、透明的发展环境。凸显市场对资源配置的决定性影响。

2. 市场资源配置

市场在资源配置中应发挥决定性作用，充分调动市场主体的积极性和创造性，让市场资源流动更加自由、灵活，为乡村振兴提供更多的发展机遇和空间。发挥政府的引导、协调作用。政府在乡村振兴中应发挥引导和协调作用，通过政策引导和规划设计，推动资源要素在城乡间的有序流动和合理配置，为城乡发展提供坚实的政策支持和保障。构建城乡要素自由流动、平等交换的和谐化发展形态。要实现城乡要素的自由流动和平等交换，必须构建和谐的城乡发展形态，促进城乡间的经济互补和合作共赢，推动城乡资源要素的共享和共同发展。乡村振兴战略的实施需要坚决破除体制机制弊端，凸显市场对资源配置的决定性影响，发挥政府的引导、协调作用。只有通过全面深化改革，促进城乡经济的互利共赢，才能实现乡村振兴战略的全面成功。

(五) 城乡融合发展原则

要坚决破除体制机制弊端。在乡村振兴过程中，存在着种种制度机制上的障碍，这些弊端会影响到资源的合理配置和利用，制约着乡村振兴的进程。必须坚决破除这些弊端，推动体制机制改革，为乡村振兴提供良好的制度环境。要凸显市场对资源配置的决定性影响。市场在资源配置中应该起到决定性的作用，政府应该尊重市场规律，通过市场机制调动资源要素的有效配置和优化，激发乡村发展的内在活力和动力。

要充分发挥政府的引导、协调作用。政府在乡村振兴中应该扮演好引导和协调的角色，通过政策制定、规划引导等手段，推动城乡发展的协同，保障乡村振兴工作的顺利实施。要塑造城乡要素自由流动、平等交换的和谐化发展形态。城乡要素的自由流动和平等交换是乡村振兴的重要保障，需要构建和谐的城乡关系，促进城乡要素的有机流动和平等交换，实现城乡资源的互补和共同发展。要构建"全面融合、共同繁荣"的城乡发展势态。城乡发展要全面融合、共同繁荣，需要促进城乡要素的有机融合和协同发展，推动工业与农业、城市与乡村的良性互动，实现城乡发展的全面繁荣。要实现乡村振兴战略的落实，需要破除体制机制弊端，构建"全面融合、共同繁荣"的城乡发展势态。只有这样，才能推动乡村振兴战略的全面实施，实现城乡发展的良性循环和共同繁荣。

三、乡村振兴战略落实的价值

(一) 为"三农"问题的解决提供抓手

1. 乡村振兴战略落实的价值

农村在我国改革开放中扮演着重要的战略地位，因此，针对农村、农业、农民的"三农"问题，是国计民生的根本问题。当前，"三农"问题主要表现在农村农业机械化和现代化程度不高，导致农村地区的农业生产和发展水平相对较低，农民收入水平不高，生活质量和水平不高。考虑到我国农村人口占比较大，这使得"三农"问题成为制约我国社会经济发展的重要因素。如何有效解决"三农"问题将直接影响我国现代化建设进程和"中华民族伟大复兴"大业的实现。乡村振兴战略以"产业兴旺"为核心，被视为新时代农业农村现代化发展的基石和支撑。该战略的实施能够为解决新时代"三农"问题提供重要抓手和有效途径。具体来说，乡村振兴战略的落实具有以下价值：通过推进农村产业兴旺，提高农村经济的发展水平。

2. 发展新兴产业

乡村振兴战略鼓励农村地区发展新兴产业、壮大农村经济，从而为农民增加收入提供了新的渠道和保障。通过培育特色产业、发展乡村旅游等方式，不断壮大农村经济实力，提升农民的生活质量和水平。通过推动农村产业现代化，提高农业生产效率和质量。乡村振兴战略促进农业供给侧结构性改革，推动农村农业实现转型升级，加快推进农业机械化、信息化、智能化发展，提高农业生产效率和竞争力，从而提升农村地区的农业发展水平。通过提高农村基础设施和公共服务，提高农民的生活质量。乡村振兴战略重视加强农村基础设施建设，包括道路、水利、电力、通信等方面，提高农村基础设施水平，改善农民生活条件，增强农民的获得感和幸福感。乡村振兴战略的实施还能够带动乡村环境的改善和生态文明建设。通过推动绿色农业、生态农业等发展模式，保护和修复农村生态环境，提高农村地区的生态质量，为农民提供良好的生活环境。乡村振兴战略的落实对于解决"三农"问题具有重要的价值。只有通过加大对农村产业、农业、农民的支持和帮助，才能够有效解决"三农"问题，实现农村社会经济的全面发展和农民群众的幸福生活。

（二）为中华传统文化的传承提供保障

1. 传统村落的消失

乡村是中国传统文化的重要承载地，而传统村落更是这一文化的活生生的代表。然而，近年来，传统村落的消失速度堪忧。根据有关部门的数据显示，在过去的十年中，我国每天平均有80至100个村庄消失[1]，这种现象不仅是一种对历史文化的破坏，更是对民族记忆的遗忘。因此，乡村振兴战略的实施势在必行，不仅可以有效保护传统村落，更能为中华传统文化的传承提供坚实保障。乡村振兴战略的落实对于传统村落的保护至关重要。传统村落所蕴含的丰富历史文化、传统习俗和建筑风貌，是中华民族文化的珍贵遗产。这些村落承载着古老的生活方式和价值观念，在它们的街巷、房屋、祠堂、祭祀场所等处都能找到丰富的历史痕迹。而乡村振兴战略的落实可以通过政策扶持、文化保护等措施，保护这些传统村落的原始风貌和文化遗产，防止它们因为城市化进程的冲击而消失。乡村振兴战略的实施可以促进传统村落的可持续发展。

2. 农村经济发展的政策

传统村落的衰落往往与经济发展不平衡、人口外流等因素密切相关。而乡村振兴战略则提出了一系列支持农村经济发展的政策，包括扶持农村产业、改善农村基础设施、提升农民收入等方面。通过这些政策的实施，可以为传统村落注入新的活力，激发当地经济的发展潜力，吸引更多的人留在

---

[1] 马瑞. 陕北榆林市红色文化传承研究 [D]. 昆明：大理大学，2020.

村庄，从而实现传统村落的可持续发展。乡村振兴战略的落实可以促进传统文化的传承和创新。传统村落是中华传统文化的重要承载地，是中国传统文化的一座活生生的博物馆。在这些村落中，传统的建筑、手工艺、民俗风情等仍然保留着传统的特色。而乡村振兴战略的实施可以通过文化扶持政策、传统技艺传习所建设等举措，促进传统文化的传承和创新，挖掘村落文化资源，培育传统文化产业，使传统文化焕发新的生机。乡村振兴战略的实施对于传统村落的保护和发展至关重要。通过政策扶持、经济发展、文化传承等多方面的措施，可以有效保护传统村落的文化遗产，促进村落的可持续发展，推动传统文化的传承和创新。乡村振兴战略的实施不仅可以让传统村落焕发新的生机，更能够为中华传统文化的传承提供坚实保障，让中华民族的优秀传统文化在当代焕发出新的光彩。

（三）为国家粮食安全提供保障

中国自古以来就是农耕文明的摇篮，农业是中华民族的生命之源，而农村则承载着这一文明的延续和传承。然而，在现代社会的快速发展过程中，农村面临诸多挑战和困境，其中最为突出的问题之一便是农村人口流失和村庄消失现象。随着城市化进程的加快，农村劳动力向城市转移，农村社会结构发生了深刻变革，许多村庄面临老龄化和人口减少的困境。这不仅影响了农村的经济发展，更损害了传统文化的传承。传统村落是中国优秀传统文化的重要承载者和见证者，但在城市化的浪潮中，许多传统村落逐渐被遗忘和边缘化。乡村振兴战略的实施为农村发展带来了新的希望和活力。乡村振兴战略强调了以人为本、全面推进农村全面发展的理念，提出了一系列政策措施，旨在激发农村的发展活力，保护和传承优秀的传统文化。这些政策措施包括加强农村基础设施建设、改善农民生活条件、推动农村产业升级和转型、保护传统村落等。乡村振兴战略为农村提供了更多的发展机遇和空间。

通过加强基础设施建设，改善农村交通、水利、电力等基础设施，提高农村的生产生活条件，为农民创业就业提供了更好的环境和条件。同时，乡村振兴战略鼓励农村发展现代农业产业，推动农村产业升级和转型，促进农村经济持续健康发展。乡村振兴战略注重保护传统文化，重视传统村落的保护和传承。在农村发展过程中，要充分挖掘和利用传统文化资源，保护和修复传统村落，传承和弘扬中华优秀传统文化。通过建设文化遗产保护区、加强文化传统教育、培育传统手工艺等方式，促进传统文化的传承和发展，提升农村的文化软实力。乡村振兴战略也促进了农村和城市的互动与融合。通过推动城乡一体化发展，促进农村和城市资源要素的有机流动和优化配置，加强农村与城市的互联互通，推动城乡居民的共同发展，实现城乡共同繁荣。乡村振兴战略的实施为农村的发展提供了新的机遇和动力，有力地推动了传统村落的保护和发展。只有通过乡村振兴战略的落实，才能有效保护和传承优秀的中华传统文化，为国家粮食安全提供有力保障，实现农村的全面振兴和可持续发展。

（四）为国家经济的稳步增长提供保障

近年来，中国转变发展方式，积极构建内需导向型消费社会，以确保经济的稳步增长。而农村作为中国最大的内需市场，其发展和振兴对于构建内需导向型消费社会至关重要。历次城市经济危机中，农村都扮演了重要角色，成为剩余劳动力的安置地和现代化建设的重要支撑，有效提升了中国社会与经济发展的韧性。因此，农村可以被视为构建内需导向型消费社会、保证国家经济稳步发展的"基石"。当前中国面临的一个主要问题是"三农"问题，即农业、农村和农民问题。处理好"三农"问题对于构建内需导向型消费社会至关重要，因为农村人口占据了中国人口的大部分，其消费潜力巨大，但在现实中，农村地区的消费水平相对较低，农民收入水平也不高，这直接影响了内需的释放和中国经济的稳定发展。

在这种情况下，乡村振兴战略成为解决"三农"问题的重要举措。该战略旨在通过改善农村基础设施、促进农村产业升级、推动农村人才流动等一系列政策措施，重塑农村面貌，提升农民收入水平，激发农村内需，推动农村经济的发展。乡村振兴战略的有效落实将为国家经济的稳步增长提供有力保障，具体体现在以下几个方面：乡村振兴战略的实施将提升农村居民的生活水平。通过改善农村基础设施建设、扶持农村产业发展等举措，农村居民的生活条件将得到明显改善，这将激发农村居民的消费意愿，推动农村内需的增长。乡村振兴战略将促进农村产业升级和转型。随着科技进步和产业升级，农村产业结构将发生改变，传统农业向现代农业的转变将带动农村经济的发展，增加农村居民的收入来源，进而提高农村内需水平。乡村振兴战略将促进城乡经济的融合发展。通过加强城乡基础设施建设、推动农村人才流动等措施，促进城乡经济的互动与融合，打破城乡二元结构，实现资源要素的优化配置，促进全国经济的均衡发展。乡村振兴战略的有效实施将为构建内需导向型消费社会提供重要支撑，促进国家经济的稳步增长。通过提升农村居民的生活水平、促进农村产业升级和转型、促进城乡经济的融合发展等方面的努力，乡村振兴战略将为解决"三农"问题，促进中国经济的可持续发展作出重要贡献。

（五）推动绿色发展战略目标的落实

随着国民环保意识的日益增强，"绿色发展"不仅成为中国新时代国家现代化建设的重要主题，更是推动社会经济发展的必由之路。在这一大背景下，建设"美丽中国""生态中国"已经成为国家现代化建设的全新目标。然而，当前我国面临的一个严峻挑战是农业污染，它已经超过工业污染成为我国最大的污染来源。尤其是在广袤的农村地区，既是"美丽中国""生态中国"的主要承载者，也是农业污染的重要集中地。在这样的情况下，乡村振兴战略的实施将发挥重要作用，有效促进农村地区经济效益和生态效益的同步提升，从而推动绿色发展战略目标的落实。乡村振兴战略将推动农村产业结构的优化升级。通过加强农村产业结构调整，推动农村从传统农业向现代农业转变，优化种植业、养殖业等生产方式，减少农业化肥、农药等化学物质的使用，从根本上降低农业对环境的污染。同时，发展绿色产业、生态旅游等新兴产业，为农民提供更多的就业机会，促进农村经济转型升级。乡村振兴战略将加强农村生态环境保护。

通过加大生态修复力度，恢复和改善农村的生态环境，保护水资源、土壤资源、森林资源等自然资源，减少农业生产对生态环境的破坏。同时，加强农村环境监测和治理，建立健全农村环境保护体系，确保农村生态环境的持续改善。乡村振兴战略将促进农村生活方式的转变。通过推动农村生活垃圾分类处理、推广清洁能源利用等举措，改善农村居民生活环境，提高农村居民的环保意识和素质，促进农村生活方式的绿色化、低碳化，减少对环境的负面影响。乡村振兴战略将推动城乡一体化发展。通过加强城乡基础设施建设、优化城乡资源配置等措施，促进城乡经济社会的互动与融合，推动城乡共同发展，从而实现农村地区经济效益和生态效益的同步提升。乡村振兴战略的实施将为推动绿色发展战略目标的落实提供重要支撑。通过优化农村产业结构、加强农村生态环境保护、促进农村生活方式的转变、推动城乡一体化发展等方面的努力，乡村振兴战略将有效促进农村地区经济与生态效益的同步提升，为实现"美丽中国""生态中国"的梦想贡献力量。

第二节　榆林红色文化资源的价值与特点

一、榆林红色文化资源的价值

（一）历史价值

在榆林市，漫长而悠久的历史充满了纷繁复杂的战火硝烟，这里曾是中国革命斗争的重要战场之一。承载着这一段激荡人心的历史，榆林留存着丰富的革命历史遗迹和文物，这些珍贵的遗迹见证了中国共产党和人民军队在抗日战争和解放战争中的艰苦斗争，因此，榆林的红色文化资源具有极其重要的历史价值。在那段漫长岁月中，榆林见证了一幕幕英雄壮举，是无数先烈为了民族的独立、人民的解放而英勇奋斗的舞台。革命先烈们顽强不屈的斗争精神和无私奉献的精神在这片土地上留下了深刻的印记。榆林的每一处山川河流，每一座古老建筑，都沉淀着历史的沧桑和岁月的厚重。

特别是在抗日战争和解放战争中，榆林成为抗日斗争的前沿阵地和解放战争的主战场之一。无数革命战士在这里浴血奋战，用鲜血和生命书写了反抗外侵、保卫家园的壮丽篇章。长征的足迹、英雄的事迹、红色的传承，构成了榆林这片土地上独有的红色记忆。榆林的红色文化资源承载着悠久的历史，是对那段艰苦岁月的最好见证。这些历史遗迹和文物，不仅是一座座具体的建筑，更是革命先烈们的心血和牺牲。正是这些革命遗址，让我们能够深刻感受到革命斗争的艰辛和牺牲，也激励着我们继续传承和发扬革命先烈的光荣传统。

因此，榆林的红色文化资源具有不可替代的历史价值。它们不仅是过去历史的见证，更是对革命斗争的珍贵纪念，激励着我们不忘初心、牢记使命，为实现中华民族伟大复兴的中国梦而努力奋斗。

（二）文化传承价值

榆林的红色文化资源是一座珍贵的文化宝库，承载着丰富的革命文化和传统文化。这些文化资源不仅是历史的见证，更是对中国共产党光辉历程和伟大精神的生动展现。在当代社会，通过传承和弘扬这些文化，可以激发人们热爱祖国、珍视和平、追求进步的情感与精神。榆林的红色文化传承了中国共产党的光辉历程，是中国革命史上的重要一页。这里曾是中国共产党领导的革命斗争的前沿阵地，是许多革命先烈的诞生地和牺牲地。榆林的红色文化资源，是对革命斗争历史的生动记录和再现，激发着人们对革命先烈的敬仰和纪念之情。

榆林的红色文化也承载着丰富的传统文化。这里民风淳朴，人文底蕴深厚，传统文化源远流长。在长期的革命斗争中，榆林人民坚持爱国爱民、勇往直前的优秀传统，形成了独特的红色文化精神。这种精神不仅是对革命先烈的敬仰，更是对民族精神的传承和发扬。通过传承和弘扬榆林的红色文化，可以引导人们热爱祖国、珍视和平、追求进步。红色文化是一种精神的力量，是凝聚人心、团结力量的重要纽带。通过红色文化的传承，可以加深人们对祖国历史和文化的认知，培养爱国主义精神和社会主义核心价值观，提升民族凝聚力和集体荣誉感。此外，榆林的红色文化还具有丰富的艺术表现形式，如革命歌曲、革命文学等，这些艺术形式是对红色文化的生动展示和传播。通过艺术形式的表达，可以使红色文化更加深入人心，激发人们的爱国情感和家国情怀。

（三）旅游价值

榆林的红色文化资源蕴藏着巨大的旅游价值，成为吸引游客的重要景点和目的地。这里的革命遗址、纪念馆等景点吸引着大量的游客前来参观，推动了当地旅游业的蓬勃发展。榆林的红色文化旅游不仅是一种旅游方式，更是一次深度文化体验，为游客提供了丰富多彩的历史教育和文化传承。榆林作为中国革命斗争的重要战场之一，拥有丰富的革命历史遗迹和文物。西北革命根据地、陕甘宁边区革命遗址等地，记录着中国共产党和人民军队的英勇奋斗历程，吸引着大批游客慕名而来。游客可以亲身感受革命先烈的英雄气概，深刻了解中国革命的光荣历史，增强民族自豪感和爱国情怀。

在榆林的红色文化旅游中，游客不仅可以领略红色文化的壮丽景观，更可以体验到丰富多彩的文化活动和体验项目。例如，参观革命纪念馆、观赏红色文化表演、参与主题游学活动等，都能够使游客在游览的同时，增长知识、丰富文化阅历。榆林的红色文化旅游还具有深厚的文化内涵，是一种具有教育意义的旅游方式。游客在游览的过程中，可以了解革命历史、感受先烈的奋斗精神，激发出对祖国和人民的热爱之情，促进了爱国主义教育和社会主义核心价值观的传承。此外，榆林的红色文化旅游也为当地经济的发展提供了重要支撑。随着游客数量的增加，相关的旅游服务、餐饮、住宿等产业也得到了迅速发展，为当地居民提供了就业机会，促进了地方经济的繁荣和社会的稳定。

(四) 经济价值

榆林的红色文化资源不仅具有深厚的历史和文化内涵，更蕴含着巨大的经济价值。充分利用这些红色文化资源可以成为推动当地经济发展的重要引擎，为榆林的经济繁荣注入新的活力。通过开发相关的红色文化衍生产品、旅游项目等，可以实现经济效益的最大化，促进相关产业的蓬勃发展，增加就业机会，提升居民的生活水平。榆林的红色文化资源是一种独特的经济资源，具有较高的开发利用价值。通过建设红色文化主题公园、开发红色文化特色商品等，可以为游客提供更加丰富多样的文化体验，吸引更多的游客，实现旅游业的可持续发展。

充分利用榆林的红色文化资源可以带动相关产业的发展。例如，发展与红色文化相关的文化创意产业、文化旅游产业等，可以促进当地工艺品、特色产品等的生产销售，推动相关产业的繁荣。同时，红色文化旅游业的兴盛也会带动餐饮、住宿、交通等服务业的发展，形成了多层次、多领域的产业集群效应，为当地经济的多元化发展提供了有力支撑。此外，榆林的红色文化资源还为就业创业提供了重要机会。随着红色旅游业的发展，需要大量的导游、服务人员、文化传播者等专业人才，为当地居民提供了广阔的就业空间。同时，红色文化衍生产品的开发也为创业者提供了丰富的创业机会，促进了就业的增长和社会稳定。

通过充分利用榆林的红色文化资源，可以提升当地居民的生活水平。红色文化产业的发展不仅带动了经济的增长，也为当地居民提供了更多的文化娱乐活动和就业机会，丰富了居民的生活内容，提升了生活品质。榆林的红色文化资源具有巨大的经济价值。充分利用这些资源可以实现经济效益的最大化，促进相关产业的繁荣，提升居民的生活水平，为榆林的经济社会发展注入新的动力。榆林的红色文化资源具有丰富的价值，不仅是历史的见证，也是当代社会发展的重要支撑，其深度开发利用将为促进地方经济社会的全面发展作出积极贡献。

二、榆林红色文化资源的特点

(一) 生成的开端性

榆林，这座位于陕北的古城，承载了中国革命斗争中许多开创性历史事件。这些事件如同历史的序幕，在局地乃至全国具有引领作用，而在这些历史事件的背后，榆林红色文化资源闪耀着独特的价值光芒。

榆林是中国共产党在陕北的重要发源地之一。1924年11月，中国共产党绥德小组的成立，标志着共产党在陕北地区的组织初步形成。这一事件的发生，为中国共产党在陕北地区的扎根奠定了基础，为后来的革命斗争提供了坚实的组织基础。榆林是中国北方武装反抗国民党反动派的重要战略据点。

1927年的清涧起义，打响了中国北方武装反抗国民党反动派的第一枪，开创了陕西武装斗争的历史。这场起义的爆发，为中国共产党在陕北地区的武装斗争打开了新的局面，具有重要的历史意义。榆林是中国工农红军长征入陕的第一站。1935年10月，中国工农红军陕甘支队进入榆林，这标志着长征的新征程在榆林展开。榆林作为长征的落脚点，见证了中国工农红军顽强的战斗精神和不屈的革命意志。榆林还是边区大生产的重要基地之一。八路军359旅4支队在定边县盐场堡乡北畔打盐，开启了边区大生产的序幕。

为边区的经济建设提供了重要支撑，推动了边区经济的发展和壮大。榆林还以其黑圪崂山战斗和胡宗南新11旅在安边起义等历史事件，为中国革命事业做出巨大贡献。黑圪崂山战斗是西北红军第一次歼敌一个整团的作战纪录，为巩固陕北苏区作出了重要贡献。而胡宗南新11旅在安边起义，则是抗战胜利后国民党军队第一次较大规模起义，为中国革命事业注入了新的活力和希望。

1947年3月18日至1948年3月21日，中共中央和毛泽东领导中国人民从大局出发、高瞻远瞩，完成了举世瞩目的"转战陕北"，以最小的司令部指挥了全国最大的解放战争。转战陕北的一年零五天最主要是在榆林境内转战，并召开了解放战争期间著名的"枣林则沟会议""小河会议""杨家沟会议"，指挥了震惊中外的"沙家店战役"及"延（安）清（涧）战役"、两次"榆林战役"，留下了许多珍贵的遗址旧址，转战陕北是新中国"从这里走向胜利"的革命里程碑。在榆林的革命历史事件中，榆林红色文化资源凝聚着深厚的历史底蕴和丰富的文化内涵。这些历史事件不仅是中国革命斗争的重要里程碑，更是中国共产党在陕北地区留下的光辉篇章。

（二）内容的丰富性

榆林不仅承载了众多革命斗争的重要历史事件，还在组织机构、遗址旧址以及重要历史方面具有丰富的红色文化资源。这些红色文化资源，不仅是中国革命史上的重要遗产，更是中华民族精神的宝贵财富，具有重要的历史价值和文化意义。榆林在组织机构方面建立了众多中共组织、政权组织、军事组织和群团组织。这些组织的建立，为革命斗争提供了坚实的组织基础，推动了中国共产党在陕北地区的发展壮大。这些组织的建立，为中国革命的胜利奠定了坚实的基础。榆林拥有丰富的遗址旧址资源。这些遗址旧址既有中共中央机关驻地旧址，又有地方党组织驻地旧址；既有陕甘宁边区政府机关驻地旧址，又有地方政府机关驻地旧址；既有红军、八路军、解放军驻地旧址，又有陕北游击队驻地旧址；既有中央领导同志的旧居，又有榆林革命志士的故居。

这些遗址旧址记录着中国革命的光辉历程，是红色文化的重要载体。榆林在重要历史方面拥有丰富的红色文化资源。这些历史事件涵盖了中共中央的重要会议，陕北特委等地方党组织的会议；清涧起义和沙家店等重大战役;《沁园春·雪》《东方红》诗词歌曲，以及《共进》《西北斗争》等红色报刊。这些重要历史事件见证了中国共产党在陕北地区的革命斗争历程，反映了中国人民为民族独立和人民幸福而不懈奋斗的坚强意志，具有重要的历史价值和现实意义。榆林的红色文化资源不仅是中国革命史上的重要遗产，更是中华民族精神的宝贵财富。这些文化资源不仅有助于人们了解和传承革命先烈的英勇事迹，更能够激励人们砥砺前行，不忘初心，牢记使命，为实现中华民族伟大复兴的中国梦而不懈奋斗。因此，保护和传承榆林的红色文化资源，对于弘扬革命精神，凝聚民族力量，具有重要的现实意义和历史意义。

(三) 价值的珍贵性

榆林红色文化资源是在特殊的历史时期和条件下形成的，是不可替代、不可复制、不可再生的珍贵革命文物。这些文物代表着榆林厚重的革命历史和光荣传统，传递着宝贵的政治遗产和精神内涵。其政治、社会和经济价值不可忽视，对于坚定信念、开展思想教育、推动经济社会发展都具有重要意义。从政治价值来看，榆林的红色文化资源是党领导榆林人民艰苦奋斗、谋求幸福的历史见证。这些文物记录了革命先烈们艰苦卓绝的奋斗历程，是党和人民保持血肉联系的真实凭证。挖掘和弘扬其价值内涵，有利于坚定全市干部群众不忘初心、牢记使命、永远奋斗的政治信仰和理想信念，激励人们为实现共产主义事业而不懈奋斗。从社会价值来看，榆林的红色文化资源体现了党的优良传统，是开展思想政治教育的重要载体。这些文物为理想信念教育提供了鲜活案例，为爱国主义教育提供了生动教材，有助于引导人们树立正确的世界观、人生观和价值观，增强社会主义意识形态的凝聚力和吸引力，推动社会主义核心价值观的传播和实践。从经济价值来看，通过发展红色文化旅游等产业，可以推动革命老区经济社会的又好又快发展。榆林作为陕北革命根据地的核心地区，吸引着大量游客前来参观学习。这不仅可以促进旅游业的发展，还能够带动相关产业的繁荣，促进当地经济的持续增长和社会的稳定发展。榆林的红色文化资源具有重要的政治、社会和经济价值。保护、传承和利用好这些文化资源，有利于坚定信念、凝聚力量、推动发展，为实现中华民族伟大复兴的中国梦贡献榆林的力量和智慧。

第三节　乡村振兴战略与榆林红色文化资源的关联

一、乡村振兴战略下红色文化资源开发的必要性

(一) 具有经济价值

1. 推动农村经济发展

在乡村振兴背景下，红色文化资源开发成为推动农村经济发展、增加农民收入的重要举措。结合旅游业，红色文化资源的开发不仅可以吸引游客，还能够为当地农产品的销售提供新的渠道，从而促进全县经济的增长和人民收入的提高。红色文化资源开发能够激发乡村旅游业的潜力，吸引更多游客到乡村参观游览。许多榆林市的红色文化遗址和历史遗迹具有深厚的历史意义和纪念价值，如绥德师范旧址、郝家桥革命旧址、杨家沟革命旧址等。将这些红色文化资源进行有效开发，打造成为具有吸引力的旅游景点，吸引更多游客前来参观学习，从而带动了当地旅游业的发展。

2. 促进农产品的销售

通过开发红色文化资源，可以促进乡村农产品的销售。结合红色文化旅游业，可以为游客提供丰富的农产品体验，如农家乐、特色农产品等。游客在参观红色文化景点的同时，还可以购买当地特产，支持当地农民，促进农产品的销售，增加了农民的收入来源。红色文化资源的开发还可以带动相关产业的发展，促进乡村经济的多元化。例如，发展红色文化主题餐饮、手工艺品制作、红色文化衍生品销售等产业，不仅可以满足游客的需求，还可以为当地提供就业机会，促进乡村产业的蓬勃发展。红色文化资源开发不仅可以促进经济增长，还可以传承和弘扬红色精神，凝聚人心，促进乡村社会和谐稳定。通过宣传教育，让更多人了解和认同红色文化，激发爱国情怀和社会责任感，形成共建美好乡村的良好氛围。乡村振兴背景下，开发红色文化资源具有必要性和重要意义。通过红色文化资源的开发，不仅可以促进乡村旅游业的发展，还可以拓宽农产品的销售渠道，提高农民收入，带动全县经济的增长 [①]。乡村振兴战略需要积极推动红色文化资源的开发，以实现乡

---

① 余艳. 乡村振兴战略下农业产业发展路径分析 [J]. 内江科技, 2024, 45(02): 75-76.

村经济的全面发展和人民生活水平的提高。

(二) 具有政治价值

在乡村振兴的进程中，党的领导扮演着关键的角色。红色文化资源作为基层治理的重要组成部分，不仅蕴含着丰富的智慧和经验，而且具有重要的文化和生态价值，对于提高基层治理效率、巩固党组织在农村地区的领导地位具有重要意义。红色文化资源是新时代基层工作者和建设者重要的文化资源。这些红色文化资源扎根于革命老区，是革命先辈在艰苦斗争中留下的宝贵遗产。通过学习和汲取红色文化资源中蕴含的智慧和经验，基层工作者和建设者可以更好地指导乡村振兴工作，提高工作效率，推动乡村经济社会发展。红色文化资源具有重要的文化价值。这些文化资源承载着革命历史的光荣传统和优良精神，与老区人民有着深厚的情感联系。通过宣传和弘扬红色文化，可以加强社会主义核心价值观的宣传和教育，提高老区人民的思想道德素质，推动乡村思想道德建设，创造良好社会风貌。红色文化资源具有生态价值。在全面小康已实现的中国特色社会主义新时代，人民对宜居宜业和美好生活的要求越来越高。红色文化资源的开发可以带动革命老区基础设施的改善，打造宜居宜业和美丽乡村，还可以促进乡村生态环境的保护和修复，推动乡村可持续发展。党的领导将红色文化资源作为基层治理的重要组成部分，有利于提高基层治理效率，巩固党组织在农村地区的领导地位。同时，红色文化资源的开发还具有重要的文化和生态价值，对于推动乡村经济社会发展、提升人民生活水平具有重要意义。因此，乡村振兴工作需要积极推动红色文化资源的开发和利用，以实现乡村振兴战略目标的全面落实。

二、文化教育与农村精神文明建设

乡村振兴战略是中国当前的重要战略任务之一，旨在实现城乡发展协调、全面建设社会主义现代化国家的目标。而榆林作为陕西省的一个重要地区，具有丰富的红色文化资源，这些资源与乡村振兴战略有着密切的关联。通过充分利用榆林的红色文化资源，开展文化教育活动，不仅可以丰富农村居民的精神文化生活，还可以为乡村振兴提供精神支撑，促进乡村的精神文明建设和经济社会的全面发展。榆林拥有丰富的红色文化资源，这些资源包括革命历史遗迹、红色文化场馆等，具有很高的历史文化价值和教育意义。通过建设红色文化广场、纪念馆、主题公园等设施，开展红色文化宣传教育活动，可以让农村居民深刻了解革命历史，传承革命精神，增强对党和国家的信仰和认同，培育爱国主义情感和社会主义核心价值观，从而提升农村居民的文化素养和精神文明素质。乡村振兴战略需要精神文明建设作为重要支撑。当前，随着城市化进程的加快和城市生活的节奏加快，农村居民的精神文化需求日益增长，但相对于城市，农村地区的文化资源和服务相对匮乏，文化教育水平整体较低。因此，加强乡村的精神文明建设，满足农村居民的文化需求，是乡村振兴战略的重要组成部分。而榆林的红色文化资源恰恰可以为乡村振兴提供重要的精神支撑。通过开展丰富多彩的红色文化教育活动，激发农村居民的爱国情怀和社会责任感，培育乡村文化自信心和创新精神，推动乡村文化事业的繁荣发展，从而促进乡村经济社会的全面发展。榆林的红色文化资源可以促进乡村旅游业的发展，为乡村振兴注入新的活力。随着人们生活水平的提高和休闲观念的转变，乡村旅游已成为当前旅游业的重要增长点。而榆林作为一个拥有丰富红色文化资源的地区，具有得天独厚的旅游资源优势。通过开发利用榆林的红色文化资源，打造红色旅游线路和红色文化主题村，举办各类红色文化节庆活动，可以吸引更多的游客前来参观游览，带动乡村旅游业的发展，增加农村居民的收入来源，促进乡村经济的蓬勃发展。

三、资源优势与特色产业发展

乡村振兴战略与榆林红色文化资源的关联密不可分。红色文化资源不仅是榆林的文化遗产，更是其特色产业的重要组成部分。通过发展与利用红色文化资源相关的产业，如红色旅游、红色文化产品开发等，可以为当地经济带来新的增长点，同时也能够增加农民的收入来源，为乡村振兴战略的实施提供有力支持。榆林作为中国革命的重要战场之一，拥有丰富的红色文化资源。这些资源不仅具有深厚的历史文化内涵，更是激发人们爱国情感、传承革命精神的重要载体。而随着旅游业的兴起和人们文化需求的提升，榆林的红色文化资源逐渐成为独具魅力的旅游资源和文化产品。因此，发展红色旅游成为榆林的重要产业之一。红色旅游是指以红色文化资源为核心，以革命历史纪念地、红色遗址、革命文物等为主要景点，结合相关文化、旅游设施和服务，为游客提供全方位的红色文化体验和旅游服务的旅游形态。在榆林，可以通过开发和建设红色旅游景区、红色主题村等，打造出一系列具有纪念性、教育性和娱乐性的红色旅游产品，吸引更多的游客前来参观游览，推动当地旅游业的发展。榆林的红色文化资源也可以成为文化产品开发的重要载体。通过挖掘红色文化资源的内涵，设计开发相关的文化产品，如红色文化书籍、红色文化手工艺品、红色文化衍生产品等，可以为当地创造出丰富多样的文化产品，满足市场和消费者的需求，带动相关产业的发展，促进当地经济的繁荣。发展红色文化产业还可以促进乡村的特色产业融合发展。以红色文化为主题的农家乐、红色文化主题民宿等，不仅可以吸引游客，增加农民的收入来源，还可以推动乡村产业的多元化发展，促进农村经济的全面提升。

第二章　榆林红色文化资源的挖掘与保护

第一节　榆林红色文化资源的历史渊源

一、抗日战争前

（一）榆林在大革命时期的红色历史

大革命时期，地处陕北的榆林，地理环境封闭，经济发展落后，但陕北的思想并不落后。1923 年春以后，杜斌丞聘请了多位思想进步、有真才实学的青年知识分子如魏野畴、李子洲、呼延震东等到榆林中学任教。榆林中学率先拉开了马克思主义传播的序幕。1924 年夏，李子洲被聘为绥德四师的校长，除自己在教学中继续传播马克思主义，还从外地邀请共产党员、学界知名人士来绥德四师办学。1924 年 11 月，陕北第一个党组织——中共绥德小组，在绥德四师创建。在这里，大批青年走上革命道路，也为榆林的革命播下了火种。这些党团组织的建立，为榆林市革命事业的发展和陕北革命的兴起奠定了坚实的组织基础，培养了一批优秀的军政人才，为中国革命的胜利作出了重要贡献。

（二）榆林在土地革命时期的红色历史

大革命失败之后，榆林军阀井岳秀在榆林掀起"清党反共"运动。1927 年 10 月，在中共陕西省委的领导下，共产党员唐澍、李象九等在清涧发动了起义，打响了西北革命地区以革命武装反抗国民党反动派的第一枪，点燃了武装革命的火种，在西北党的历史上谱写了光辉的一页，建立了不可磨灭的功绩。之后，一大批党员和革命骨干分子分赴陕北各地，榆林党组织得到了恢复、发展和壮大，并开始发动群众开展革命运动。1927 年 11 月底，成立了中共陕北特委，这在陕北党团组织发展历史上具有里程碑意义。从此，在陕西省委的领导下，榆林不断开展游击战争，进行土地革命，也开始了曲折艰难的兵运工作。这为榆林培养了一批宝贵的武装斗争人才，为陕北武装斗争的兴起、发展和陕北、陕甘边根据地的开辟创造了条件。1935年2月，中共西北工委和西北革命军事委员会成立，统一领导陕甘边和陕北两块根据地的党组织和红军及地方武装，陕北苏区为西北革命根据地的组成部分。

(三) 榆林在红军长征时期的红色历史

长征是中国共产党领导下的中国工农红军于1934年10月至1936年10月间进行的一次伟大战役，是中国革命史上的重要篇章。长征途经陕北榆林市，这段历史是中国革命的重要组成部分，对于榆林的红色文化资源渊源有着深远的影响。

长征是中国革命史上一段极为艰难而又充满传奇的征程。陕北地区在长征途中扮演了重要角色，成为中国工农红军转移的重要经过地。为了避开国民党军队的围追堵截，中央红军在长征过程中进行了多次战略性的转移和根据地的迁徙，最终于1935年10月抵达陕北，途经榆林定边南部山区，定边县的木瓜城、牛圈圪坨和铁角城，是毛泽东率领中央红军长征进入陕北的第一站。长征期间，陕北的重要性不仅在于提供了一个重要的休整基地，更在于其为红军提供了一个重要的战略转移的机会。通过在陕北的休整，红军成功恢复了体力，士气大振，为后续的抗战做好了充分的准备。

二、抗日战争时期

榆林作为全国抗战较早的地区之一，1936年8月1日就在神木花石崖村正式组建了中国人民抗日红军独立第一师。从1938年至1942年，凭借黄河天险和坚韧不拔的意志，中国河防部队组成了坚固的黄河防线，先后经过府谷保德河防战斗、神府河防战斗、碛口河防战斗和宋家川河防战斗等大小78次河防战斗，喊出了"不让日寇过黄河一步"的口号，粉碎了日军的渡河企图；加上广大榆林人民的齐心协力，筑成了坚不可摧的黄河防线，赢得了保卫黄河的辉煌胜利，保卫了陕甘宁边区，保卫了大西北，也为最终赢得抗战胜利奠定了坚实基础。在抗战中，榆林涌现出了大批的英雄人物、英雄事迹，演绎出了一段段保家卫国、气贯长虹的英雄故事。

抗日战争期间，府谷抗日爱国将领、民族英雄马占山，率部多次抗击日寇，经历大小数十战，为保卫陕北的安全作出了重要贡献，在抗战史上写下引人注目的篇章。白求恩在神木贺家川村救死扶伤的故事，榆林人民不会忘记。在抗战持续阶段，中国共产党领导的陕甘宁边区获得了难得的发展，劳动人民真正体会到了翻身得解放的滋味。其中的佳县农民歌唱家李有源正是在这时唱出了动人心扉的《东方红》。在吴堡的7年河防抗战中，民众英勇支前的无数可歌可泣的事迹值得重重书写。吴堡群众纷纷伸出援助之手接济难民，表现出我中华儿女同仇敌忾抗击日寇的英勇气概。

1940年9月，中共陕甘宁边区中央局成立，统一领导边区的各项工作。1941年9月，中共绥德特委改称中共绥德地方委员会，成为抗战时期陕甘宁边区第一个地委组织。在中国共产党的抗日民族统一战线政策指导下，绥德分区以抗日和民主为基本思想，逐步加强了政权建设，按照"三三制"原则，绥德各地区通过民主选举，先后建立了参议会和政府机关，通过"精兵简政"政策，切实地节省了人力、物力、财力，巩固了边区北大门的绥德抗日民主根据地。在抗日战争时期，绥德地委在郝家桥进行调查，开展了"村村学习郝家桥，人人学习刘玉厚"的活动，也在绥德分区掀起了轰轰烈烈的"自己动手、丰衣足食"的大生产运动。在榆林的三边分区，在抗日战争时期，以其独特的战略地位和资源禀赋，成为陕甘宁边区的西北门户、战略屏障和经济中心，成为边区重要的民族与宗教统战政策试验区。

三、解放战争时期

解放战争时期的榆林最浓墨重彩的一笔就是中共中央转战陕北时期的历史。1947年3月18日，中共中央主动撤离延安开始转战陕北。3月29日，中共中央在清涧县枣林则沟村举行政治局会议，设中央前委、中央工委、中央后委，通过"三委"分工合作的机制，指挥全国各战场作战。中共中央和毛泽东开始了转战陕北的历程。一年多的时间里，途经陕北12个区县，驻留过38个村庄[①]（榆林市33个、延安市5个），都留下了中国共产党人的足迹，时间最短的仅几个小时，最长的达4个多月，其中在延安安塞区王家

---

① 祁玉周.乡村振兴战略对农业发展的影响及优化策略 [J]. 中国集体经济，2024（06）：21-24.

湾村、榆林靖边县小河村、佳县神泉堡村及米脂县杨家沟村驻留的时间最长，均超过1个月。身处陕北的党中央和中央军委，紧紧把握革命事业发展脉搏，在指挥各路大军顺利进军的同时，立足全局，放眼长远，组织中央工委和中央后委，就土地改革、整党、整军、财经、统一战线、国统区工作等各方面工作确立了大政方针，作出了一系列重大举措，提出了一系列行之有效的策略和办法。毛主席在转战陕北尤其是转战榆林期间，撰写了各种政策性的指示、文章和讲稿，是转战陕北时期理论创作的高峰。习近平总书记2021年9月13日在参观陕北杨家沟革命旧址时强调指出："中国革命必然胜利在这里就能找到答案。高瞻远瞩啊！毛主席在这里既指挥西北战场，又指挥全国战场，同时考虑的还有新政权建立之后的事。"

第二节　红色文化资源的挖掘与整理

一、榆林红色文化资源的挖掘

（一）文献搜集与整理

1. 文献搜集

为了深入挖掘榆林的红色文化资源，需要对该地区的历史文献、档案、图片、视频等资料进行搜集和整理。这些资料不仅包括了对红色革命历史、抗日战争时期、八路军、新四军等在榆林的活动情况的了解，还包括了相关英雄人物的事迹等重要内容。通过对这些资料的搜集和整理，可以全面深入地了解榆林的红色文化资源，为后续的挖掘和开发工作提供重要的基础和支撑。历史文献是了解榆林红色文化资源的重要来源之一。榆林自古以来就是陕北地区的重要区域，历史悠久，文献资料丰富。通过搜集和整理历史文献，可以了解榆林在不同历史时期的政治、经济、文化等方面的情况，为后续的红色文化资源挖掘提供历史背景和依据。档案资料是了解榆林红色文化资源的另一个重要来源。榆林的各级政府机构、党组织、学校、企事业单位等都有不同程度的档案资料保存，这些档案资料涵盖了榆林在不同历史时期的政治、经济、文化等方面的信息。通过对这些档案资料的搜集和整理，可以全面系统地了解榆林的红色文化资源，为后续的挖掘和开发工作提供详细的资料支持。

2. 文献整理

图片和视频资料也是了解榆林市红色文化资源的重要途径。随着科技的进步和社会的发展，人们对图片和视频的需求越来越大。通过搜集和整理榆林市的红色文化相关的图片和视频资料，可以生动形象地展现榆林市的红色文化资源，吸引更多人的关注和参与。需要重视口述历史和民间传说等非正式渠道的资料。口述历史和民间传说往往能够提供一些官方文献和档案所无法呈现的细节和情感。通过对榆林市老一辈革命者、抗战老兵、当地群众等的采访，可以了解到更多关于榆林市红色文化资源的珍贵资料，为挖掘和开发工作提供更加生动鲜活的内容和素材。通过对榆林市的历史文献、档案、图片、视频等资料的搜集和整理，以便从不同角度全面地了解榆林市的红色文化资源，让更多人了解和传承红色文化的精神。

（二）实地考察与调研

实地考察和调研榆林市的红色革命历史遗址、纪念馆、纪念碑等，是深入挖掘该地区红色文化资源的重要步骤。通过实地考察和调研，可以深入了解这些红色文化资源的历史渊源、文化内涵和现状情况，为挖掘和传承榆林红色文化提供重要的实证资料和依据。对于榆林市的红色革命历史遗址，可以通过实地考察和调研来了解其历史渊源和文化内涵。在实地考察中，可以观察遗址的地理位置、环境特点、建筑风格等，了解红色革命历史在这些地方的具体表现和影响。同时，可以通过调研当地的历史专家、学者和居民，听取他们对这些遗址的传说、故事和评价，进一步了解其历史意义和文化价值。对于榆林市的红色纪念馆和纪念碑，也需要进行实地考察和调研。这些纪念馆和纪念碑可能是为了纪念革命先烈、弘扬红色文化而建立的，了解它们的建筑风格、展示内容、参观人数等情况。同时，可以与管理人员和参观者交流，了解他们对纪念馆和纪念碑的认知和感受，从而更深入地了解其历史渊源和文化内涵。

在实地考察和调研的过程中，还可以注意收集一些历史资料、照片、视频等相关文献资料，以便后续的整理和研究。这些资料可以为挖掘榆林红色文化资源提供重要的实证依据和参考，有助于更加全面地了解和传承榆林市的红色文化。除了对已有的红色文化资源进行实地考察和调研，还可以通过开展民间调查和采访活动，了解当地居民对红色文化的认知、理解和态度。这些民间调查和采访可以从不同的角度了解红色文化在榆林市的传承和发展情况，为挖掘和传承红色文化提供更多的思路和建议。通过实地考察和调研榆林市的红色革命历史遗址、纪念馆、纪念碑等，可以全面深入地了解其历史渊源、文化内涵和现状情况。同时，还可以通过民间调查和采访活动等方式，了解当地居民对红色文化的认知、理解和态度，为红色文化的传承和发展提供更多的思路和建议。

二、榆林红色文化资源的整理

(一) 红色文化遗产清单

制定榆林红色文化遗产清单是为了系统地整理和记录榆林市的红色文化资源，以便更好地保护、传承和利用这些宝贵的历史遗产。沙家店战役是中国抗日战争时期的一次重要战役，也是中国共产党领导的八路军与日军的一次重大对抗。榆林市的沙家店战役战场保存完好，游客可以在这里了解抗日战争时期的革命历史和英雄事迹。榆林市有多处革命烈士陵园，是为了纪念革命烈士和革命英雄而建立的。这些陵园保存着大量烈士墓碑和纪念碑，是悼念革命先烈、缅怀英烈的重要场所。通过对榆林市的红色文化遗产资源进行清单整理，可以更好地保护和传承这些宝贵的历史遗产，激发人民的爱国热情和民族精神，推动社会主义核心价值观的传播和践行。同时，也可以为红色旅游的开发和利用提供重要参考，促进地区经济的发展和繁荣。

(二) 革命文物藏品

榆林，这座充满红色文化底蕴的城市，承载着丰富的革命历史，其博物馆、纪念馆等收藏了大量珍贵的革命文物，其中包括图片、文件、物品等。这些文物承载着革命先辈的艰辛奋斗和无私牺牲，是红色文化的珍贵遗产，对于研究和传承红色文化具有重要意义。因此，对这些文物进行妥善保护和整理，是榆林红色文化资源整理工作中至关重要的一环。这些革命文物的保护工作需要建立完善的机构和制度。榆林可以设立专门的红色文化遗产管理机构,负责对革命文物的收集、保护、修复和展示工作。同时,建立健全管理制度和保护政策,确保文物的安全和完整性。对革命文物进行整理和分类是必不可少的。榆林的博物馆、纪念馆可以依据文物的特点和历史背景,对其进行系统的整理和分类工作。这包括对文物的清点、登记、照相、编目等,以便于后续的研究和利用。

在整理的过程中,还需要进行文物的鉴定和评估工作。这涉及对文物的历史价值、艺术价值和学术价值进行评估,以确定其重要性和保护级别。对于那些特别珍贵的文物,可以考虑进行专项保护和修复。除了保护和整理工作,榆林还可以积极开展革命文物的展览和宣传活动。通过举办主题展览、文物巡回展、讲座等形式,向社会公众介绍这些珍贵的文物,增强人们对红色文化的认识和理解。利用现代科技手段对文物进行数字化保护和展示,也是一个重要的方向。通过数字化技术,可以将文物的影像、资料等信息进行保存和传播,使更多的人可以通过互联网等途径了解和学习榆林的红色文化。榆林还可以加强与其他地区和机构的合作,共同开展红色文化资源的保护和传承工作。可以与国家级的文物保护单位、研究机构等建立合作关系,共同探讨文物保护的技术和方法,共享资源和信息,推动榆林红色文化事业的发展。对榆林的红色文化资源进行保护和整理是一项长期而复杂的工作,需要政府、文化机构、学术界和社会各界的共同努力。只有加强对红色文化遗产的保护和传承,才能更好地传承和弘扬革命先烈的光荣传统,激励和引导广大人民群众向着更加美好的未来奋进。

第三节 榆林红色文化资源的保护与修复

一、榆林红色文化资源的保护

(一)立法保护

为加强对榆林红色文化资源的保护,立法应着重制定和完善相关法律法规,以明确红色文化资源的保护范围和标准。这包括对于榆林市重要的红色文物、纪念性建筑、革命遗址等进行严格的法律保护。这些法规应该详细规定保护对象的范围、保护措施的具体实施方法以及违法行为的处罚措施。立法应确立榆林红色文化资源的保护范围，包括但不限于革命历史文物、红色革命纪念建筑、革命先烈纪念馆等。对于这些资源的准确定义和辨识标准，应当在法律中明确规定，以便统一管理和保护。法律还需规定榆林红色文化资源的保护标准，包括保护原则、保护措施和保护责任等。这些标准应当根据文物的特点和价值进行科学设定，确保资源得到全面有效的保护。

此外，针对榆林红色文化资源的特点和保护需求，法律还应规定具体的保护措施，如加强文物的日常管理、定期检测与修复、加强安全保卫等。同时，还应当规定政府和社会各方在文化资源保护中的责任和义务，形成多方合作、共同参与的保护格局。对于违反榆林红色文化资源保护法律法规的行为，应当规定相应的处罚措施，以确保法律的严肃性和有效性。这包括对于破坏、盗窃、非法转让红色文化资源等违法行为的处罚，以及对于相关责任人的责任追究等。通过制定和完善相关法律法规，明确榆林红色文化资源的保护范围和标准，实施严格的法律保护，可以更好地保护和传承榆林市丰富的红色文化遗产，促进文化传承与创新，激发社会发展的活力。

（二）科学保护

针对榆林红色文化资源的保护，科学的修复和保护措施是至关重要的。对于已经损坏或者濒临破坏的红色文化资源，必须采取有效的方法来修复和保护，以确保其保存完好，同时尽可能地保持其原始风貌和历史真实性。需要进行全面的调查和评估工作，以确定受损程度和修复需求。这涉及对文物、遗址等红色文化资源进行详细的勘测和分析，了解其历史、结构、材质等特点，评估损坏程度和修复难度，为后续的修复工作提供科学依据。根据评估结果制定修复方案和保护措施。修复方案应当根据文物的具体情况和修复标准，科学确定修复的方法、材料和工艺，并结合现代技术手段，如激光扫描、数字化重建等，保持文物的原貌和风格。同时，必须采取有效的保护措施，避免修复后再次受损或遭受破坏。在实施修复和保护工作时，应当严格遵循文物保护的原则和规范，确保修复过程科学、规范、精细①。这包括对修复工艺的控制、修复材料的选择、修复人员的培训和技术指导等方面的要求，以保证修复效果达到预期的保护效果。同时，修复和保护工作需要政府部门、专业机构和社会各界的共同参与和协作。政府应当加强对修复工作的组织和管理，建立健全监督机制和评估制度，确保修复工作的质量和效果。专业机构和专家应当提供科学技术支持和专业指导，为修复工作提供技术保障和学术支持。社会各界应当积极参与修复工作，共同守护榆林红色文化资源的珍贵遗产。通过科学的修复和保护措施，可以有效地保护和传承榆林红色文化资源，延续其历史价值和文化意义，让这些宝贵的遗产永远流传下去。

二、榆林红色文化资源的修复

(一) 文物清理与保护

文物清理与保护是保护榆林红色文化资源的重要环节，它不仅可以修复受损文物的原貌，还能延续其历史价值，保护历史遗迹的完整性。对于榆林市的红色文物和历史遗迹，进行清理和保护工作，是确保其保存完好、延续其文化遗产价值的必要步骤。文物清理工作需要进行细致的调查和评估。这涉及对受损文物和历史遗迹进行全面勘测，了解其受损程度、受损原因以及清理和修复的可行性。通过科学评估，确定清理和保护的优先顺序和重点对象，为后续工作提供指导。采取适当的清理方法和技术，对受损文物和历史遗迹进行清理。清理过程中，应当根据文物的材质、受损程度和清洁性质，选择合适的清洗剂和工具，避免二次损害。同时，应当注意保护文物的表面和结构，避免清理过程中对文物造成进一步的损坏。

在清理的同时，还需要采取有效措施，防止文物再次受损。这包括加强文物的保护措施，如设置防护栏、加强巡查和监控等，避免外部环境和人为因素对文物的影响。同时，应当对文物周围的环境进行改善，减少污染物和侵蚀因素的影响，保护文物的完整性和稳定性。除了对受损文物和历史遗迹进行清理和保护外，还需要进行修复和加固工作，以恢复其原貌和功能。

---

① 孙卫春，苗芳. 榆林红色文化资源保护开发利用研究 [J]. 吕梁学院学报，2019，9(03)：58-62.

修复工作应当根据文物的具体情况和修复标准，采取科学的修复方法和技术，保持文物的历史风貌和真实性。同时，加固工作应当针对文物的结构和材质，采取有效的加固措施，提高文物的稳定性和抗风险能力。文物清理与保护工作需要政府部门、专业机构和社会各界的共同参与和协作。政府应当加强对文物清理与保护工作的组织和管理，提供必要的资金和技术支持，为清理与保护工作提供技术保障和学术支持。

(二) 文物修复与重建

文物修复与重建是保护榆林红色文化资源的重要手段之一，它可以有效地修复受损的文物和建筑，恢复其原有的历史风貌和文化价值，延续其历史传承和文化遗产。对于榆林市的红色文物和建筑，进行修复和重建工作，不仅可以保护其完整性和稳定性，还可以弘扬红色文化精神。修复和重建工作需要进行细致的调查和评估。这包括对受损文物和建筑进行全面的勘测和分析，了解其受损程度、受损原因以及修复和重建的可行性。确定修复和重建的优先顺序和重点对象。根据评估结果制定修复和重建方案。修复方案应当根据文物和建筑的具体情况和修复标准，保持其原貌和风格。重建方案应当根据历史资料和原貌图纸，尽可能恢复文物和建筑的原有形态和风貌，以确保修复和重建的效果符合历史和文化要求。

(三) 历史保护与传承

1. 历史保护

在进行榆林红色文化资源的修复工作时，尊重历史原貌、保留历史痕迹和文化特色是至关重要的。这种尊重历史、保护文化遗产的理念，不仅是对历史的尊重和传承，更是对社会文明进步的促进。因此，在进行修复工作时，必须注重细节，精心呵护每一个历史建筑物的文化价值和独特魅力。尊重历史原貌意味着在修复过程中要尽量保持文物的原始状态和历史风貌。无论是建筑的外观还是内部结构，都应该尽量避免过度的改动和破坏，以保留建筑的历史痕迹和文化特色。例如，对于古建筑的墙体、门窗、柱子等，应当尽量保留原有的材质和结构，不随意更改或替换。保留历史痕迹意味着要尊重建筑物的历史演变过程，不刻意将古建筑"翻新"为崭新的状态。历史痕迹是建筑物的一部分，它记录着建筑物的历史沧桑和文化积淀，应该被珍视和保留。在修复过程中，可以适当修补受损部分，但不应该将历史痕迹完全抹去，以免破坏文物的真实性和历史感。

2. 历史传承

保留文化特色意味着要尊重建筑物所处的历史时代和地域文化，保持其独特的文化风格和地域特色。榆林的红色文化资源，往往具有浓厚的地方特色和革命精神，修复工作应当尊重这些特点，不断弘扬其文化价值。例如，可以保留红色文物上的革命标语、红色标志等，突出其革命历史的文化内涵。在实施修复工作时，需要依托专业机构和专业人才，进行科学规划和精细操作。修复方案应当综合考虑文物的历史价值、修复的技术要求和社会的需求，确保修复工作既符合文物保护的原则，又能够满足社会的实际需求。修复过程中应当充分尊重专业人员的意见和建议，避免盲目行动和不当干预。修复工作还需要政府部门、专业机构和社会各界的共同参与和协作。通过尊重历史原貌、保留历史痕迹和文化特色，榆林红色文化资源的修复工作可以更好地传承历史文化，保护文物的真实性和完整性，弘扬红色文化精神，促进社会文明进步和文化传承。这种修复工作不仅是对过去的尊重和传承，更是对未来的责任和担当。

第四节　榆林红色文化资源的传承与创新

一、榆林红色文化资源的传承

(一) 加强榆林革命理论研究

近年来，榆林市政府对榆林文化产业和文化事业的发展给予了极高的重视，这种重视并非一时的表态，而是长期的坚持和努力。在政府的大力支持下，榆林当地的研究红色文化的学者们秉持着榆林时代和榆林精神的理念，深入研究红色资源，取得了丰硕的成果。他们的著作，如白永贵主编的《中共榆林党史资料选编》《榆林红色印记》《中共榆林党史专题丛书》、任德存主编的《中共榆林历史（1919—1949 年）》《走进榆林》，张柱华主编《曙光就在前方——1947年至1948年榆林红色记忆》以及中共榆林市委党史研究室编写的《中国共产党榆林历史》(第二卷)《习仲勋在陕甘宁边区》《黄河见证》等，不仅对历史进行了深入的解读，借鉴了历史经验，还对现实问题进行了深刻的反思，为榆林红色文化的传承和发展作出了巨大的贡献。榆林作为红色革命老区，具有丰富的红色文化资源。近年来，随着社会发展和文化事业的蓬勃发展，榆林市政府开始重视红色文化的传承和挖掘。政府加大了对红色文化资源的保护和利用力度，出台了一系列扶持政策，支持相关研究机构和学者开展深入的研究工作[①]。在政府的倡导下，一大批研究红色文化的学者积极响应，以榆林为研究对象，从榆林时代和榆林精神的角度出发，深入挖掘红色资源，探索红色文化的内涵和精髓。

这些学者的研究成果丰硕，涉及榆林红色文化的各个方面。他们通过对历史文献的梳理和分析，对榆林的红色历史进行了系统的整理和归纳，编撰了大量的党史资料选编和专题丛书，为榆林红色文化的研究提供了重要的文献资料和史料依据。同时，他们还深入挖掘榆林的革命历史，探索红色文化的深层次内涵，从榆林精神的角度解读红色文化的价值和意义，为红色文化的传承和弘扬提供了理论支持和学术支持。除了研究工作，这些学者还积极参与榆林红色文化资源的保护和传承工作。他们积极倡导保护文物和历史遗迹，参与文物修复和保护工作，努力将榆林的红色文化资源传承给后代。同时，他们还积极组织红色文化的宣传和推广活动，通过各种形式的展览、讲座、出版等，向社会传播红色文化的精神和价值，激发人们的爱国热情和革命精神。榆林当地研究红色文化的学者们，立足于榆林时代角度、榆林精神角度，取得了丰硕的成果，为榆林红色文化的传承和发展作出了重要贡献。他们的研究成果不仅为学术界所认可，也为社会发展和文化事业的进步作出了积极贡献。随着时间的推移，相信他们的研究成果将继续发挥重要作用，为榆林红色文化的传承和发展注入新的活力和动力。

(二) 开展榆林革命遗址、红色教育基地建设

1. 保护革命遗址

榆林市自2019年起，对榆林红色文化资源的传承和发展给予了前所未

---

① 马瑞.陕北榆林市红色文化传承研究[D].昆明：大理大学，2020.

有的重视和关注。榆林市第四届人民代表大会第六次会议上的讲话中明确表示，要切实加大对文物古迹、红色革命旧址、非物质文化遗产等重要文化载体的保护开发。这一表态为榆林市的红色文化传承和发展指明了方向，激发了各方的积极性和创造性。榆林市委党史研究室在长期的调查研究中发现，由于年代久远、保护不力，榆林市的红色革命遗址大部分都遭受了不同程度的损毁，甚至有些已经消失。仅有的几处受到保护利用的遗址也存在着开发不足、保护不够的问题。针对这一情况，党史研究室提出了有针对性的建议，建议榆林市按照中央《2016—2020年全国红色旅游发展规划纲要》的要求，加大对红色革命遗址的保护、开发和利用，以有效保护和传承榆林的红色文化资源。

为了落实相关政策和建议，榆林市政府和相关部门采取了一系列措施，推动榆林红色文化资源的传承和发展。加大对红色革命遗址的保护力度。政府出台了相关政策和法规，加强对红色革命遗址的保护管理，制定保护规划，加强巡查监管，确保红色革命遗址得到有效的保护。加大对红色革命遗址的开发和利用。政府通过招商引资、合作开发等方式，吸引社会资本参与红色革命遗址的开发利用，打造红色旅游景区，推动旅游业的发展。政府还鼓励文化机构、社会组织等开展红色主题文化活动，丰富红色文化资源的内涵，提升其吸引力和影响力。政府还加强了对红色文化资源的宣传和推广。通过各种媒体和平台，加大对红色文化资源的宣传力度，提升公众对红色文化的认知度和理解度，激发民众的文化自豪感和参与热情。同时，榆林市委党史研究室以及其他相关机构和学者也积极投入到对榆林红色文化资源的研究和挖掘中。他们从榆林时代角度、榆林精神角度，深入研究榆林的红色资源，出版了《中共榆林党史资料选编》《榆林红色印记》《中共榆林党史专题丛书》《中共榆林历史》等一系列重要著作。榆林市政府和相关部门以及学者们的努力，有效地促进了榆林红色文化资源的传承和发展。这不仅有利于榆林市的文化繁荣和社会进步，也为全国红色文化的传承和弘扬作出了积极的贡献。

2. 建设红色教育基地

2018年11月8日，榆林市委党校干部教育现场教学基地挂牌仪式在绥德郝家桥纪念馆、绥德革命历史纪念馆、绥德师范学校史馆举行，这标志着榆林市在红色文化传承与干部教育方面迈出了新的一步。这三个现场教学基地的挂牌，既是市县同步发展的机遇，更是弘扬艰苦奋斗、提升干部素质的重要举措。绥德郝家桥纪念馆、绥德革命历史纪念馆、绥德师范学校史馆是榆林市宝贵的红色文化资源，承载着革命历史的光荣和榆林人民的奋斗精神。挂牌仪式的举办，意味着将这些红色文化资源纳入干部教育的体系中，通过现场教学的方式，深入了解和传承红色革命精神，提升干部的理论水平和政治素养。

2019年4月28日，榆林市委党校在赵家峁举行干部培训现场挂牌仪式。赵家峁现场教学基地的设立，是对干部教育资源的整合优化的重要举措。赵家峁是榆林市的一处重要革命遗址，是革命先烈艰苦奋斗的见证地。将其纳入干部培训的现场教学基地，不仅可以让干部近距离感受革命历史的厚重，还可以激励干部不忘初心、牢记使命，勇担时代责任。这些现场教学基地的设立和挂牌，为榆林市的干部教育提供了宝贵的资源和平台，为红色文化资源的传承和发展注入了新的活力。通过深入挖掘和利用这些红色文化资源，可以更好地传承和弘扬红色革命精神，激励广大干部和群众为实现中华民族伟大复兴的中国梦而努力奋斗。同时，这些现场教学基地的设立也是对榆林红色文化资源的传承和发展的有力支持。将革命历史遗址纳入现场教学基地，有助于加强对红色文化的保护和利用，让更多的人了解和感受红色文化的魅力，推动红色文化资源的持续传承和发展。在今后的工作中，榆林市将继续加大对红色文化资源的保护和开发力度，不断挖掘其历史价值和文化内涵，为建设社会主义文化强市、推动中华民族伟大复兴的中国梦作出新的更大贡献。

（三）开展红色教育活动

近年来，榆林市深入挖掘和传承红色文化，各级学校积极开展各项红色文化研学活动，着力让学生了解、感受和传承红色基因，培育他们的爱国主义情怀和社会责任感。这些活动不仅使学生对榆林的革命历史有了更深刻的认识，也激发了他们对红色文化的浓厚兴趣，进而促进了红色文化资源的传承与发展。每年十月，榆林各个学校都会举行"传承红色文化"的研学活动。这些活动包括参观杨家沟革命纪念馆、邓宝珊将军纪念馆、榆林革命烈士陵园、沙河公园民俗馆等地。在杨家沟革命纪念馆，学生可以了解毛主席率领中共中央转战陕北时期是如何"在最小的指挥所里指挥了世界上最大的人民战争";在邓宝珊将军纪念馆,学生可以了解到革命先烈的英勇事迹,感受他们的崇高精神;在榆林革命烈士陵园,学生可以祭奠烈士、学习他们的英雄事迹;在沙河公园民俗馆,学生可以探索祖辈们当年的生活和故事。通过这些参观活动,学生可以身临其境地感受榆林的红色文化,进而更深刻地了解和传承红色精神。

榆林市少先队还举行了"传承红色基因,争做新时代好队员"主题队日示范活动。通过这次活动,少先队员们更加深入地了解了红色文化,认识到红色基因的重要性,并积极践行红色精神,努力做一名合格的共产主义接班人。这样的活动不仅有助于弘扬红色文化,也培养了青少年的社会责任感和家国情怀。榆林学院作为地方高校,也在积极推动校园红色文化建设。依托红色社团,榆林学院积极打造校园红色文化主旋律。青年马克思主义理论学社作为学院最具特色、最有创造力的大学生学习型红色理论社团,成为继承和发扬榆林地方红色文化的重要平台。通过学习马克思主义理论和深入研究红色文化,学生更加深入地了解了榆林的革命历史和红色文化,激发了他们的爱国情怀和社会责任感。这些活动的开展,不仅有助于加深学生对榆林红色文化的认识,也为红色文化资源的传承和发展提供了有力支持。通过这些活动,学生能够感受到红色文化的魅力,了解到革命先烈的英雄事迹,培养了爱国主义情怀和社会责任感,为实现中华民族伟大复兴的中国梦贡献了自己的力量。榆林市和榆林学院今后将继续加强对红色文化的传承和弘扬,让红色文化永远在榆林大地上绽放光芒。

二、榆林红色文化资源的创新

(一) 红色文化教育推广

1. 红色文化教育宣传

近年来,榆林市开展了丰富多彩的红色文化教育宣传活动,通过举办红色历史知识竞赛、革命精神讲座、红色文化教育课程等形式,普及和传承榆林的红色文化,培养青少年的爱国情怀和社会责任感。这些活动不仅是对榆林红色文化资源的创新利用,更是对青少年思想道德建设的积极探索,为榆林的文化繁荣和社会进步作出了重要贡献。榆林市通过举办红色历史知识竞赛等形式的活动，积极普及和传承榆林的红色文化。这些竞赛活动不仅提供了一个展示青少年学生学习成果的平台，更是激发了他们对红色历史的兴趣和热情。在竞赛中，学生通过学习红色历史知识，了解榆林的革命历史、革命先烈的英勇事迹，增强了他们的爱国情怀和历史责任感。榆林市开展革命精神讲座，通过邀请专家学者和革命老区的优秀代表进行演讲，深入探讨红色文化的内涵和意义。这些讲座活动不仅提供了一个学习交流的平台，更是让学生感受到了红色精神的力量和魅力，激发了他们的爱国情感和社会责任感。

2. 开设红色文化教育课程

榆林市还开设红色文化教育课程，将红色文化融入学校的课程体系中，使学生在课堂上就能够接触和了解红色文化。这种课程设置不仅拓宽了学生的知识面，更是培养了他们的爱国情怀和社会责任感，为青少年的思想道德建设提供了重要支撑。通过这些形式多样的红色文化教育宣传活动，榆林市为榆林的红色文化传承和发展注入了新的活力。这些活动不仅加深了市民对红色文化的认识和理解，更是培养了青少年的爱国情怀和社会责任感，为榆林的文化繁荣和社会进步作出积极贡献。同时，榆林市少先队举行"传承红色基因，争做新时代好队员"主题队日示范活动，用主旋律、正能量引导，实现了红色基因的传承。这种活动不仅有助于榆林青少年学生的思想政治教育，更是对榆林红色文化资源的创新和发展的有力支持。榆林学院也依托红色社团，奏响校园红色文化主旋律。榆林学院青年马克思主义理论学社作为该院最具特色、最有创造力的大学生学习型红色理论社团，成为继承和发扬榆林地方红色文化、奏响校园红色文化的重要平台。通过学生的积极参与和组织，这些红色理论社团为榆林学院的红色文化建设和青年学生的思想政治教育作出了积极贡献。榆林市通过开展形式多样的红色文化教育宣传活动，为榆林红色文化资源的传承和发展注入了新的活力。这些活动不仅是对红色文化的传统的弘扬和传承，更是对创新的不断探索和尝试，为榆林的文化繁荣和社会进步作出了积极贡献。

(二) 红色文化艺术创作

榆林市为了传承和发展红色文化，不仅在传统的红色文化节庆活动中不断创新，还积极鼓励艺术家、作家、编剧等进行红色文化题材的艺术创作，通过文学作品、电影、音乐、绘画等形式，传达红色历史的感人故事和丰厚内涵，从而为红色文化的传承注入了新的活力。榆林市通过鼓励艺术家进行红色文化题材的艺术创作，促进了红色文化艺术品质的提升。在文学领域，有不少作家以榆林的红色历史为素材，创作了一系列优秀的文学作品，如小说、散文、诗歌等。这些作品生动地展现了榆林革命历史的壮丽画卷，激发了人们对红色文化的热爱和向往。在电影领域，一些导演也选择以榆林的红色历史为题材，拍摄了一些感人肺腑的红色题材电影，如纪录片、故事片等。这些影视作品通过生动的画面和感人的故事，向观众展现了榆林革命先烈的英勇事迹和崇高精神，引发了社会的广泛共鸣。

榆林市还积极鼓励音乐家和绘画家进行红色文化题材的艺术创作。在音乐领域，一些作曲家创作了一系列红色主题的音乐作品，如歌曲、交响乐等，以榆林的红色历史为灵感，传达了革命理想和信念。这些音乐作品不仅丰富了榆林的文化底蕴，也让人们更加深刻地感受到红色文化的魅力。在绘画领域，一些画家也将榆林的红色历史作为创作题材，创作了一系列红色主题的绘画作品，如油画、水彩画等，通过色彩和线条的表现，生动地展现了榆林革命历史的丰富内涵，引起了观众的共鸣和思考。除了鼓励艺术家进行红色文化题材的艺术创作外，榆林市还通过举办红色文化艺术展览等形式，为艺术家提供了展示作品的平台，促进了红色文化艺术作品的交流与分享。这些展览活动不仅让更多的人了解和欣赏到红色文化艺术作品，也为榆林的红色文化传承和发展提供了有力的支持和保障，丰富了榆林的文化底蕴，也促进了红色文化的传承与发展。随着这些优秀作品的不断涌现，榆林的红色文化将焕发出更加绚丽的光彩，为社会主义文化建设和中华民族伟大复兴的中国梦贡献更多的力量。

第三章　乡村振兴战略与榆林红色文化资源的整合

第一节　乡村振兴战略的政策支持

一、榆林乡村振兴战略的短板

(一) 基础设施不足

在中国乡村振兴战略的推动下，许多地区都在努力改善农村基础设施，以促进农村产业发展和提高居民生活水平。然而，在榆林等一些地区，仍然存在着基础设施相对欠缺的问题，包括道路、水电等基础设施不完善。这些问题直接影响了农村产业的发展和乡村居民生活水平的提高，成为乡村振兴战略实施中的短板。

1. 道路交通不畅

榆林乡村地区的道路交通网络相对滞后，道路质量不高、路况不佳，交通不便成为制约当地农村经济发展的重要因素之一。由于道路不畅，农产品运输困难，导致农民的销售渠道受限，无法将产品及时送达市场，影响了农产品的销售收入。同时，道路不畅也制约了乡村旅游业的发展，限制了农村地区吸引游客和资金的能力。

2. 水电供应不稳定

榆林乡村地区的水电供应也存在不稳定的情况，部分地区缺乏稳定的供水和电力供应。这不仅影响了农村居民的日常生活，也制约了农村工业和农业生产的发展。农村缺乏稳定的电力供应，影响了农村企业的生产效率和发展动力，制约了农村经济的增长。同时，水资源的不足也限制了农村农业的发展，影响了农田的灌溉和农作物的种植。

3. 信息技术落后

在信息化时代，信息技术对于农村地区的发展至关重要。然而，在榆林等一些乡村地区,信息技术水平相对落后,网络覆盖不完善,宽带速度较慢,信息化水平低下。这使得农村居民难以获取及时的信息,影响了他们的生产生活。同时,信息技术落后也制约了农村电子商务和其他新兴产业的发展,限制了农村经济的多元化和创新能力。

4.教育医疗资源匮乏

学校和医院的建设水平不高,教育和医疗设施不完善,教育医疗资源无法满足农村居民的需求。这不仅影响了农村居民的健康和教育水平,也制约了农村人才的培养和吸引力,影响了农村经济的发展。榆林乡村地区基础设施不足,包括道路交通、水电供应、信息技术、教育医疗资源等方面,直接影响了农村产业发展和居民生活水平提高。因此,有必要加大对榆林等乡村地区基础设施建设的投入,改善基础设施水平,为乡村振兴战略的实施提供更有力的支撑。同时,需要注重基础设施建设与产业发展、生态环境保护等方面的协调,实现经济社会可持续发展。

(二)人才流失

随着城市化进程的加速,榆林乡村地区也不可避免地面临人才流失的问题。这一现象的背后,是年轻人普遍倾向于到城市寻求更好的就业机会和更高的教育资源。这种人才流失现象,导致了乡村劳动力的不足,给榆林乡村振兴战略的实施带来了一系列人才支撑不足的挑战和问题。乡村地区人才流失造成的劳动力不足,直接影响了榆林乡村振兴战略的实施。缺乏足够的劳动力,将限制农村产业的发展和农民收入的增加[1]。特别是在农耕文化丰富的榆林市,人力劳动是农业生产不可或缺的一环。但是,随着年轻人的外出务工或求学,农村劳动力的空缺问题日益凸显,使得乡村农业生产面临人力短缺的困境。人才流失也直接导致了乡村地区的人才结构失衡。随着年轻人的外出,乡村地区老龄化日趋严重,留守在乡村的大多是老年人和儿童,而年轻的劳动力不断减少。这种人才结构的失衡,不仅限制了乡村经济的多元发展,也影响了乡村社会的可持续发展。缺乏年轻人的活力和创新,乡村地区的发展面临更多的挑战。人才流失还带来了乡村社会和文化的衰退。乡

---

① 周宇.发挥红色文化资源优势助推乡村振兴战略研究[J].经济研究导刊,2023(07):44-46.

村地区的年轻人外出后，他们不仅在经济上脱离了家乡，更重要的是，他们的文化认同和社会责任感也逐渐淡化。这种文化和社会的断裂，进一步削弱了乡村地区的凝聚力和发展动力，阻碍了榆林乡村振兴战略的顺利实施。解决乡村人才流失问题，是推动榆林乡村振兴战略实施的关键之一。

(三) 农村金融体系不健全

农村金融服务的滞后是榆林乡村振兴战略面临的一大短板。这一问题直接影响了农村企业和农民获得资金的渠道和方式，从而制约了农村产业的发展。在榆林这样的乡村地区，金融服务的滞后问题尤为突出，给乡村振兴带来了诸多难题。农村金融服务的滞后导致农民和农村企业难以获得足够的资金支持。在榆林乡村地区，由于金融机构的缺乏或者服务能力不足，很多农民和农村企业只能依靠自有资金来支持生产经营，这限制了他们的发展空间和竞争力。尤其是一些新兴产业和技术含量较高的项目，更需要大量的资金支持，但由于金融服务的滞后，这些项目往往难以得到资金的支持，导致乡村产业的发展受阻。农村金融服务滞后还影响了金融资源的配置效率。由于金融机构的缺乏或者服务不到位，大量的金融资源被束缚在城市地区，而乡村地区的金融需求却得不到有效满足。这种资源配置的不均衡不仅影响了农村地区的经济发展，也不利于整个地区经济的均衡发展和协调发展。农村金融服务滞后也加剧了农村贫困和农民收入低下的问题。由于缺乏资金支持，很多农民无法开展高效益的农业生产，只能依靠传统的种植和养殖方式，收入水平很难有所提高。特别是在榆林这样的贫困地区，农村金融服务的滞后使得贫困问题更加严重，给乡村振兴增添了难度。

(四) 产业结构单一

一些地区的乡村经济依然以传统农业为主，这一现象在榆林等乡村地区尤为突出，这种产业结构的单一性给乡村振兴带来了一系列挑战和隐患。传统农业经济的单一性意味着乡村经济对市场的敏感度增加，一旦市场出现波动，就容易导致乡村经济的不稳定和发展的停滞。传统农业经济的单一性意味着乡村地区的产业结构相对脆弱。在榆林这样的地区，传统农业依然是乡村经济的主导产业，而其他产业的发展相对滞后，导致产业结构的单一性。这种单一性使得乡村经济缺乏多元化的支撑，一旦农产品价格波动或者市场需求下降，乡村经济就容易陷入困境，难以实现稳定发展。传统农业经济的单一性使得乡村地区的经济增长动力不足。在榆林等乡村地区，传统农业的发展速度相对缓慢，创新能力不足，很难为乡村经济提供持续的增长动力。相比之下，城市地区的产业结构更加多元化，创新活力更强，经济增长速度更快。这种差异使得乡村地区面临经济发展的差距和压力，制约了乡村振兴战略的实施和乡村经济的持续健康发展。传统农业经济的单一性也使得乡村地区的发展空间受到限制。由于传统农业占据了绝大部分资源和劳动力，其他产业的发展受到了制约，乡村经济发展的空间受到了限制。尤其是一些新兴产业和高科技产业往往缺乏发展的土壤，无法在乡村地区生根发芽，这进一步加剧了产业结构的单一性，限制了乡村经济的多元化发展。

二、乡村振兴战略下榆林的主要政策支持

(一) 土地政策支持

政府通过土地政策支持乡村振兴是榆林乡村振兴战略中至关重要的一环。土地政策的优化和改革可以有效地促进土地资源的合理配置，推动农村产业的多元化发展，为榆林乡村振兴注入新的活力和动力。土地政策的调整和完善将对乡村经济的持续健康发展产生深远的影响。土地流转是优化土地资源配置的重要举措。土地碎片化和规模小是制约农村产业发展的主要障碍之一。通过土地流转，政府可以推动土地规模化经营，提高土地利用效率，降低生产成本，增加农民收入。同时，土地流转也有利于引导资金和技术进入农村地区，促进现代农业的发展，推动乡村经济的升级和转型。土地整理是优化土地资源配置的有效手段。土地的规划利用和整理程度相对较低，存在着土地资源浪费和利用不足的问题。政府可以通过土地整理项目，对农村土地进行合理规划和利用，提高土地的生产力和经济效益，为乡村振兴提供坚实的基础支撑。

土地增值收益共享是优化土地资源配置的重要机制。土地的增值潜力日益凸显，政府可以通过建立土地增值收益共享机制，将土地增值收益的一部分用于支持农村基础设施建设、农民增收等方面，促进土地资源的合理利

用和社会公平。政府还可以通过土地政策支持农村产业发展和乡村振兴。例如，鼓励农村土地流转到专业合作社或大型农业企业，推动现代农业的发展；支持农村土地开发建设农村旅游、休闲农业等产业，拓宽农民增收渠道；加强农村土地资源的环境保护和生态修复，促进农村可持续发展等。政府通过土地政策支持乡村振兴具有重要的意义和作用。优化土地资源配置、推动农村产业发展，需要政府出台更加积极、有效的土地政策，为榆林乡村振兴提供更加有力的政策支持和保障。只有政府、企业、农民和社会各界共同努力，才能实现土地政策对榆林乡村振兴战略的有效支持和促进作用，推动乡村经济的持续健康发展。

（二）金融支持

在榆林乡村振兴战略的推进过程中，政府通过建立农村金融机构、推动银行信贷政策、设立小额信贷担保基金等方式，为农村企业和农民提供资金支持，是至关重要的一环。金融服务的滞后一直是制约农村经济发展的主要障碍之一。因此，通过加强金融服务，为农村经济发展注入新的动力，已经成为榆林乡村振兴战略中不可或缺的一部分。政府可以通过建立农村金融机构来解决农村金融服务的滞后问题。由于传统金融机构的覆盖范围有限，很多农民和农村企业难以获得足够的金融支持。因此，政府可以鼓励和支持建立农村信用合作社、农村银行等专门为农村居民和企业提供金融服务的机构，为他们提供更加灵活、便利的金融产品和服务。政府可以推动银行信贷政策，扩大农村信贷投放规模。农村居民和企业的融资需求旺盛，但由于传统银行对农村信贷存在偏见或风险较大，导致信贷投放不足。因此，政府可以引导银行加大对农村地区的信贷支持力度，降低贷款利率，放宽贷款条件，为农村企业和农民提供更多的融资机会。

政府还可以设立小额信贷担保基金，支持农村小微企业和农民个体经营者获得融资支持。很多农村小微企业和个体经营者由于缺乏抵押品或信用记录，难以获得传统银行贷款。因此，政府可以设立小额信贷担保基金，为这些企业和个体经营者提供担保服务，降低贷款风险，促进农村经济的发展。除了以上措施外，政府还可以采取一系列其他政策，支持农村企业和农民获得资金支持。例如，设立农村信用信息系统，建立农村信用体系，提高农村居民的信用意识和信用水平；鼓励金融机构创新金融产品和服务，满足农村地区多样化的金融需求；加强对农村金融机构和农村金融市场的监管和引导，维护金融市场的稳定和健康发展等。支持农村企业和农民获得资金支持，对于推动榆林乡村振兴战略的实施和乡村经济的持续健康发展具有重要意义。只有政府、金融机构和农村居民共同努力，才能够实现农村金融服务的全面覆盖，为榆林乡村振兴注入新的活力和动力，实现乡村经济的全面发展。

（三）政策扶持农业转型升级

政府通过制定政策，扶持农业转型升级，是榆林乡村振兴战略中至关重要的一项措施。农业仍然是经济的支柱产业，但传统农业模式面临诸多挑战，如低效益、资源浪费、环境污染等。因此，推动农业产业结构调整和提质增效，对于促进农村经济的持续健康发展具有重要意义。政府可以制定支持农业科技创新的政策。通过加大对农业科技研发的投入，鼓励农业技术创新和成果转化，推动农业生产方式向智能化、信息化、绿色化转变。例如，在榆林等地，可以推动农业机械化、精准农业、生物技术在农业生产中的应用，提高农产品的质量和产量。政府可以制定支持农业产业结构调整的政策。传统农业占据主导地位，但产业结构单一，面临市场风险和价格波动的影响。因此，政府可以引导农民和农村企业调整种植结构和养殖结构，发展适应市场需求的特色产业和优势产业。例如，发展特色农产品、有机农产品、绿色食品等高附加值农产品，拓展农村产业链，提升农产品的市场竞争力。

政府还可以制定支持农业提质增效的政策。传统农业生产方式存在效率低下、资源浪费等问题，制约了农产品的质量和产量提升。因此，政府可以通过推动农业现代化、农业标准化、农业产业化等措施，提高农业生产效率和产品质量。例如，推广高效节水灌溉技术、优质种苗推广、农产品加工技术等，提升农产品的品质和附加值。政府还可以加强对农业基础设施建设的支持，为农业产业升级提供良好的条件。例如，可以加大对灌溉设施、农田水利、农产品加工厂等基础设施建设的投入，提高农业生产的现代化水平和产能。

第二节 榆林红色文化资源的融合与利用

一、榆林红色文化资源的融合

(一) 红色文化教育与旅游融合

在榆林这片红色文化沃土上,开设红色文化教育基地是一项富有前瞻性和意义深远的举措。这一举措不仅可以为学生和游客提供深入了解和体验红色文化的机会,还可以促进榆林红色文化资源的融合与传承。红色文化教育基地应该在榆林市内选择具有代表性的红色文化景区建设,如杨家沟、枣林则沟、袁家沟、小河会议旧址等,这些地方曾经是革命斗争的重要据点,拥有丰富的红色历史文化资源。在这些景区内,可以建立红色文化教育中心或纪念馆,通过多媒体展示、实物展览、互动体验等形式,向学生和游客介绍榆林的红色历史,展示榆林人民为革命事业所作出的贡献,激发他们的爱国情怀和民族自豪感。红色文化教育基地应该充分利用现代科技手段,打造生动、多样的教育体验。通过虚拟现实、增强现实等技术,可以再现历史场景,让参观者仿佛置身于革命年代的情境中。同时,可以设置互动展示区域,让学生和游客亲身体验红色文化的魅力,参与到各种红色文化活动中,如模拟红军长征、参与革命歌曲演唱等,使他们能够深刻理解和感受红色文化的内涵和精神。

红色文化教育基地还应该注重与当地文化资源的融合,将红色文化与榆林的地域文化相结合,形成独特的教育体验。例如,可以邀请当地的民间艺人表演传统的民俗文化节目,举办地方特色的手工艺品展销活动,组织参观者参与当地的传统习俗和节日庆祝活动,使红色文化教育基地成为传统文化与现代红色文化相互交融的平台[①]。红色文化教育基地还应该注重教育引导,加强导览解说员的培训,提供专业的讲解和引导服务,帮助学生和游客更好地理解红色历史,引导他们正确对待历史,珍惜和传承红色文化。同时,还可以结合学校教育资源,开展学校联动活动,将红色文化教育基地纳

---

① 古丽娜尔·吐尔逊.乡村振兴战略视域下红色文化资源开发路径探析 [J].农家参谋,2022(22):4-6.

入学校教育课程中，使学生在校外教育活动中也能够接受红色文化的熏陶和教育。通过在榆林建设红色文化教育基地，可以为学生和游客提供了解和体验红色文化的平台，促进榆林红色文化资源的融合与传承。这将有助于激发人们的爱国情感和民族自豪感，推动红色文化的传承和发展。

(二) 文物保护与旅游融合

将文物保护与旅游开发有机结合起来，对于榆林这样拥有丰富红色文化资源的地方来说，是一项重要而富有前景的工作。在保护榆林的红色文物资源的前提下，将其纳入旅游线路，通过合理规划和开发，不仅可以实现文物的保护和传承，还可以促进地方旅游业的发展，推动当地经济的繁荣。文物保护与旅游开发的有机结合需要充分尊重文物的历史价值和文化内涵。榆林的红色文物资源包括革命旧址、红色遗迹、革命纪念馆等，这些都是历史的见证者，承载着丰富的红色文化内涵。在旅游开发中，要注重对这些文物的保护和修复，保持其原有的历史风貌和文化特色，避免过度商业化和破坏性开发，确保文物的永久性保存。需要合理规划文物旅游线路，充分展示榆林的红色文物资源。可以根据文物的地理位置和历史背景，设计不同的旅游线路，如"红色革命历史之旅""红色文化遗产探索之旅"等。这些线路可以覆盖榆林市内的各个红色文物景点，让游客全面了解榆林的红色历史，感受红色文化的魅力。

(三) 农业与红色文化融合

在乡村振兴战略中，将红色文化资源与农业生产相结合，打造红色文化农业观光园，是一种富有前景的创新举措。特别是在像榆林这样拥有丰富红色文化资源的地方，结合农耕文化和红色历史文化，可以为当地的乡村振兴注入新的活力，推动乡村旅游和农业发展的融合。建设红色文化农业观光园需要深入挖掘和利用榆林的红色文化资源。榆林作为革命老区，拥有许多革命遗址、红色景点和革命历史文物，如革命旧址、纪念馆、红色纪念碑等。利用这些资源，可以打造具有红色文化特色的农业观光园，为游客提供丰富的红色文化体验。要结合农业生产，开展多样化的农业观光项目。可以在农业观光园内种植与红色文化相关的特色农产品，如红色文化主题的水果、蔬菜等，以此吸引游客前来参观采摘。同时，可以设置红色文化主题的农耕体验区，让游客亲身体验红色历史文化，了解农耕生活的乐趣。

二、榆林红色文化资源的利用

(一) 榆林红色文化资源的利用现状

1. 资源点多面广，但缺少拳头产品

榆林位于陕西省北部，面积广阔，拥有丰富的革命遗址资源。然而，由于遗址旧址数量众多、分布分散、位置偏远，保护开发利用面临诸多挑战。一些位于偏远山区或沟壑深处的遗址旧址规模较小，周围缺乏配套资源，仅能进行简单的维修保护，无法形成多点布局、联动发展。而一些重点红色景区在平时往往门庭冷落，游客主要是革命先辈后代、在校学生、党政干部、研究人员等，游客驱车数小时来到景区，却仅能匆匆一瞥。在这种背景下，榆林的红色文化旅游产业大多处于初级状态。产品生产缺乏统一的组织和策划，生产者多为非专业人士和当地村民，缺乏竞争力，无法形成拳头产品和品牌效应。因此，需要采取一系列措施，推动榆林红色文化旅游产业的发展，尤其应加大对革命遗址旧址的保护力度。

针对偏远山区或沟壑深处的遗址旧址，可以通过加强道路建设、提供基础设施支持等方式改善交通条件，促进其开发利用。同时，要注重细致的维护和保护工作，确保遗址旧址的历史原貌得以保存。需要加强红色景区的宣传和推广。通过建设专业化的宣传团队，制作精美的宣传资料，开展线上线下的宣传活动，提升景区的知名度和美誉度，吸引更多游客前来参观。应该加强对红色文化旅游产品的开发和创新。可以组织专业团队对红色文化进行深入挖掘和研究，打造具有特色的旅游产品，提升其吸引力和竞争力。同时，建立健全产品推广和销售网络，拓展市场份额，提高产品的知名度和美誉度。还可以通过加强与其他行业的合作，推动红色文化旅游产业的跨界发展。可以与文化创意产业、农业旅游等行业进行合作，打造文化体验项目，丰富游客的旅游体验，提升整体产业的附加值。榆林作为一个拥有丰富红色文化资源的地区，应该充分发挥其优势，通过加大保护力度、加强宣传推广、加强产品开发创新等措施，推动红色文化旅游产业的健康发展，为地方经济的提升和社会的进步作出贡献。

2. 管理机构健全，但专业人才紧缺

杨家沟、小河、神泉堡等地是榆林市规模和影响较大的几处革命遗址旧址，它们承载着珍贵的历史记忆，是红色文化遗产的重要组成部分。然而，这些遗址旧址的管理存在诸多问题，管理机构的管理员和讲解员的专业水平和保护意识不足，严重影响了对这些宝贵资源的保护、传承和开发利用。管理员的专业水平和保护意识不强，存在着思想观念陈旧、文保意识淡薄、保护性破坏严重等问题。这些管理员大多是半路出家，缺乏相关专业知识和技能，无法满足红色文化资源保护开发的专业性、技术性、学术性、实践性要求。由于缺乏足够的专业知识和经验，他们在遗址旧址的管理和保护过程中可能存在误区，甚至会造成不可逆转的损害。讲解员的素质和专业能力也不尽如人意。虽然讲解员多为大学毕业生，但由于培训不到位、工资待遇低、身份不稳定等问题，他们难以全身心投入到党的历史研究和红色文化传承中。加之所学专业与工作岗位不匹配，缺乏足够的知识储备和研究精神，导致讲解内容流于表面，缺乏深度和内涵。这种"外行说内行话"的错误和"只知其然不知其所以然"的情况，不仅无法给参观者带来良好的参观体验，也制约了榆林红色文化资源的价值发挥和可持续发展。

3. 保护利用积极，但权属影响管理

市、县（市、区）政府先后投入了1亿多元，用于保护和维修杨家沟革命旧址等重要遗址。在"多规合一"规划中，政府对50处革命遗址旧址进行了文物紫线的划定，并完成了南丰寨会议旧址等8处省级以上文物保护单位的保护管理规划的编制。此外，政府成功申报了1处全国重点文物保护单位，20处省级文物保护单位，5处市级文物保护单位，以及33处县级文物保护单位[①]。但革命遗址旧址几乎全部分布在乡村，其载体－窑洞多为私人所有，根据生活生产需要随意改建甚至破坏，相关部门无权管理，既给目前的保护管理带来难题，也给将来的开发利用带来困难。佳县，这片红色的土地上，孕育着丰富的革命历史遗迹，其中包括20处革命遗址旧址。这些遗址见证了革命先烈的英勇奋斗和革命事业的光辉历程。然而，与其他地方

---

① 乔婉婷. 乡村振兴战略背景下"三农"经济发展问题对策研究 [J]. 边疆经济与文化，2024(03)：44-48.

不同的是，除了神泉堡中共中央驻地旧址外，其余的产权都归个人所有，这种情况为革命遗址的保护和维修带来了一定的挑战。以金明寺 - 革命旧址为例，这处具有重要历史价值的遗址，现今却面临一种尴尬的局面。在这个旧址中，居住着两个兄弟，他们对如何维修这个遗址有着不同的看法和诉求。一个兄弟愿意按照文物保护方案进行维修，将其保护得更加完整和原貌；而另一个兄弟则希望根据生活需要进行维修，可能会对遗址进行改建或者部分拆除，以满足日常生活的需求。这种情况导致了金明寺 - 革命旧址的一个院落、四孔窑洞呈现出了两种截然不同的景致。一边是经过严格保护和修复的历史遗迹，呈现出原汁原味的历史风貌；而另一边则可能被改建或拆除，失去了原本的历史面貌，呈现出现代生活的痕迹。这种情况下，如何平衡革命遗址的保护与居民的生活需求成为一个重要的问题。一方面，保护革命遗址是对革命先烈的尊重和对历史的传承；另一方面，居民的生活需求也需要得到尊重和保障。因此，政府和相关部门需要与当地居民进行深入沟通和协商，寻找一种既能够保护革命遗址又能够满足居民生活需求的解决方案。可能的解决方案包括制定维修方案，结合保护与生活需要，采取措施保护革命遗址的原始风貌，并为居民提供合适的替代居住方案。同时，政府可以加大对革命遗址的政策支持和资金投入，鼓励居民参与遗址的保护和修复工作，共同守护好这份珍贵的历史遗产。在维护革命遗址的同时，也应该尊重居民的合法权益，为他们提供良好的生活环境和条件。只有在政府、居民和社会各界的共同努力下，才能真正做到历史遗址的保护与人民生活的和谐共存。同时，红色文化资源的保护开发利用存在史志、文旅、民政等部门的条块分割、多头管理问题，导致保护开发利用各自为政、效果较差。

4. 景区道路通达，但配套设施缺失

榆林各县市区意识到了这些宝贵资源的重要性，并积极开展了开发利用工作。在基础设施建设、旅游产业发展等方面取得了一定成效。例如，清涧县通过编制发展规划，将红色革命之乡经典教育游融入旅游产业体系，重点打造北国风光景区；佳县则投入巨资打造东方红文化产业园，以项目建设为抓手，推动红色文化资源的开发利用。然而，尽管红色文化景区的通达性逐渐提高，如有通村柏油路水泥路或旅游专线，使得游客进入景区更加便捷，但仍然存在一系列问题，主要集中在基础设施建设和配套服务设施方面。大多数红色文化资源分布在地理环境较差、经济发展相对落后的地区。因此，进入景区的道路等级普遍较低，交通条件不够便利，给游客的出行带来一定的不便。景区内基础设施建设投入不足，吃、住、行、研、学等配套服务设施严重缺失。游客在景区内的就餐、住宿、交通等方面往往难以满足需求，给游客的旅游体验带来了影响。同时，对于研学旅游等特殊需求，景区内缺乏相应的教育设施和解说服务，使得游客无法深入了解红色文化的内涵和历史背景。

（二）榆林红色文化资源利用对策

1. 基于文旅品牌效应，大力发展红色文旅产业

推动红色文旅融合是促进榆林市旅游业发展的重要举措。通过充分挖掘和利用榆林市丰富的红色文化资源，结合当地的资源禀赋、区位优势、产业基础和文化特色，推动红色文化与旅游业的深度融合，打造更具内涵的红色文化旅游业态和产品，为游客呈现更丰富、更深刻的红色文化体验。要推动红色文旅融合，需要根据榆林市的红色文化资源特点，结合当地的旅游资源，打造一批具有独特魅力的红色文化旅游产品。可以依托长征落脚地、北国风光、决胜千里、走向胜利等历史事件和景点，开发一系列主题旅游线路和景区，为游客提供丰富多样的红色文化体验。要打造红色文旅品牌，提升榆林市红色文化旅游的知名度和影响力。可以打造一些具有代表性的红色文化旅游产品，如重走转战陕北路、杨家沟革命旧址等，将其纳入全国经典景区或红色旅游精品线路。同时，还可以建设转战陕北主题公园、西北革命根据地历史广场等大型红色文化旅游综合体项目，将红色文化资源转化为引领发展的红色文化产业。加强红色文旅推介工作，提升榆林市红色文化旅游的宣传力度和影响力。可以利用重要时间节点，设计不同主题的红色文化推介活动，通过传统媒体和新兴媒体等多种渠道，策划有节奏、有声势、有影响的宣传推介活动，让榆林市的"红色地带"成为主流思想舆论阵地，吸引更多游客关注和参与。通过推动红色文旅融合，打造红色文旅品牌，加强红色文旅推介等措施，可以更好地挖掘和利用榆林市丰富的红色文化资源，促进旅游业的发展，为地方经济的繁荣和社会的进步作出贡献。同时，也可以讲好榆林的红色故事，传播红色文化的声音，提升地区的文化软实力。

2. 基于事业发展需要，切实加强人才队伍建设

为推动红色文化资源的保护、开发和利用，需要在管理机制、领导班子和人才队伍等方面采取一系列措施。在理顺管理机制方面，应该建立红色文化资源保护开发利用协调领导机构，确保统一领导、分级负责、部门联动、有序开发的管理体制。这一机构应具备协调、指导和监督的职能，负责红色文化资源保护开发利用工作的统筹规划和具体实施。各级政府应将红色文化资源保护开发利用纳入国民经济和社会发展规划，加强对相关工作的宏观管理和指导，研究解决保护开发利用中的重大问题。同时，各级行政主管部门也要按照自身职责做好保护开发利用相关工作，形成多部门协同合作的良好局面。在配强领导班子方面，应根据红色文化单位的性质特点，选拔具有丰富实践经验、熟悉红色文化资源、业务能力强的优秀干部担任领导岗位。要兼顾专业知识、年龄结构和工作阅历等因素，确保领导班子的稳定性和高效性，切实做好红色文化资源保护开发利用工作。在培养人才队伍方面，应采取多种方式，加强人才队伍建设。可以通过培养学科带头人、结对子、课题带队伍等方式，推动教学相长，提高人才队伍的业务素质。此外，还可以引进党史、文物专门人才，充实红色文化单位的人才队伍，确保队伍的结构合理、素质过硬。通过建立完善的管理机制，配强领导班子，培养人才队伍等措施，可以更好地推动红色文化资源的保护、开发和利用工作，促进红色文化事业的繁荣发展，为加强党史、传承红色基因、弘扬优良传统作出积极贡献。

第三节　乡村振兴战略在红色文化资源开发中的作用

一、挖掘地方特色，促进乡村旅游发展

（一）旅游业发展

乡村振兴战略在榆林红色文化资源开发中扮演着重要角色。通过将红色文化资源与乡村振兴战略相结合，可以推动乡村旅游业的发展，实现经济与文化的双丰收。乡村振兴战略为榆林红色文化资源开发提供了良好的契

机。乡村振兴战略旨在通过优化农村产业结构、改善农村生活环境、推动农村经济发展，实现乡村全面振兴。在这一背景下，榆林可以充分利用其丰富的红色文化资源，结合当地的乡村风光和民俗文化，打造具有红色文化特色的乡村旅游线路和景点，吸引游客前来观光旅游，促进当地农村经济的发展。乡村振兴战略为榆林提供了政策支持和资金保障。随着国家对乡村振兴战略的重视和扶持力度不断加大，榆林可以获得更多的政策支持和资金保障，用于开展红色文化资源的开发利用工作。政府可以通过出台相关政策和措施，鼓励和引导企业和社会资本参与乡村旅游业的发展，为榆林红色文化资源的开发提供更多的资源保障。

乡村振兴战略为榆林提供了市场需求和发展动力。随着人民生活水平的提高和消费观念的转变，越来越多的人开始关注乡村旅游，追求文化体验和精神享受。榆林可以借助乡村振兴战略的机遇，深入挖掘红色文化资源的内涵和魅力，开发具有特色和吸引力的红色文化旅游产品，满足市场需求，推动乡村旅游业的健康发展。乡村振兴战略为榆林提供了发展空间和合作机会。在乡村振兴的过程中，榆林可以与周边地区和其他相关部门展开合作，共同推动红色文化资源的开发利用工作[①]。可以通过加强与当地农户和旅游企业的合作，共同打造红色文化特色的乡村旅游产品，实现资源共享、优势互补，促进乡村旅游业的合作共赢。乡村振兴战略为榆林红色文化资源的开发提供了良好的机遇和条件。通过充分利用这一机遇，榆林可以推动乡村旅游业的发展。

(二) 文化传承与弘扬

乡村振兴战略在榆林红色文化资源开发中扮演着至关重要的角色。通过将乡村振兴战略与红色文化资源的传承和弘扬相结合，可以促进榆林红色文化的传承和发展，激发人们对红色历史的热爱与敬仰，进而推动社会主义核心价值观的传播和弘扬。乡村振兴战略为榆林红色文化资源的传承提供了有力支持。政府可以将资源优势、产业特色、文化传统等因素纳入考虑范围，将乡村旅游作为促进乡村振兴的重要抓手之一。榆林作为拥有丰富红色

---

① 张光位. 乡村振兴战略视域下地方红色文化资源价值实现的路径探析 [J]. 文化学刊，2021(12)：164-166.

文化资源的地区，可以通过开发红色文化旅游业，将红色历史、英雄人物、革命精神等进行深度挖掘和宣传，让更多人了解和重温榆林的红色历史，从而实现对红色文化的传承和弘扬。通过开发红色文化旅游业，可以为榆林乡村经济注入新的活力。随着乡村旅游业的发展壮大，榆林的乡村经济将得到有效促进和提升。特别是在红色文化旅游的带动下，榆林乡村经济可以实现由传统农业向文化创意、休闲旅游等产业的转型升级，从而带动当地农民增收致富，实现乡村振兴的全面目标。

红色文化旅游业的发展不仅可以传承红色文化，还可以激励人们的爱国情怀和社会责任感。通过参观红色历史遗迹、了解红色故事、感受红色精神，游客可以深刻体验到中国共产党领导的伟大革命斗争和艰苦奋斗，从而激发起热爱祖国、热爱人民、热爱社会主义的情感。这种情感的传播和弘扬，对于培育和践行社会主义核心价值观，具有积极的意义和作用。乡村振兴战略为榆林红色文化资源的开发提供了政策和资金的支持。为红色文化旅游业的发展提供政策倾斜和资金保障，引导和推动更多的投资者和企业参与到红色文化旅游业的建设和运营中来，推动红色文化资源的有效开发和利用。乡村振兴战略在榆林红色文化资源的传承和弘扬中发挥着重要作用。通过充分利用这一战略机遇，榆林可以实现红色文化的传承和发展，为社会主义核心价值观的传播和弘扬作出积极贡献，推动乡村振兴和文化繁荣的双赢局面。

二、促进农村经济增长，改善农民生活条件

(一) 促进农村经济多元化发展

红色文化旅游业的兴起将为榆林等农村地区带来新的发展机遇，促进农村经济的多元化发展。在这一过程中，乡村振兴战略扮演着重要角色，为红色文化资源的开发与利用提供了政策支持和经济保障，推动了农村经济的结构调整与转型升级。红色文化旅游业的兴起将带动农村经济的产业结构转型。传统的农业产业在红色文化旅游的带动下逐渐转变为以文化旅游为主导的产业结构。随着红色文化旅游业的发展，农村地区将逐步建立起以旅游服务、文化创意、休闲娱乐等为主导的新兴产业体系，实现了从传统农业经济向文化旅游经济的转型升级，为农村经济的多元化发展奠定了坚实基础。红

色文化旅游业的兴起将拓展农村经济的发展空间。通过挖掘和利用红色文化资源，开发特色旅游产品和景点，榆林等农村地区可以吸引更多的游客前来观光旅游，增加了农村旅游业的收入。同时，伴随着游客的增多，还将带动相关产业的发展，如餐饮、住宿、交通等服务业的兴起，为农村经济带来了新的发展机遇。

红色文化旅游业的兴起将促进农村地区的文化传承与发展。通过开展红色文化旅游活动，加强对红色历史、革命精神等的宣传和传承，可以增强人们的爱国主义情感和社会责任感，培育和践行社会主义核心价值观。同时，通过丰富多彩的文化活动和体验项目，也可以促进当地文化的创新与发展，丰富了农村地区的文化生活，提升了农村居民的精神文化素质。乡村振兴战略在红色文化资源开发中发挥着重要作用。政府通过出台相关政策和措施，为红色文化旅游业的发展提供政策支持和资金保障，推动了农村经济的结构调整和转型升级。同时，政府还积极推动红色文化旅游业与当地产业、资源和文化传统相结合，促进了农村经济的多元化发展，为乡村振兴战略的实施提供了有力支持。在乡村振兴战略的引领下，榆林将进一步挖掘和利用红色文化资源，推动农村经济的转型升级。

(二) 提升农村产业水平

红色文化旅游业的兴起对于农村产业的提升具有重要的推动作用。随着人们对红色历史的热情和文化旅游的兴起，农村地区的红色文化资源逐渐成为吸引游客的重要资源，这不仅为农村经济带来了新的增长点，同时也推动了农村产业的升级和优化。红色文化旅游业的兴起带动了农村产业的多元化发展。传统上，农村地区主要依靠农业生产为主要经济支柱，但随着红色文化旅游业的兴起，农村地区的产业结构逐渐发生了变化。除了农业生产外，农村地区还逐渐发展起以文化旅游为主导的产业，如农家乐、手工艺品制作、民俗表演等，从而实现了农村产业的多元化发展，为农村经济提供了新的增长点。红色文化旅游业的兴起促进了农村产业的升级和优化。为了吸引游客，农村地区需要配套建设一系列的服务设施和文化产品，如旅游接待中心、景区导览服务、特色文化演艺等。这些配套设施和产品的建设不仅提升了农村地区的旅游服务水平，也促进了当地产业的升级和优化。例如，农家乐的发展促进了农村地区农副产品加工业的发展，手工艺品制作的兴起带动了当地手工业的发展，从而推动了农村产业的升级和优化。

乡村振兴战略在红色文化资源开发中发挥了重要作用。政府为红色文化旅游业的发展提供政策支持和经济保障，推动了农村产业的结构调整和转型升级。例如，政府可以通过资金扶持、税收减免等政策措施，支持农村地区发展红色文化旅游业，引导和促进当地产业的升级和优化，推动乡村经济的振兴。红色文化旅游业的兴起也为农村地区的就业提供了新的机会。红色文化旅游业的兴起促进了农村地区人才的培养和输送，提升了农村地区的人力资源质量，为农村产业的发展提供了有力支持。红色文化旅游业的兴起对于农村产业的提升具有积极的推动作用。

第四节　整合发展的路径与措施

一、榆林红色文化资源整合发展的路径

(一) 建设红色文化综合体

在榆林市中心地带或红色文化资源集中区域建设红色文化综合体是一项具有重要意义的举措。这一综合体将集合红色文化主题馆、红色文化艺术中心、红色主题公园、纪念广场等功能，为游客提供展览、教育、体验和娱乐等多种服务，形成集游览、学习、文化交流于一体的红色文化旅游目的地。在实现这一目标的过程中，需要通过整合榆林市丰富的红色文化资源，合理规划和建设红色文化综合体，为榆林红色文化资源的整合发展开辟新的路径。需要充分整合榆林市丰富的红色文化资源。榆林作为陕北革命老区，拥有丰富的红色文化遗产和历史文化底蕴。在整合榆林红色文化资源时，可以包括革命历史遗址、红色文化纪念馆、革命烈士纪念馆、红色革命文物馆等，涵盖红色文化的各个方面。通过对这些资源的整合，可以为建设红色文化综合体提供丰富的内容和支撑。需要进行合理规划和设计红色文化综合体的功能布局。红色文化综合体应该包括红色文化主题馆、红色文化艺术中心、红色主题公园、纪念广场等多种功能，以满足不同游客的需求和兴趣。

主题馆可以展示榆林的红色历史和革命文化，艺术中心可以举办红色文化艺术展览和表演活动，主题公园可以打造红色文化主题的游乐设施和景观，纪念广场可以供人们缅怀革命先烈和重温革命历史。

需要注重提升红色文化综合体的服务水平和品质。在建设红色文化综合体时，应注重提升服务设施和设备的品质，提高游客的游览体验和满意度。可以通过引进先进的展示技术和设备、培训专业的服务人员、完善便利的交通和配套设施等方式，提升红色文化综合体的服务水平和品质，吸引更多游客前来参观体验。需要加强宣传推广和合作共建，提升红色文化综合体的知名度和影响力。可以通过开展各种宣传活动、组织文化交流活动、加强与其他文化机构和旅游景区的合作等方式，提升红色文化综合体的知名度和影响力，吸引更多游客和参观者前来参观体验。同时，还可以通过建立红色文化综合体的品牌形象，推动红色文化综合体的持续发展和壮大。建设红色文化综合体是推动榆林红色文化资源整合发展的重要路径之一[①]。通过充分整合红色文化资源，合理规划和设计红色文化综合体的功能布局，提升服务水平和品质，加强宣传推广和合作共建，可以实现榆林红色文化资源的集中展示和传承，为榆林红色文化事业的发展注入新的活力和动力。

(二) 打造红色文化旅游线路

设计多样化的红色文化旅游线路，将榆林的红色文化景点和旧址串联起来，形成完整的旅游线路体系，对于促进榆林红色文化资源的整合发展具有重要意义。通过合理规划和设计，可以将榆林丰富的红色文化资源充分展示给游客，让他们深入了解榆林的红色历史。需要对榆林的红色文化资源进行全面梳理和整合。榆林拥有众多的红色文化景点和遗址，如杨家沟革命旧址、小河革命旧址、神泉堡革命旧址等。在设计红色文化旅游线路时，需要对这些景点和遗址进行全面梳理和整合，确定其地理位置、历史背景、文化内涵等信息，为游客提供全面准确的参观指引。需要根据游客的需求和兴趣设计多样化的红色文化旅游线路。榆林的红色文化资源具有丰富多样的特

---

① 刘田. 乡村振兴视域下红色文化资源的优化路径探析——以榆林市榆林米脂县为例 [J]. 天南，2023(04)：134-136.

点，可以根据游客的不同需求和兴趣设计不同主题的旅游线路，如革命历史线路、红色文化体验线路、红色文化艺术线路等。每条线路都有其独特的景点和特色，可以让游客深入了解榆林的红色历史和文化。

需要合理规划和设计红色文化旅游线路的路线和景点顺序。考虑景点之间的地理位置和距离，合理规划线路的路线和景点顺序，确保游客能够顺利游览参观，充分利用时间和资源。同时，还需要考虑游客的出行方式和交通工具，提供便利的交通和接待服务，为游客提供舒适愉快的旅游体验。需要加强红色文化旅游线路的宣传推广和服务保障。通过开展各种宣传活动、推出优惠政策、提供优质的服务等方式，吸引更多游客参与红色文化旅游线路的游览活动。同时，还需要加强对旅游线路的管理和维护，确保景点和设施的安全和整洁，提升游客的满意度和体验感。

二、榆林红色文化资源整合发展的措施

(一) 建设红色文化综合体

在榆林市中心地带或红色文化资源集中区域建设红色文化综合体是为了充分展示榆林的丰富红色文化资源，提供游客一个全方位的红色文化体验。这个综合体将集合红色文化主题馆、纪念馆、艺术中心、文化广场等多种功能，为游客提供展览、教育、娱乐等多种服务，成为榆林的红色文化旅游目的地。建设红色文化综合体需要充分整合榆林市的红色文化资源。红色文化综合体应该包括红色文化主题馆、纪念馆、艺术中心、文化广场等多种功能。纪念馆可以缅怀革命先烈和展示他们的英勇事迹，文化广场可以作为文化交流和活动的场所。

(二) 鼓励跨界合作与创新

鼓励与其他行业和领域进行跨界合作是促进榆林红色文化资源整合发展的重要举措之一。通过与文化艺术机构、旅游企业、科技公司等合作，可以共同开发创新的红色文化旅游产品和服务，为游客提供更加丰富多样的体验，推动榆林红色文化资源的整合发展。与文化艺术机构合作，可以开展红色文化艺术展览和表演活动。榆林拥有丰富的红色文化资源和历史文化

底蕴，可以通过与文化艺术机构合作，举办红色文化主题的艺术展览、音乐会、舞蹈表演等活动，展示榆林的红色文化内涵。与旅游企业合作，可以开发创新的红色文化旅游产品和线路。

第四章 乡村振兴战略下的榆林红色文化旅游

第一节 红色文化旅游的概念与特点

一、红色文化旅游的概念

红色文化旅游是指以红色革命历史、红色文化资源和红色旅游景点为主要内容的一种旅游形式。它强调的是通过游览、学习、领悟革命历史、传承革命精神，来感受和了解当地的红色文化，体验革命先辈们的奋斗历程，增强对国家和民族的认同感和荣誉感。红色文化旅游的核心内容包括：参观革命历史纪念馆、革命旧址、革命纪念碑、纪念馆等，了解和感受革命历史；参加革命纪念活动和教育，学习革命先辈的思想、精神和奋斗精神；游览革命战斗遗址、红色旅游景点，了解和体验革命时期的生活和战斗情景。红色文化旅游不仅有助于人们了解和传承革命历史文化，更能激发人们的爱国情怀和民族自豪感，促进国家文化软实力的提升，也成为各地旅游业的一种重要形式。

二、红色文化旅游的特点

（一）具有感召力和吸引力

红色文化旅游的独特魅力不仅吸引了国内游客，也吸引了许多外国游客前来参观。对于外国游客来说，红色文化旅游不仅是了解中国革命历史和文化的一种方式，也是体验中国特色的独特之处的机会。红色文化旅游蕴含着丰富的历史内涵和情感价值[1]。中国的革命历史经历了漫长而艰难的斗争，涌现出了众多的革命英雄和先烈，留下了许多感人肺腑的故事和遗址。对于

---

[1] 艾丽丽，崔渊，王向莉.榆林乡村振兴发展的几点思考 [J].智慧农业导刊，2022，2（09）：119-121.

外国游客来说，了解中国革命历史不仅可以增进对中国文化的理解和认识，也能够感受到中国人民为民族独立和解放事业所作出的不懈努力和巨大牺牲，从而体会到中国人民的坚韧不拔和不屈不挠的精神。红色文化旅游提供了体验中国特色文化的机会。中国的红色文化具有浓厚的民族特色和时代气息，融汇了中华民族五千年文明的精华，展示了中国共产党领导的革命斗争的光辉历程。外国游客可以通过参观红色文化景点、了解中国的革命历史、体验中国传统文化等方式，深入了解中国的文化底蕴和精神风貌，感受到中国文化的博大精深和独特魅力。

(二) 教育性和启发性

红色文化旅游不仅是一种旅游活动，更是一种教育和启发人心的过程。在红色文化旅游中，游客不仅可以领略到优美的自然风光和古老建筑，更可以通过参与各种红色文化教育活动，学习革命先辈的奋斗精神，增强民族自豪感和爱国情怀，从而获得精神上的滋养和启发。红色文化旅游是一种具有教育意义的旅游方式。通过参观革命纪念馆、革命遗址和红色文化景点，游客可以了解中国革命历史的光辉历程，学习革命先辈的英勇事迹和崇高精神，感受中国共产党领导下的革命斗争的艰辛和伟大。这种亲身体验和实地教育可以深入人心，激发游客的爱国情怀和民族自豪感，促进他们对祖国历史和文化的认知和理解。红色文化旅游是一种具有启发意义的旅游方式。游客可以通过参与各种教育活动和体验项目，了解中国革命历史的不同时期和不同地区的革命斗争情况，探索革命先辈的奋斗轨迹和历史足迹。这种体验式学习和亲身参与可以激发游客对人生和社会的深刻思考，引导他们树立正确的人生观和价值观，提升他们的文化素养和道德修养。

(三) 情感性和认同性

1. 情感性

红色文化旅游的独特特点在于其能够激发游客的情感共鸣，加深他们对国家历史和文化的认同感。通过参观革命遗址和纪念馆，游客往往会被革命先烈的英勇事迹所感动，从而加深对国家和民族的热爱与认同。这种情感共鸣的产生和加深，是红色文化旅游的重要特点之一。红色文化旅游的景点和遗址具有浓厚的历史感和文化底蕴。这些地方是中国革命历史的见证者，承载着无数革命先烈的血泪和牺牲。游客在参观这些地方时，往往会被其沉重的历史感所震撼，感受到革命先烈为民族独立和人民解放所作出的不朽贡献。这种历史感和文化底蕴会引发游客内心深处的情感共鸣。

2. 认同性

红色文化旅游的景点和遗址蕴含着丰富的感人故事和英雄传奇。革命先烈的英勇事迹和崇高精神常常被传颂和讴歌，成为后人学习和敬仰的对象。大家参观时往往会被革命先烈的英雄事迹所感动，感受到他们的无私奉献和崇高精神。这种感动和敬仰会引发游客内心深处的情感共鸣，加深他们对国家和民族的热爱和认同。红色文化旅游的景点和遗址是爱国主义教育和民族精神传承的重要平台。在这些地方，游客不仅可以了解革命历史和英雄人物，还可以接受爱国主义教育和民族精神熏陶。通过参与各种教育活动和体验项目，游客往往会受到爱国主义情怀和民族自豪感的熏陶，增强对国家和民族的热爱和认同。这种爱国主义情怀和民族自豪感会引发游客内心深处的情感共鸣。

第二节　榆林红色文化旅游资源的优势与挑战

一、榆林红色文化旅游资源的优势

(一) 革命历史厚重

1. 革命历史地区

榆林作为中国革命历史上的重要战略地区，拥有丰富而独特的红色文化遗产，这些遗产见证了党中央在延安时期的活动，以及许多革命先烈为了民族独立和人民解放而英勇奋斗的历史。榆林的红色文化资源在中国革命历史中具有重要地位，这些资源的优势不仅体现在其丰富性和历史价值上，还体现在其对于红色文化旅游的吸引力和影响力上。

2. 独特的地理环境

榆林拥有壮美的自然风光和独特的地理环境。位于陕北黄土高原的榆林，山川起伏，沟壑纵横，风景秀丽。这里的自然风光以其雄奇壮美、奇异多变而闻名，吸引着众多游客前来观赏。红色文化旅游与自然风光相结合，使游客在感受红色文化的同时，也能领略到大自然的神奇和壮丽，增添了旅游的乐趣和魅力。榆林市具有悠久的历史文化传统和丰富的民俗风情。榆林历史悠久，文化底蕴深厚，民风淳朴，民俗风情丰富多彩。游客不仅可以了解革命历史和红色文化，还可以体验当地的民俗风情和传统文化，感受到悠久历史和文化的沉淀和魅力。这种结合使红色文化旅游更加丰富多彩，吸引力更加强大。榆林拥有丰富的红色文化遗产。其革命旧址和纪念地保存完好，自然风光壮美，历史文化传统悠久。这些优势使榆林的红色文化旅游资源备受瞩目，吸引着越来越多的游客前来参观游览，为榆林的旅游业发展注入了新的活力。

(二) 丰富多样的红色旅游景点

榆林作为陕北革命老区重要组成部分，有许多著名的红色旅游景点。其中包括绥西北革命摇篮的绥德师范旧址、袁家沟革命旧址，还有毛主席带领中共中央转战陕北时期重要经过的靖边的小河、青阳岔、佳县的神泉堡、米脂的杨家沟、东渡黄河吴堡川口旧址等。这些景点是中国革命历史的重要见证，展示了当年革命斗争的壮丽历程，吸引着大批游客前来参观。这些景点不仅具有极高的历史价值和文化意义，还具有独特的旅游优势，成为榆林红色文化旅游的重要资源之一。这些景点保存较好，具有丰富的历史文化内涵。

这些红色旅游景点丰富多样，拥有较完善的旅游配套设施和服务，如餐饮、导游等，能够满足不同游客的需求和兴趣，能够为游客提供多样化的参观体验和文化感受。此外，这些景点还经常举办各种丰富多彩的红色文化活动和主题展览，如红色文化讲座、纪念活动、红色文化艺术展等，为游客提供了更加丰富和深入的文化体验。

二、榆林红色文化旅游资源的挑战

(一) 资源整合与开发不足

1. 纪念地的保护和利用不够充分

尽管榆林市拥有许多著名的红色文化旅游景点，但在资源整合和开发利用方面确实存在一些不足之处。一些旧址或纪念地的保护和利用不够充分。尽管这些红色文化景点具有重要的历史价值和文化意义，但由于历史遗留问题、管理体制不畅、资金短缺等原因，部分景点的保护和利用工作并不到位。有的纪念地面临历史建筑物老化、环境污染、游客过度开发等问题，亟须加大保护力度，保护好这些宝贵的历史遗产。缺乏有效的开发与宣传。虽然榆林的红色文化旅游资源丰富，但由于宣传力度不够大、开发创新不足，很多潜在的旅游资源尚未得到有效利用。一些景点的宣传手段和推广渠道相对单一，未能充分展示其独特的历史文化魅力，限制了游客的了解和参观。同时，缺乏创新的旅游产品和服务，无法吸引更多游客前来参观体验，使得红色文化旅游业的发展受到一定程度的限制。

2. 管理和服务水平有待提升

一些红色文化景点的管理和服务水平较为滞后，存在着导游服务质量不高、游客服务设施不完善、游客安全隐患等问题，影响了游客的体验感受和满意度。同时，景区管理方面也存在一些管理漏洞和监管不力的情况，导致景区内部秩序混乱、环境脏乱等问题，影响了景区形象和品质。红色文化旅游业的可持续发展面临挑战。尽管红色文化旅游业在一定程度上促进了当地经济的发展，但在长期发展过程中，也面临生态环境破坏、文化资源消耗、游客量过度增长等问题。如何在保护文化遗产的基础上，实现旅游业的可持续发展，是一个亟待解决的问题。榆林市的红色文化旅游资源虽然丰富，但在资源整合和开发利用方面仍然存在不足之处。需要加大保护力度，提升开发创新，改善管理服务，促进红色文化旅游业的健康发展，实现经济效益、社会效益和环境效益的多方共赢。

(二) 旅游基础设施不完善

榆林作为一个拥有丰富红色文化旅游资源的地区，的确面临旅游基础设施滞后的挑战。这主要体现在交通、住宿、餐饮等方面的不足，给游客的游览体验带来了一定的影响。交通配套设施相对滞后。榆林市内外的红色文化景点，有些地方的交通便利性并不高。部分景点位于偏远山区或乡村地带，交通路线不够便捷，游客前往的路途较为曲折，交通工具选择相对有限。尤其是公共交通系统的建设相对不足，缺乏直达景点的交通线路，给游客的出行带来了一定的不便。住宿和餐饮设施相对不完善。在一些红色文化景点周边，尤其是偏远山区或乡村地带，缺乏高品质的住宿和餐饮设施，给游客的住宿和用餐带来了一定的困扰。即便有一些住宿设施，也存在着设施陈旧、服务水平不高等问题，无法满足游客的需求。同时，部分景区周边缺乏特色餐饮，游客在景区附近难以找到品质优良、价格合理的餐饮场所。

一些红色文化景点周边的配套设施较为欠缺。在游客到达景区后，往往需要配套的服务设施来提供便利和舒适性。然而，部分景点周边缺乏公共厕所、停车场、旅游咨询中心等基础设施，游客的游览体验受到了一定程度的影响。针对这些挑战，榆林可以采取一系列措施来改善旅游基础设施，提升游客的游览体验。加大交通基础设施建设力度，修建更多便捷通达的道路，提升公共交通网络覆盖范围，方便游客前往景区。鼓励民间投资兴建高品质的住宿和餐饮设施，提供更多选择和服务，满足游客多样化的需求。同时，加强景区周边配套设施的建设，完善公共厕所、停车场、旅游服务中心等基础设施，提升景区的接待能力和服务水平。通过这些举措，可以进一步提升榆林的红色文化旅游资源的吸引力和竞争力，促进旅游业的健康发展。

(三) 人才短缺与管理不足

1. 人才短缺

在榆林的红色文化旅游资源开发与管理方面，确实存在人才短缺和管理不足的问题，这对景区的管理和服务质量造成了一定的影响，进而影响了游客的体验和景区的品牌形象。人才短缺是一个主要挑战。红色文化旅游业需要专业化的管理人才，他们需要具备丰富的旅游管理经验、专业的文化背景以及良好的服务意识。然而，在榆林，由于红色文化旅游业的快速发展和专业化程度不高，缺乏高素质的旅游管理人才成为一个现实问题。由于人才匮乏，一些景区的管理水平和服务质量可能无法达到理想状态，给游客留下了不佳的印象，影响了景区的美誉度和竞争力。

2. 管理不足

管理不足也是一个值得关注的问题。在一些红色文化景区，管理机构可能存在管理混乱、制度不健全等问题，导致景区管理的不规范和服务质量的参差不齐。例如，一些景区可能存在着管理责任不清、工作流程混乱、人员素质不高等问题，给游客的游览体验带来了一定的困扰。缺乏有效的管理机制和规范的管理流程，使得景区的管理难以得到有效的保障，影响了景区的运营和发展。榆林市可以采取一系列措施来解决。加大人才培养和引进力度，建立健全人才培养体系，加强对旅游管理人才的培训和培养，提升他们的专业素质和服务意识。同时，通过引进外部专业人才和开展专业化的管理培训，弥补人才短缺的不足，提升景区管理水平和服务质量。其次，加强景区的管理与监管，建立健全景区管理制度和规范，加强对景区的日常管理和监督，提升景区管理的规范性和有效性，保障景区的正常运营和游客的安全。通过以上措施的实施，榆林市的红色文化旅游资源开发与管理将迎来新的发展机遇，提升景区的品质和服务水平，进一步提升榆林市红色文化旅游的竞争力和吸引力。

第三节　乡村振兴战略与红色文化旅游的融合

一、乡村振兴战略与榆林红色文化旅游融合的方式

(一) 挖掘红色文化资源，推动乡村振兴

将榆林的丰富红色文化资源与乡村振兴战略相结合，打造红色旅游目的地，是促进当地经济发展和乡村产业振兴的重要途径。通过挖掘当地的革命历史文化、红色景点等，将榆林打造成为红色旅游目的地，不仅可以推动当地旅游业的发展，还可以促进乡村经济的繁荣和乡村产业的振兴。政府可

以加大对红色文化资源的保护和开发力度。榆林有着许多红色革命历史遗迹和文化场所，如革命纪念馆、革命烈士陵园、红色基地等。政府可以投入资金对这些红色文化资源进行修复和整修，提升其文化价值和旅游吸引力。同时，还可以开展红色文化宣传活动，增强人们对红色文化的认知和了解，激发游客的参观兴趣。

要想吸引更多游客前来参观游览，榆林必须具备完善的旅游基础设施，如道路、交通、住宿、餐饮等。政府可以加大对旅游基础设施建设的投入，提升乡村旅游的接待能力和服务水平，为游客提供舒适便利的旅游体验。政府可以引导和支持乡村旅游业的发展。政府可以制定一系列优惠政策，如税收减免、财政补贴等，吸引更多企业和个人投身到乡村旅游业中来。同时，还可以加强对乡村旅游从业者的培训和指导，提升他们的服务水平和经营管理能力。政府可以加强与周边地区的合作与交流①。陕北周边可能存在着其他具有红色文化资源的地方，政府可以与其进行合作，共同推动红色旅游的发展。例如，可以开展跨地区的红色旅游线路规划，将不同地区的红色景点串联起来，形成更具吸引力的旅游线路，拓展游客的参观范围，促进乡村经济的共同繁荣。政府、企业、社会各界应共同努力，充分挖掘和利用红色文化资源，打造具有特色和竞争力的红色旅游产品。

(二)打造红色主题乡村旅游线路

在榆林乡村振兴战略中，将丰富的红色文化资源与乡村旅游相结合，是一种创新而有前景的发展模式。通过设计红色主题的乡村旅游线路，将红色文化景点、红色历史遗迹串联起来，打造具有特色的乡村旅游产品，不仅可以吸引游客，也能促进当地农村经济的发展。可以通过挖掘当地的革命历史文化，设计红色主题的乡村旅游线路。榆林市具有丰富的革命历史，有许多红色文化景点和红色历史遗迹可以作为乡村旅游的核心资源。例如，可以以中共中央转战陕北路线为主线，串联起中共中央转战陕北途经的各个重要景点和红色历史遗迹，如中共中央转战陕北出发地、中共中央离开陕北最后一站、中共中央转战陕北的道路等，让游客沿着红军长征的足迹，了解革命

---

① 师丹丹.探析新媒体视域下高校红色文化传承的创新性发展[J].中国民族博览，2023（20）：160-162.

历史、感受红色情怀。可以结合当地的自然风光和民俗文化，打造具有特色的乡村旅游产品。在红色主题的基础上，可以融入当地的自然风光和民俗文化，设计丰富多彩的旅游活动和体验项目。例如，在游览红色景点的同时，安排游客参与当地的传统节日庆祝活动、体验农耕文化、品尝地道美食等，让游客全方位地了解和体验当地的风土人情，增加旅游的趣味性和吸引力。可以通过提供多样化的旅游服务，满足不同游客群体的需求。

可以开发多样化的旅游产品和线路，包括红色文化教育旅游、红色主题婚纱摄影、红色主题民宿体验等，针对不同的游客群体提供个性化的旅游服务。同时，可以加强对乡村旅游从业者的培训和服务意识的提升，提高旅游服务质量和水平，为游客提供更加优质的旅游体验。可以加强乡村旅游基础设施建设，提升乡村旅游的品质和水平。在推动红色文化旅游发展的同时，需要加大对乡村旅游基础设施建设的投入，包括交通、住宿、餐饮、娱乐等方面的设施建设，提高乡村旅游的接待能力和服务水平。特别是要加强对乡村旅游景区的保护和管理，保护好红色文化景点和红色历史遗迹，让游客能够安全、舒适地游览，提升乡村旅游的整体形象和品牌效应。

二、乡村振兴战略与榆林红色文化旅游融合的价值

(一) 促进文化传承与保护

将乡村振兴战略与榆林的丰富红色文化旅游资源相融合，不仅有助于挖掘和保护当地的红色历史文化，还能够通过旅游开发和宣传推广，促进红色文化的传承与弘扬，增强人们对历史的认同感和自豪感。这种融合不仅对榆林乡村振兴战略的实施具有重要价值，也对地方经济的发展和社会文化的提升带来积极影响。将乡村振兴战略与榆林红色文化旅游融合，有助于挖掘和保护当地丰富的红色历史文化资源。榆林作为中国革命历史的重要发祥地之一，拥有众多具有红色历史意义的遗迹和文化景点，如西北革命策源地、革命烈士纪念馆、革命遗址等。通过将这些红色文化资源与乡村振兴战略相结合，可以有效地推动对这些历史文化遗产的挖掘和保护，使其得到更好的利用和传承，为后人留下宝贵的历史遗产。

通过旅游开发和宣传推广，可以促进红色文化的传承与弘扬。将榆林

的红色文化纳入乡村旅游的开发和宣传范围，可以吸引更多的游客前来参观游览，了解革命历史，感受红色精神。同时，可以通过丰富多彩的红色主题活动和表演，向游客展示榆林的红色文化魅力，激发游客的爱国情怀和历史责任感，推动红色文化的传承与弘扬。还能够促进当地经济的发展和社会文化的提升。通过旅游业的发展，可以带动相关产业的发展，如交通、餐饮、住宿、手工艺品等，为当地农民提供就业机会，增加农民收入，促进乡村经济的繁荣。同时，红色文化旅游也有助于丰富当地的社会文化生活，增强居民的文化自信和自豪感，推动社会和谐稳定的发展。将乡村振兴战略与榆林的红色文化旅游融合，既能够挖掘和保护当地丰富的红色历史文化资源，又能够促进红色文化的传承与弘扬，同时还能够促进当地经济的发展和社会文化的提升，具有重要的价值和意义。

(二) 提升乡村形象与知名度

将乡村振兴战略与榆林的丰富红色文化旅游资源融合起来，有助于将榆林乡村地区打造成具有特色的旅游目的地。这种融合不仅有助于提升乡村形象，增强乡村的知名度和吸引力，还能够吸引更多游客前来参观游览，从而推动当地乡村经济的发展。这种融合具有多重价值和意义。将乡村振兴战略与榆林的红色文化旅游资源融合，有助于提升乡村形象。榆林拥有丰富的红色文化遗产和历史景观，如西北革命策源地、革命烈士纪念馆等。将这些红色文化资源与乡村振兴战略相结合，可以为榆林乡村赋予更加丰富的内涵和文化底蕴，提升乡村形象，树立起乡村的良好形象和品牌形象。有助于增强乡村的知名度和吸引力。红色文化旅游具有独特的历史意义和文化价值，吸引着广大游客前来参观游览。通过将红色文化旅游资源与乡村振兴战略相结合，可以为榆林乡村注入新的活力，吸引更多游客前来参观游览，增强乡村的知名度和吸引力。有助于推动当地乡村经济的发展。旅游业是一种绿色产业，具有较强的带动性和辐射性，能够为当地经济发展注入新的活力。通过将乡村振兴战略与红色文化旅游融合起来，可以为榆林乡村提供一个新的经济增长点，促进农村产业的升级和转型，推动当地乡村经济的持续健康发展。还有助于推动乡村文化的传承与弘扬。红色文化是中华民族的宝贵精神财富，具有重要的历史意义和文化价值。通过将红色文化与乡村振兴相结合，可以通过旅游开发和宣传推广，将红色文化传承给更多的人，激发人们的爱国情怀和历史责任感。将乡村振兴战略与榆林的红色文化旅游资源融合起来，不仅有助于提升乡村形象，还能够推动当地乡村经济的发展，同时也有助于推动乡村文化的传承与弘扬。这种融合具有重要的价值和意义，将为榆林乡村的发展注入新的活力，实现乡村振兴的目标和愿景。

(三) 增进城乡交流与融合

红色文化旅游的发展将吸引更多的城市游客前来榆林乡村地区，这不仅促进了城乡间的交流与融合，而且为城市居民提供了了解乡村、感受乡村文化的机会，促进了城乡之间的互动与交流。这种交流与融合不仅有助于推动乡村振兴战略的实施，还具有深远的社会意义与价值。城市居民的生活方式和文化习惯日益影响着他们对乡村的认知和态度。而红色文化旅游作为一种具有独特吸引力的旅游形式，可以吸引城市游客前来体验、感受乡村的独特魅力和红色文化的历史底蕴。这种游客流动不仅为乡村地区带来了经济效益，也促进了城乡间的交流与互动，有助于打破城乡之间的隔阂和壁垒，促进城乡间资源、信息、人才等要素的流动与共享，推动城乡一体化发展。红色文化旅游为城市居民提供了了解乡村、感受乡村文化的机会。随着现代生活的快节奏和城市压力的增加，越来越多的城市居民渴望远离喧嚣，寻找纯净的心灵净土。而乡村地区的红色文化旅游资源恰好满足了这一需求，为城市居民提供了远离城市喧嚣、沉浸在红色历史文化中的机会。通过参观红色革命遗址、体验红色革命精神、感受乡村风土人情，城市居民可以更加深入地了解和感受乡村的文化底蕴和魅力，增强对乡村的向往与认同。同时，城市居民的到访也为乡村地区带来了新的活力和机遇，促进了乡村经济的发展和乡村社会的进步。红色文化旅游的发展还有助于推动乡村振兴战略的实施，具有深远的社会意义与价值。乡村振兴战略旨在实现城乡全面发展和协调发展，在这一进程中，城市居民的参与和支持至关重要。而红色文化旅游作为一种有效的城乡交流与融合的方式，为城市居民提供了了解和关注乡村的渠道，促进了城市居民与乡村的互动与交流，增强了城市居民对乡村振兴战略的认同和支持。因此，红色文化旅游的发展不仅有助于推动乡村振兴战略的实施，也有助于增进城乡之间的理解与信任，推动城乡共同发展。

第四节 旅游产业发展的路径与策略

一、旅游产业发展的路径

(一) 拓展宣传渠道,提升知名度

1. 宣传推广

在榆林市发展红色文化旅游,宣传推广是至关重要的一环。通过加大宣传力度,可以提升红色文化旅游景点的知名度和美誉度,吸引更多游客前来参观,推动榆林红色文化旅游产业的蓬勃发展。利用各种媒体平台和渠道进行广告推广是非常有效的手段。可以通过电视、广播、报纸、杂志等传统媒体,以及互联网、社交媒体等新媒体,进行红色文化旅游景点的广告宣传。制作精美的宣传片或海报,编写引人入胜的新闻报道或特色文章,将榆林的红色文化故事和景点特色展现给广大受众,引起他们的兴趣和好奇心,从而吸引他们前来参观。可以与其他旅游景区或旅游企业进行合作,共同进行宣传推广。通过与周边地区或其他城市的旅游景区、旅行社、酒店等进行合作,可以互相推荐、交流客源,形成联合推广的效应。可以开展联合宣传活动、打造联合旅游产品,共同参加旅游展会或文化节庆等活动,提升整个区域的旅游知名度和吸引力。

2. 举办主题活动

还可以利用红色文化旅游节、主题活动等形式,举办一系列宣传推广活动。组织红色文化主题展览、演出、讲座等活动,邀请知名人士、专家学者或当地红色文化研究者参与,吸引更多游客参与,并通过各种渠道进行宣传报道,扩大影响力。可以结合特色节庆或纪念日,举办主题活动,如红色文化节、革命历史纪念活动等,吸引游客前来参与,增强红色文化旅游的吸引力和影响力。在推动榆林红色文化旅游产业发展的过程中,宣传推广不仅是吸引游客的重要手段,也是提升整个旅游产业的核心路径之一。通过多种形式的宣传推广,可以有效地提升榆林红色文化旅游景点的知名度和美誉

度，促进旅游产业的快速发展^①。

(二) 发展特色产品，丰富旅游体验

为了满足不同类型游客的需求，榆林可以开发各具特色的红色文化旅游产品，以丰富的形式和内容吸引更多游客参与，推动旅游产业的发展。可以推出主题游产品，通过深度挖掘榆林丰富的红色文化资源，设计具有特色的主题游线路。例如，可以根据榆林的革命历史，设计长征路线游、红色革命遗址游、英雄烈士纪念馆游等主题线路，让游客深入了解榆林的红色历史，感受革命精神。同时，可以结合当地的地理特点和人文景观，设计主题游线路，如黄土高原风光游、民俗文化游等，让游客领略榆林的自然风光和民俗风情。

可以推出体验游产品，提供丰富多样的体验活动，让游客亲身参与其中。例如，可以组织红色文化创作体验、农耕体验、手工艺制作等活动，让游客了解榆林的红色历史，体验传统文化，增强对红色文化的认同和理解。同时，可以结合当地的特色产业和民俗文化，推出农家乐、手工艺品制作、传统美食制作等体验项目，让游客亲自动手，参与传统文化的传承和发展。此外，可以推出文化交流产品，通过举办文化交流活动，加强与其他地区的交流与合作，提升榆林红色文化旅游的影响力和知名度。例如，可以举办红色文化论坛、青年交流营、文化艺术展览等活动，邀请专家学者和文化艺术家参与，推动榆林红色文化与其他地区的文化交流，促进红色文化旅游产业的协同发展。除了开发各种特色的红色文化旅游产品，还可以与当地的特色产业、民俗文化等结合，打造具有榆林特色的旅游产品，丰富游客的旅游体验。例如，可以与当地的农业、手工艺品、民俗表演等产业进行合作，推出农家乐、手工艺品购物、民俗文化演出等特色产品，吸引游客体验当地的特色文化和生活方式，推动榆林旅游产业的多元化发展。

---

① 张渊，徐蓉蓉，延江波 . 榆林红色文化资源在廉政教育基地建设中的目标定位与价值探析 [J]. 榆林学院学报，2021，31(03)：123-128.

二、旅游产业发展的策略

(一) 保护和利用好红色文化遗产

1. 保护历史建筑

加强对榆林市内的红色文化遗产的保护和管理工作是推动旅游产业发展的重要策略之一。通过有效保护历史建筑、革命旧址等资源，可以维护榆林丰富的红色文化遗产，保护历史文化的完整性和真实性，为后人留下宝贵的历史记忆。同时，积极利用这些资源，开发具有红色文化特色的旅游产品和项目，可以吸引更多游客，促进旅游业的持续健康发展。加强红色文化遗产的保护和管理。榆林市应建立健全红色文化遗产保护体系，制定相关保护政策和措施，加强对历史建筑、革命旧址等重要遗产的保护和修缮工作。同时，加强对文物的监管和管理，加强巡查和防范措施，确保文物安全，防止破坏和盗窃行为的发生。此外，还应加强对红色文化遗产的宣传和教育，提高公众对红色文化遗产的认识和重视程度，形成全社会共同保护文化遗产的良好氛围。积极利用红色文化遗产，开发具有红色文化特色的旅游产品和项目。榆林市可以结合当地的红色文化资源，开发丰富多样的旅游产品，如主题游、体验游、文化交流游等。

2. 制定旅游发展规划

榆林市应制定科学合理的旅游发展规划，明确发展目标和路径，优化旅游产业结构，提升旅游服务质量。同时，加强旅游基础设施建设，改善道路交通、住宿设施、导览服务等配套设施，提升游客的旅游体验。另外，还应加强旅游宣传和推广工作，通过各种媒体渠道进行广告推广、新闻报道等，提升榆林红色文化旅游的知名度和美誉度。加强对榆林市内的红色文化遗产的保护和管理工作，同时积极利用这些资源，是推动旅游产业发展的重要策略。通过有效保护和合理利用红色文化遗产，可以促进旅游业的持续健康发展，提升榆林市的旅游经济效益和社会影响力。

(二) 政策支持与引导

加强政府对旅游产业的支持与引导是推动榆林旅游产业发展的关键策

略之一。政府可以通过制定有利于旅游产业发展的政策措施，降低企业经营成本，激发旅游产业发展的活力和动力，从而促进榆林旅游业的持续健康发展。政府可以出台支持旅游业发展的政策措施。例如，通过减税降费、提供财政补贴等方式，降低旅游企业的经营成本，减轻企业负担，刺激旅游投资和消费。政府还可以加大对旅游项目的财政资金支持，鼓励企业加大投资力度，拓展旅游业务规模。此外，政府还可以通过加强政策宣传和解读，引导企业了解政策红利，积极参与旅游产业发展。政府可以优化营商环境，提升服务水平。政府可以通过简化审批程序、优化行政审批服务，提高审批效率，为旅游企业提供更便利的创业和发展环境。同时，政府还可以加强对旅游从业人员的培训和教育，提升服务质量和水平，提高游客满意度。此外，政府还可以鼓励旅游企业加强自身管理，提升竞争力，推动旅游业实现可持续发展。

政府可以加强对旅游市场的监管和规范。政府可以制定相关法律法规，加强对旅游市场的监督管理，维护市场秩序，保护游客的合法权益。同时，政府还可以加强对旅游行业的行业协会建设，促进行业自律和规范发展，推动旅游业健康发展。政府可以加大对旅游文化资源的保护和开发力度。政府可以加强对榆林市内的红色文化遗产的保护和管理工作，为旅游业发展提供丰富的资源支撑。同时，政府还可以加强对旅游景区的建设和改造，提升景区设施和服务水平，提高游客的满意度和旅游体验。加强政府对旅游产业的支持与引导是推动榆林旅游产业发展的重要策略。通过出台有利于旅游产业发展的政策措施，加强对旅游市场的监管和规范，以及加大对旅游文化资源的保护和开发力度，可以为榆林旅游业的持续健康发展提供有力支持，推动旅游产业实现高质量发展。

(三) 发展榆林红色旅游资源的对策

1. 依托矿产资源、风景名胜、红色资源等"黑—绿—红"资源模式，加大宣传榆林红色旅游资源

榆林市以其丰富的煤炭、天然气、电力和化工资源成为陕西省的经济支柱。然而，这些黑色资源的开发与利用也带来了环境污染等问题。因此，榆林可以借鉴德国鲁尔区的经验，对工业区进行环保整治，并开展

工业旅游，发展特色的"黑色"旅游业。同时，榆林地处黄土高原和大漠草原交界处，拥有独特的自然风光和丰富的历史人文景观。镇北台、统万城、红碱淖、波浪谷丹霞地貌、白云山等景点吸引着大量游客。结合榆林市已有的国家级非物质文化遗产和陕北特色的民间艺术，如民歌、秧歌、剪纸、石雕等，以及当地特有的风俗习惯和民俗文化，榆林政府可以通过推广"黑"＋"绿"＋风土人情的旅游模式，延长游客在榆林的停留时间，增加旅游产业收入。榆林政府可以积极融合红色旅游资源与其他类型的旅游资源，推动红色旅游与历史文化的"红古结合"，与生态旅游的"红绿结合"，与黄土文化和民族文化的"红黄结合"，以及与乡村旅游、新农村建设的"红古结合"。通过打造"转战陕北"红色旅游产品，榆林可以成为继延安之后的红色旅游新极，开创红色旅游发展的新局面。这一举措将促进榆林旅游业的快速发展，为当地经济增长注入新动力。

2. 利用"一线一馆两园六景区"

榆林作为一个人口众多的城市，周边拥有丰富的旅游资源，开发周边游具有巨大的经济价值。为了充分利用这些资源，榆林可以通过开通旅游专线，打造"一线一馆两园六景区"的旅游线路。"一线一馆两园六景区"集合了榆林红色文化展览馆、佳县东方红纪念园两个红色旅游主题纪念园，以及米脂杨家沟景区、绥德疏属山景区、佳县神泉堡景区、靖边小河景区、横山波罗堡景区、神木天台山景区六个景区。将这些旅游景点线路改造成一条公交线路，并采用"一站式"做法，可以大大方便游客的出行。旅游日期可定为1至2天，适合榆林境内市民周末出游或小长假游览。而外地游客精品路线的旅游日期可定为2至3天，沿途可以添加陕北特色的歌舞表演，实地体验等活动。通过这样的旅游专线，游客不仅可以欣赏到榆林周边丰富的自然风光和人文景观，还能够深入了解抗战的历史，增强民族荣誉感，培养爱国情怀。这不仅有助于提升榆林的旅游业发展水平，也能够为当地经济带来新的增长点。同时，这也是榆林红色旅游价值的具体体现，将有助于吸引更多游客前来体验、探寻红色文化的魅力。

3. 修缮基础设施，保护文物，扩大宣传

修建一条便捷的旅游道路，打开景区向外发展之路，让更多的人了解当地特色，知道榆林的红色历史，才能将榆林红色文化旅游宣传出去。"酒香不怕巷子深"，岂知再好的美酒如果不大力宣传，也会埋没在本地，不会走得更远。文物的保护重在不要遭到破坏，在破损的文物上要本着修旧如旧的原则，尽量恢复原貌。

4. 加强区域旅游协作，互利共赢

打造一条便捷的旅游道路，是将榆林的红色文化历史向外发展的重要举措。这条道路不仅能够方便游客前往景区，还能够加强对当地特色的了解，进而推动榆林红色文化旅游的宣传和发展。修建便捷的旅游道路可以有效地连接起各个景区，使游客可以更加方便快捷地游览榆林的红色文化遗迹。这样一来，不仅能够提升游客的游览体验，也能够增加游客的满意度和留存率。通过道路的连通，游客可以更加全面地了解榆林的红色历史，深入感受当地的文化底蕴。便捷的旅游道路也有利于将榆林的红色文化宣传传播出去。道路的建设可以吸引更多的游客前来榆林旅游，从而增加榆林红色文化的知名度和影响力。这对于提升榆林作为红色旅游目的地的地位具有重要意义，有助于吸引更多游客和资金的投入，推动当地旅游业的蓬勃发展。道路的建设也是对榆林红色文化遗产的保护和传承。在修建道路的过程中，需要充分考虑保护文物和历史遗迹的原貌，尽量避免对其造成破坏。对于已经破损的文物，应本着修旧如旧的原则进行修复，尽可能恢复其原始面貌和历史意义。这样既能够保护好榆林的红色文化遗产，又能够让更多的人了解和感受到榆林的丰富历史文化。修建便捷的旅游道路是推动榆林红色文化旅游发展的重要举措。通过加强对红色文化的宣传和保护，榆林可以吸引更多游客，将其独特的文化魅力传播到更远的地方，实现旅游业的可持续发展。

5. 着力打造"智慧旅游"，搞好舆论宣传，努力提升榆林红色旅游形象

延安红色旅游文化的成功经验确实值得榆林借鉴和学习。为此，榆林应立足本地，同时放眼全国，加强与外界的交流与学习，积极引进成功经验，结合榆林的实际情况，依托高校、旅行社等机构，实时更新旅游动态，做好向内向外的宣传工作。榆林可以借鉴延安的做法，建立起有关"红色景区解说员"的组织。这些解说员可以通过生动的讲解，使得图片、文物变得鲜活、立体，重现革命场景，增强游客的参与感和体验感。通过这种方式，游客可以更加深入地了解榆林的红色历史，感受到当地的文化底蕴。榆林市

与西安签订的《榆林·西安旅游战略合作协议》是一个重要的举措，标志着两市在旅游文化领域进一步加强交流与合作。这一协议的签订意味着两市将实施客源互送、成果共享、同步营销的战略方针，全力推动两市旅游业的共同发展。通过这种互利共赢的模式，榆林可以实现"引进来，走出去"的发展目标，拓展旅游市场，提升旅游服务水平，实现双方的共同发展。

第五章　乡村振兴与榆林红色文化资源的教育与培训

第一节　红色文化教育的意义与内容

一、红色文化教育的意义

(一)红色文化代表着文化建设的层次和水平，具有鲜明的教育意义

随着市场经济的快速发展，高校与社会之间的联系日益紧密，社会结构、经济利益、组织形式和生活方式呈现多元化趋势。在这样的大环境下，高校校园文化也逐渐呈现出一些新的特点和问题。大学生的思想道德观念、价值取向等方面发生了变化，出现了一些负面趋势，如急功近利、浮躁、娱乐化等倾向。在生活和学习中，有些学生缺乏目标、读书没有热情，缺乏毅力和吃苦精神，遇到困难时更多的是抱怨和指责，而不是积极克服。此外，个人利益和感受往往占据了主导地位，而对他人的影响和责任感较弱，这些现象都反映了一定程度上的道德观念淡化和价值取向偏移。

高校校园文化建设面临重大挑战和责任。弘扬和培育大学生的仁爱精神和责任感成为一项紧迫而重要的任务。红色文化的价值和意义愈发凸显。红色文化承载着丰富的革命历史和崇高的理想信念，具有激励人心、鞭策奋进的力量。通过加强红色文化教育，可以对大学生的世界观、人生观、价值观、进行深入熏陶和影响，提升他们的道德素质和思想政治素质，培养坚强品格和仁爱精神[1]。红色文化是一种鲜活的历史教材，能够让大学生深刻领悟革命先烈们为民族独立、人民幸福而英勇奋斗的崇高精神。通过学习和了解革命历史，他们能够认识到自己所处的时代背景和历史责任，树立正确的人生目标和追求，增强对祖国、人民和社会的热爱和责任感。红色文化是一

---

[1] 薛改霞. 榆林红色文化资源与大学生理想信念教育有效路径 [J]. 文化创新比较研究，2018，2(27)：15−17.

种崇高的精神力量，能够激发大学生的责任感和担当精神。革命先烈们为了理想信念不惜牺牲一切，这种伟大精神值得我们铭记和学习。通过弘扬红色文化，大学生能够感受到责任和担当的重要性，激发内心的力量，勇于承担起时代赋予的使命和责任。红色文化是一种崇高的价值追求，能够引导大学生树立正确的价值观和人生观。革命先烈们在艰苦的斗争中坚守信仰、忠诚事业，这种精神是对人生意义和价值的深刻追问和回答。通过学习和弘扬红色文化，大学生能够明确自己的价值取向，树立正确的人生目标，不断提升自己的综合素质和道德修养。高校校园文化建设需要将红色文化教育纳入其中，将其作为一个重要任务贯穿于整个校园文化建设过程的始终。通过加强红色文化教育，可以培养和塑造大学生的优良品质和高尚情操，促进其全面发展和健康成长。只有如此，才能够更好地满足社会的需求，培养出更多德智体美劳全面发展的社会主义建设者和接班人。

（二）红色文化关系着社会主义核心价值体系建设的正确方向，具有重大的政治意义

红色文化作为中国特有的文化符号，蕴含了丰富的社会主义核心价值体系的内容。它不仅是中国革命历史的集中体现，更是社会主义核心价值观在中国传统文化中的深刻延伸和升华。红色文化的形成历程，是社会主义核心价值体系逐步培育和形成的历程的生动体现。在推进青年文化建设健康发展的过程中，中国共产党作为一个执政党，必须借助主流意识形态的宣传来培养自己的接班人，以达到年轻一代对其执政地位的合法性和合理性的心理认同，从而维护政治稳定。高校作为社会主义精神文明的主阵地，肩负着为社会主义培养合格建设者和接班人的重要任务。在这个过程中，加强红色文化教育显得尤为重要。通过深入挖掘红色文化的内涵，弘扬红色精神，提高青年对红色政治文化的思想、理念的自觉认同，可以帮助他们树立正确的世界观、人生观和价值观，塑造积极向上的精神风貌，增强对党和国家的认同感和责任感。红色文化承载了中国共产党领导人民进行革命、建设、改革的光辉历程，反映了中国共产党坚定的理想信念和崇高的革命精神。通过学习和传承红色文化，可以让青年学生了解中国共产党的光辉历程和丰功伟绩，激励他们为实现中华民族伟大复兴的中国梦而努力奋斗。

红色文化具有深厚的文化底蕴和历史渊源，是中国特色社会主义的重要文化符号和价值体系。可以引导青年学生树立正确的历史观和民族观，增强文化自信心，培养家国情怀，激发报效祖国的热情。红色文化蕴含了丰富的社会主义核心价值观，如集体主义、奉献精神、社会责任感等。可以引导青年学生树立正确的人生观和价值观，强化社会主义核心价值观在青年学生心中的地位，提升他们的思想政治素质和道德水准。加强红色文化教育是高校校园文化建设的重要内容之一，对培养社会主义建设者和接班人具有重要意义。只有通过深入挖掘和传承红色文化，引导青年学生树立正确的思想观念和价值取向，才能够为社会主义事业的不断发展和进步提供坚实的思想保障和人才支撑。

（三）红色文化影响着民族精神的培养和传承，具有深远的文化意义

1. 弘扬和培育民族精神

民族精神是一个民族赖以生存和发展的精神支撑，它承载着民族文化的独特性和传承性，是民族凝聚力和认同感的重要来源。在中国，弘扬和培育民族精神是实现中华民族伟大复兴的必然要求，也是中华民族的历史责任和使命。近百年来，中国共产党领导全国人民进行的革命斗争是中国近现代史上的重要篇章。在中西文化对抗的历史背景下，中国共产党以其坚强的领导和无私的奋斗，带领全国人民屹立在世界民族之林，赢得了世界各国的尊重。红色文化凝结着中华民族宝贵的精神遗产和光荣的革命传统，是伟大民族精神在革命斗争中的传承、锤炼和升华，是优良革命传统的集中体现。可以增强中华民族的凝聚力和向心力，培育爱国主义情怀，激发民族自豪感和自信心，促进中华民族的团结和发展。

2. 红色文化教育和活动

高校作为培养未来社会主义建设者和接班人的重要阵地，承担着传承和弘扬民族精神的重要使命。建设校园红色文化，充分利用爱国主义教育基地的丰富资源，是实现这一目标的有效途径之一。通过开展各种形式的红色文化教育和活动，可以增强学生的国家观念和民族文化认同感，使他们深刻认识到中国共产党领导的伟大斗争历程和取得的光荣成就，激发他们的爱国情怀和报国热情，培养他们对祖国的深厚感情和责任心，提高他们的历史文化素养和思想政治水平。红色文化的传承和弘扬也需要与时俱进，注重与当代青年学生的实际需求和特点相结合。通过创新性的红色文化教育形式和内容，引导学生从中汲取智慧和力量，树立正确的世界观、人生观、价值观，使红色文化在时代的实践中升华、发展，为民族精神的培养和传承注入新的活力和内涵。通过加强校园红色文化建设，可以更好地培育和传承民族精神，提高青年学生的思想政治素质和道德水平，增强他们的国家观念和民族文化认同感，为实现中华民族伟大复兴的中国梦作出积极贡献。

二、红色文化教育的内容

（一）革命历史教育

榆林，这块红色沃土，孕育了一代又一代革命先驱，铸就了中国革命史上的辉煌篇章。榆林的革命老区，见证了无数革命者不屈不挠、英勇奋斗的历程。李子洲、魏野涛、王森然、王懋廷等共产党员和进步青年，以榆中和被誉为"陕北的上海大学"的四师为阵地，用血肉之躯谱写了中国革命史的壮丽篇章。1924年，是陕北革命史上的重要里程碑，李子洲等革命家在绥德设立的陕西省立第四师范学校开启了红色革命的序幕。在这片革命的摇篮上，新文化的火种点燃了马克思主义的火炬，培养了一批又一批的革命志士。榆林的红色历史不仅仅是文字记载，更是在实践中闪耀着光芒。1927年10月，由共产党人谢子长、白明善等领导的榆林清涧起义，成为陕北地区的第一次武装起义，也是中国北方地区武装反抗国民党反动派的第一枪。清涧起义的火种燃起了人民的希望之光，开启了陕北地区武装斗争的新篇章。这场起义被誉为南有"八一"南昌起义，北有清涧起义。尽管当时处于上级党组织的远离和缺乏支援的情况下，但陕北地方党组织领导人民群众，经过不屈不挠的斗争，成功建立了陕北革命根据地。1928年4月，中共陕北第一次代表大会在榆林绥德南丰寨召开，选举成立了中共陕北特委。陕北特委的成立标志着陕北革命斗争进入了一个新的阶段。在特委的领导下，广大人民群众开展了艰苦卓绝的武装斗争，创建了红色政权。1932年，陕北革命斗争取得了新的突破，建立了陕甘游击队第九支队，陕北革命根据地不断扩大，成为中国革命的一面旗帜。在逆境中，陕北人民铸就了红色的基石，为党中央及中央红军长征的胜利提供了坚实的后盾。1933年，受党组织委派从陕甘边回到陕北，任中国工农红军神木特务队政治委员，陕北红军游击队第三支队队长，陕北红军狡昌师第3团团长，红27军84师第3团团长，中国抗日义勇军陕甘骑兵第1师政治委员，中共神（木）府（谷）特委军事部副部长，陕北红军独立师第4团团长，神府红军总指挥部总指挥，中国抗日人民红军独立第1师师长，陕北红军独立第2师师长。参与领导了创建、发展神（木）府（谷）红军和神（木）府（谷）佳（县）榆（林）革命根据地的武装斗争，并指挥会红军反周国民党军队对神府佳榆革命根据地历次"围剿"，为神府红军由7个人壮大到2000余人，神府佳榆地区发展为拥有4.2万平方公里面积，14万人口的巩固根据地，做出重要贡献。

榆林作为中国革命历史上的重要战略地区，承载着丰富而悠久的红色文化和革命历史。通过讲述榆林的革命历史，可以让学生了解当地的革命活动和革命斗争的重要历史事件，感受革命先烈的英勇事迹，激发学生的爱国情怀和报国之志。榆林的革命历史可以追溯到中国近现代史的各个重要时期，尤其是抗日战争时期和解放战争时期，这两个时期都是中国革命历史上具有重大意义的阶段。榆林积极参与了中国抗日战争的斗争。当时，日本侵略者侵占了中国的大片土地，榆林市也深受其害。然而，面对强敌入侵，榆林人民不畏强暴，勇敢地展开了抗日斗争。在榆林及周边地区，红军和各抗日武装组织开展了游击战，与日军进行了顽强的抗战。许多革命先烈为了民族的解放事业英勇牺牲，为抗日战争的胜利作出了重大贡献。解放战争时期，榆林也是中国革命的重要前线之一。在解放战争中，中国共产党领导的人民解放军与国民党反动派展开了激烈的斗争。榆林的革命力量在党的领导下，积极开展了武装斗争和群众运动，与国民党军队进行了长期的殊死搏斗。在革命的烽火中，榆林人民不顾个人安危，坚决支持党的革命事业，为最终的胜利作出了巨大的贡献。

通过讲述榆林地区的红色文化，学生可以了解到当地人民在抗日战争和解放战争中的英勇斗争和无私奉献，感受到革命先烈的崇高精神和伟大情怀。这些历史事件激发了无数榆林人民的爱国情怀和报国之志，成为激励后人投身社会主义事业的重要力量。红色文化教育的内容应当包括对榆林革命历史的系统讲述和深入解读。教育者可以通过图文并茂的讲述，生动地展示抗日战争和解放战争时期榆林的革命斗争场景，介绍土地革命英雄和先烈的事迹，让学生了解革命历史的背景、过程和意义。同时，还可以通过组织实地考察和红色文化主题教育活动，让学生亲身感受革命历史的庄严与伟大，深刻领会革命先烈的崇高精神和无私奉献。通过这些教育内容和活动，可以有效地激发学生的爱国情怀和报国之志，培养他们的家国情怀和社会责任感，为建设社会主义现代化强国贡献力量。

(二) 革命精神教育

弘扬革命精神、传承红色基因，是红色文化教育的重要任务之一。这一任务旨在通过教育学生学习革命先烈的坚定信仰、无私奉献、百折不挠的革命精神，培养学生的爱国主义、集体主义、英雄主义等优秀品质，引导他们在今后的生活和事业中发扬光大红色基因，为实现中华民族伟大复兴的中国梦不懈奋斗。红色文化教育的内容应当包括对革命先烈的学习和崇敬。学校可以通过讲述先烈的英雄事迹、观看革命题材的影视作品、阅读相关的红色文学作品等方式，向学生传达先烈们坚定的信仰和无私的奉献精神。通过了解先烈们为民族解放事业所作出的牺牲和付出，学生将懂得什么是真正的爱国主义和无私奉献，激发自己的报国之志。

红色文化教育还应当注重培养学生的集体主义精神。在革命斗争中，众多的革命先烈都是在集体的力量和组织的支持下完成了伟大的事业。因此，学校应当通过组织集体活动、进行团队合作等方式，培养学生的团队精神和集体意识，让他们懂得团结合作的重要性，愿意为集体的利益和荣誉而奋斗。红色文化教育还应当强调培养学生的英雄主义情操。革命先烈们的英勇事迹和崇高精神是学生学习的楷模。学校可以通过讲述英雄事迹、举办模拟演练、组织英雄事迹展览等方式，引导学生向先烈们学习，敢于担当、敢于奋斗，培养他们的英雄主义情操和责任担当意识。红色文化教育的内容丰富多样，涵盖了革命历史、英雄事迹、精神品质等多个方面。通过这些内容的深入学习和体验，学生可以不断增强自己的爱国情怀和社会责任感，坚定自己的信仰和理想，为实现中华民族伟大复兴的中国梦作出积极的贡献。

第二节　教育与培训资源的整合

一、建立红色文化教育基地

(一) 选择核心红色文化资源

选择具有代表性和丰富内涵的核心红色文化资源作为红色文化教育基地的主要场所，是推动红色文化教育与培训的整合的重要举措之一。这些地方包括革命历史遗迹、纪念馆、革命纪念碑等，它们承载着丰富的历史信息和革命精神，是学生了解和感悟红色文化的重要场所。革命历史遗迹是红色文化教育基地的重要组成部分。榆林市有许多革命历史遗迹，这些地方曾经是革命斗争的重要战场和活动中心，留下了许多珍贵的历史遗迹和文物。学校可以组织学生前往这些地方进行实地考察和参观，通过观看展览、听取讲解，了解革命历史的背景和发展过程，感受革命先烈的英勇事迹和伟大精神[1]。纪念馆是红色文化教育基地的重要组成部分之一。有许多纪念馆致力于弘扬革命精神，纪念革命先烈，如李子洲纪念馆、郝家桥革命历史纪念室、清涧革命纪念馆、榆林革命烈士陵园等。这些纪念馆收藏了大量珍贵的历史资料和文物，通过展览、陈列等形式展示了革命先烈的英勇事迹和丰功伟绩。学校可以组织学生前往这些纪念馆参观学习，通过近距离接触和亲身体验，深入了解革命历史，感受红色文化的伟大魅力。

革命纪念碑也是红色文化教育基地的重要组成部分之一。有许多革命纪念碑为纪念革命先烈和革命胜利而建，如郝家桥习仲勋同志纪念碑、东渡黄河纪念碑等。这些纪念碑以其庄严肃穆的氛围和恢宏壮观的建筑，向人们展示了革命先烈的崇高精神和不朽功绩。学校可以组织学生前往这些纪念碑举行纪念活动，通过举行祭奠仪式、诵读纪念文集等方式，缅怀革命先烈，传承红色基因，对于推动红色文化教育与培训的整合具有重要意义。这些场所不仅承载着丰富的历史信息和革命精神，也为学生提供了深入了解和感悟红色文化的机会，有助于培养和传承红色基因，引导学生树立正确的历史观

---

[1] 高晶，赵彧. 乡村振兴背景下城乡融合发展的实现路径 [J]. 农村实用技术，2023 (11)：80-81.

和价值观，坚定信念，勇攀科学、文化、时代的高峰。

(二) 建立红色文化教育课程

1. 红色精神

结合当地丰富的红色文化资源和教育需求，建立红色文化教育课程体系是推动红色文化教育与培训整合的重要举措之一。这一课程体系将包括红色历史、红色精神、革命英雄等内容，旨在为学生提供系统的红色文化教育，培养他们的爱国主义情怀和社会责任感。红色历史是红色文化教育课程体系的重要组成部分。榆林市具有丰富的革命历史资源，如中共中央转战陕北时期的重要革命活动地、革命烈士陵园等，这些地方承载着悠久的红色历史，是学习和了解红色文化的重要窗口。红色历史课程将通过讲述革命历史事件、展示历史文献资料等方式，向学生介绍榆林市的革命历史，使他们了解和感悟革命先烈的英勇事迹和伟大精神。红色精神是红色文化教育课程体系的核心内容之一。红色精神包括革命斗争精神、革命先烈精神、奉献精神等，是中国共产党领导革命斗争取得胜利的重要力量。通过红色精神课程，学生将学习到革命先烈们不畏艰险、舍生忘死的革命精神，了解他们的奉献和牺牲，激励他们树立正确的人生观和价值观。

2. 革命英雄

革命英雄是红色文化教育课程体系的重要内容之一。榆林有许多革命英雄，如陕北共产党的奠基者李子洲、农运大王乔国桢等革命烈士，他们为了国家和民族的解放事业英勇奋斗，为革命事业献出了宝贵的生命。通过学习革命英雄的事迹和精神，学生将了解到英雄们的崇高品质和伟大意志，感受到他们的精神力量和道德力量，从而立志报国、报效社会。建立红色文化教育课程体系是推动红色文化教育与培训整合的重要举措，有助于使学生全面了解和感受红色文化的丰富内涵。通过系统的红色文化教育，学生将深刻领悟到革命先烈们的伟大意志和崇高精神，坚定自己的理想信念。

二、开展青少年红色文化教育活动

(一) 红色文化知识竞赛

举办红色文化知识竞赛是激发青少年学习热情，提升他们对红色文化的认知水平的有效途径之一。可以通过设置包括红色历史、革命英雄、党史知识等内容的竞赛题目，引导青少年深入学习和了解红色文化，增强他们的爱国主义情感和历史责任感。红色文化知识竞赛将成为青少年学习红色文化的一个重要途径。通过设计丰富多样的竞赛题目，涵盖榆林市丰富的红色历史、革命英雄、党史知识等内容，可以引导青少年深入学习和了解这些方面的知识。这些题目可以从不同角度出发，如历史事件的背景、革命先烈的事迹、党的发展历程等，让青少年在竞赛中通过思考、探索、学习，逐渐形成对红色文化的全面认知。红色文化知识竞赛还可以促进青少年的团队合作意识和竞争意识的培养。竞赛活动可以以班级、学校或地区为单位进行组织，使青少年能够在竞赛中与同学们共同学习、合作、竞争。通过小组合作、集体讨论等形式，培养青少年的团队协作精神和集体荣誉感，增强他们的团队合作意识和竞争意识，同时也有助于促进同学们之间的交流与互动。

红色文化知识竞赛还可以成为激发青少年学习热情和自主学习能力的有效途径。竞赛活动的举办将为青少年提供一个自主学习的平台，激发他们主动学习的动力和兴趣。青少年可以通过参与竞赛，自觉地去研究和学习相关知识，提高自己的学习能力和自主学习的意识，从而培养出坚定的学习信念和良好的学习习惯。通过举办红色文化知识竞赛，可以有效地激发青少年的学习热情，提升他们对红色文化的认知水平，培养他们的团队合作意识和竞争意识，同时也有助于促进他们的自主学习能力的发展。这将为榆林市的红色文化教育与培训工作提供重要的支持与帮助。

(二) 红色文化体验活动

组织开展红色文化体验活动是一种非常有效的教育与培训方式，通过参观革命历史遗迹、体验红色革命时期的生活场景，可以让青少年亲身感受红色文化的历史底蕴和革命精神，从而增强他们的情感认同和思想认同。参观革命历史遗迹是一种重要的红色文化体验方式。榆林市有着丰富的革命历史遗迹，如革命旧址、纪念馆、红色纪念碑等，这些地方见证了革命先烈的英勇事迹和革命斗争的光辉历程。组织青少年前往参观这些地方，可以让他们深入了解革命历史，感受革命先烈的牺牲精神和为民族解放而奋斗的崇高信念，从而激发他们的爱国情感和历史责任感。体验红色革命时期的生活场景也是一种生动的红色文化体验方式。通过重现革命时期的生活场景，如农村革命根据地、红色军队的生活营地等，可以让青少年身临其境地感受当时的艰苦环境和革命战士的生活状态。这种体验能够让青少年更加直观地了解革命时期的生活情况，增强他们对革命先辈的崇敬之心，进而激发他们为民族复兴而努力奋斗的决心和信念。

第三节　乡村振兴战略下的文化教育实践

一、农村学校文化教育实践

(一) 政策层面

1. 出台红色文化教育支持政策

乡村振兴战略为榆林提供了政策支持和指导，要求加强对乡村教育和文化传承的重视。地方政府积极出台了一系列政策措施，鼓励农村学校开展红色文化教育活动，提供资金支持和人才培训，以推动乡村经济的多元发展。这一政策实践在榆林展开，不仅丰富了乡村教育资源，也激发了红色文化传承的活力，为乡村振兴注入了新的动力。政府出台了针对农村学校的红色文化教育支持政策。通过向农村学校提供专项经费和项目资助，政府鼓励学校开展红色文化教育活动，包括红色主题教育课程的设置、红色文化知识竞赛的开展、红色文化遗址和景点的参观考察等。这些政策措施为学校提供了重要的支持和保障，促进了红色文化教育活动在农村学校中的开展。政府鼓励农村学校开展红色文化教育的同时，也加强了对教师队伍的培训和支持。通过举办红色文化教育培训班、邀请专家学者开展讲座授课等方式，提升教师的红色文化教育水平和专业素养，使他们能够更好地组织和开展红色文化教育活动，为学生提供更加丰富和优质的教育资源。

2. 鼓励合作

政府还鼓励农村学校与地方文化机构、红色文化遗产单位等开展合作，共同推动红色文化教育的开展[①]。通过举办联合活动、共建资源共享平台等方式，充分利用地方丰富的红色文化资源，为学生提供更加丰富多彩的学习体验和教育资源，增强他们对红色文化的认知和理解。政府还鼓励农村学校开展红色文化教育与乡村振兴相结合的实践活动。通过组织学生参与乡村振兴实践活动、开展乡村文化传承项目等方式，将红色文化教育与乡村振兴有机结合起来，引导学生树立正确的历史观和文化观，增强他们对乡村振兴的责任感和使命感。榆林在乡村振兴战略的指导下，积极推动农村学校开展红色文化教育实践，通过政策支持、教师培训、资源共享等方式，丰富了乡村教育资源，激发了红色文化传承的活力。这一政策实践不仅促进了学生对红色文化的传承和发展，也为榆林的乡村振兴事业作出积极贡献。

(二) 学校层面

农村学校在积极响应政策号召的同时，加强了红色文化教育的开展，为学生提供了丰富多彩的学习体验和红色文化传承的机会。这一系列实践不仅促进了学生对红色文化的了解和认识，也增强了他们的爱国情感和历史责任感，同时也为乡村振兴战略下的榆林注入了新的活力。农村学校通过组织学生参观当地的红色文化景点，为学生提供了亲身感受和学习红色文化的机会。学生走进红色革命的纪念馆、红色革命的纪念碑、革命战争遗址等地，感受着革命先辈的奋斗历程和丰功伟绩。这些实地参观活动不仅开阔了学生的视野，更重要的是让他们深刻理解了红色文化的伟大意义和历史价值，激发了他们的爱国情感和历史责任感。

农村学校积极举办红色文化知识竞赛等形式多样的活动，为学生提供了锻炼和展示自己的平台。通过开展红色文化知识竞赛、红色文化讲座、红色文化作品展览等活动，学校不仅拓宽了学生的知识面，更重要的是培养了他们的学习兴趣和竞争意识，激发了他们对红色文化的热爱和探索精神。学

---

① 向晓梅，潘妍，陈小红，等. 乡村振兴背景下商品营销网络城乡一体化发展研究 [J]. 新经济，2023(09)：90-97.

校还加强了教师队伍建设，培训了一批擅长红色文化教育的师资力量，提高了教育教学质量。通过组织教师参加红色文化教育培训班、开展教学研讨会等活动，学校不断提升教师的红色文化教育水平和教学能力，为学生提供更加优质的教育资源和服务。这些红色文化教育实践不仅丰富了学生的课余生活，更重要的是增强了他们的文化自信和历史使命感，为榆林乡村振兴战略的实施提供了有力支撑。学校不仅将红色文化传承和教育融入学生的日常学习生活中，更将其与乡村振兴战略相结合，为榆林的乡村振兴注入了新的活力。这种以教育为先导、以文化为灵魂的发展模式，将为榆林的经济社会发展提供坚实的文化基础和人才支撑。

二、乡村图书馆建设实践

（一）图书馆建设层面

乡村振兴战略下的红色文化教育实践不仅体现在学校教育中，还融入了乡村图书馆的建设与服务。地方政府和相关部门积极响应乡村振兴战略，注重提升乡村图书馆的建设水平，以丰富的藏书资源和先进的服务设施为基础，为乡村居民提供了更广阔的学习和阅读空间，同时也推动了榆林红色文化教育的实践。榆林政府通过扩建、改造或新建现代化的图书馆设施，提升了乡村图书馆的服务水平和形象。在乡村振兴战略的指导下，政府投入资金和资源，对乡村图书馆进行了全面升级。这些图书馆不仅在建筑设施上得到了提升，更在功能配置和服务设施上进行了优化，如增设了多媒体阅览室、网络阅读区、多功能会议室等，为乡村居民提供了舒适便捷的阅读和学习环境。

榆林加强了乡村图书馆的藏书采购和管理，丰富了文化资源。政府加大了对乡村图书馆的经费投入，扩大了图书采购规模，使图书馆的藏书种类更加丰富多样。同时，政府还加强了对图书馆的管理与维护，确保图书资源的更新和保护，提高了图书馆的服务质量和使用效率，使乡村居民能够在家门口就能获取到丰富多彩的图书资料，满足其阅读和学习需求。榆林还通过引入信息技术，提升了乡村图书馆的服务水平。政府加强了对图书馆信息化建设的支持，推动乡村图书馆实现了自动化管理和数字化服务。通过建设数字化阅览系统、开展在线借阅服务等举措，使乡村居民能够更加便捷地获取到图书馆的资源和服务，提升了图书馆的服务覆盖面和便利性。通过扩建、改造或新建现代化的图书馆设施，加强了藏书资源的采购和管理，引入信息技术，提升了图书馆的服务水平和便利性，同时也促进了榆林红色文化教育的实践与传承。这一举措不仅提高了乡村居民的文化素养和生活质量，也为乡村振兴事业注入了新的活力。

（二）社会影响层面

1. 提升乡村居民的文化素质

榆林积极推动乡村图书馆的建设与服务，这不仅让乡村居民通过阅读和学习拓宽了视野、提升了综合素质，还成为乡村文化的重要载体和窗口，展示了榆林丰富的红色文化底蕴，推动了红色文化的传承和弘扬。乡村图书馆的建设和服务为乡村居民提供了丰富多样的学习资源和学习平台。通过阅读图书、参加文化活动、利用网络资源等方式，乡村居民得以拓展知识面、提升技能水平，从而增强了自身的综合素质和竞争力。乡村图书馆不仅提供了学习资料，更为乡村居民搭建了交流互动的平台，促进了居民之间的交流与合作，增强了乡村社区的凝聚力和稳定性。乡村图书馆的建设和服务为乡村居民提供了了解红色文化、传承红色精神的重要途径。榆林作为红色文化的重要发祥地之一，拥有丰富的红色文化资源。通过乡村图书馆展示的红色文献资料、举办的红色文化主题展览等活动，乡村居民得以深入了解榆林的红色文化底蕴，增强了对红色历史的认知和理解，激发了爱国情怀和家国情怀，有助于推动红色文化的传承和发展。

2. 为乡村振兴提供了重要支撑

乡村振兴不仅仅是经济发展的问题，更是文化传承的问题。乡村图书馆作为文化设施的重要组成部分，不仅提供了知识和文化的传播场所，更为乡村振兴注入了文化动力和智慧支持。通过乡村图书馆的服务，激发了乡村居民的创新创业意识，促进了乡村经济的多元发展，推动了乡村振兴战略的实施。乡村图书馆的建设和服务也为榆林的文化旅游产业发展提供了有力支持。榆林以其丰富的红色文化资源和独特的自然风光而闻名，乡村图书馆作为红色文化的重要展示窗口，为游客提供了了解榆林红色文化的重要途径。

通过举办红色文化主题展览、组织红色文化体验活动等形式，乡村图书馆为榆林的文化旅游产业注入了新的活力，促进了红色文化的传承和弘扬，为榆林市的经济社会发展作出了积极贡献。通过加强乡村图书馆的建设和服务，为乡村居民提供了丰富多彩的学习资源和文化服务，推动了乡村振兴和文化旅游产业的发展。

第四节　教育与培训的成效与问题

一、榆林红色文化资源的教育与培训成效

(一) 推动乡村经济发展

榆林在发展红色文化产业和培育相关人才方面取得了显著成效。通过开展针对榆林红色文化资源的教育与培训，不仅提升了当地居民对红色文化的认知和理解，还培养了一批专业人才，为乡村经济的发展注入了新动力。在教育方面，榆林加强了对红色文化的宣传和普及工作。通过学校课程设置、举办主题讲座、举办红色文化知识竞赛等形式，提高了广大青少年对红色文化的了解和认同，激发了他们对乡村发展的参与意识和责任感。在培训方面，榆林开展了一系列针对乡村居民和相关从业人员的培训活动。通过举办红色文化产业技能培训班、手工艺品制作工作坊等形式，传授红色文化产业的相关知识和技能，提升了乡村居民的就业能力和创业意识，为他们提供了更多的就业机会和创业平台。在人才引进和培养方面，榆林还加大了对红色文化产业人才的引进和培养力度。通过设立奖学金、引进专业人才、举办红色文化产业人才培训项目等措施，吸引了一大批具有红色文化专业知识和技能的人才来到榆林，为当地红色文化产业的发展注入了新的活力[①]。通过培训，榆林不仅提升了当地居民对红色文化的认知水平，还培养了一大批红色文化产业人才，为乡村经济的发展注入了新的活力，推动了乡村经济的多元发展。

---

① 苏旭东，韩建民. 城乡一体化背景下乡村景观规划发展与优化路径研究 [J]. 水利规划与设计，2023(02)：23-25.

(二) 提升乡村形象和知名度

通过红色文化教育与培训的开展，榆林的红色文化资源得到了更广泛的宣传和传播，不仅在本地区域内提升了乡村的形象和知名度，而且在全国范围内树立了良好的品牌形象。这种积极的宣传效果对乡村振兴内蒙古自治区乌兰察布市兴和县经济的发展产生了深远的影响。红色文化教育与培训的开展使得榆林的红色文化资源得到了更加深入的挖掘和宣传。通过丰富多样的教育活动和培训课程，人们对于榆林的红色历史和文化传统有了更深层次的了解，这些文化元素成为乡村振兴的重要资产之一。榆林的红色文化资源的广泛宣传吸引了大量游客和投资者前来参观和投资。游客被榆林独特的红色文化景观所吸引，纷纷前来感受红色文化的魅力，这进一步推动了乡村旅游业的发展，增加了当地的旅游收入。投资者也看到了榆林丰富的红色文化资源所带来的商机，纷纷前来投资开发相关产业，推动了当地经济的发展和乡村品牌的建设。这些投资项目不仅促进了当地产业的转型升级，还为乡村居民提供了更多的就业机会和创业平台，进一步推动乡村振兴的进程。同时，吸引了更多游客和投资者前来参观、投资，推动了乡村旅游业的发展和乡村品牌的建设，为乡村振兴注入了新的活力。

(三) 增强乡村凝聚力和向心力

通过组织开展红色文化教育活动和培训项目，不仅是为了传承和弘扬优秀的红色文化，更是为了促进乡村振兴、凝聚乡村居民的向心力和凝聚力。这些活动和项目不仅丰富了居民的文化生活，更深化了他们对家乡的情感认同，推动了乡村社区的发展与稳定。红色文化教育活动和培训项目为乡村居民提供了一个共同的平台和话题。通过参与这些活动，居民有机会共同了解、学习和传承榆林的红色文化传统，增进了彼此之间的了解和交流。他们不仅学到了知识，更重要的是建立了情感联系和认同感，增强了乡村社区的凝聚力。红色文化教育活动和培训项目为乡村居民提供了一个共同的目标和奋斗方向。在共同传承红色文化、参与乡村振兴的过程中，居民逐渐认识到自己是乡村振兴的重要参与者和推动者，他们的努力与付出将直接影响到家乡的发展和未来。因此，他们更加团结一致，积极参与到各项乡村振兴中实践活动中，为家乡的发展贡献自己的力量。红色文化教育活动和培训项目为乡村居民提供了一个共同的成长和提升平台。通过学习和培训，居民不仅增强了自己的文化素养和专业技能，更重要的是提升了自身的综合素质和竞争力。这不仅有利于他们在乡村振兴过程中找到更好的就业机会和发展空间，还增强了他们的自信心和归属感，进一步增强了乡村社区的凝聚力和稳定性。同时，加强了乡村居民的凝聚力和向心力，在共同传承红色文化、参与乡村振兴的过程中促进了居民之间的交流与合作。这些举措不仅丰富了乡村居民的精神生活，更为乡村振兴注入了新的活力，推动了榆林市乡村社区的可持续发展。

二、榆林红色文化资源教育与培训的问题

(一) 教育资源匮乏

乡村地区的学校和教育资源相对匮乏，这一现实情况的确存在并对红色文化教育的开展带来了一定的限制。然而，正是因为这种现状，更应该思考如何解决这一问题，以促进乡村振兴和红色文化传承的目标。乡村地区学校和教育资源匮乏的问题不仅仅是红色文化教育的障碍，也是乡村振兴的一个重要瓶颈。因此，政府应该加大对乡村教育资源的投入，提高乡村学校的办学条件和教育质量。这包括增加教师数量和培训、改善学校设施、丰富教学资源等方面的改善。针对乡村地区学校教育资源匮乏的情况，可以采取灵活多样的教育方式和手段，来弥补资源上的不足。例如，可以利用现有的红色文化资源，开展一些实地考察和体验活动，让学生亲身感受和了解红色文化的魅力。同时，可以利用现代科技手段，如互联网、多媒体等，开展远程教育和在线学习，为乡村学生提供更广阔的学习空间和资源。

可以通过建立乡村与城市教育资源共享机制，充分利用城市的优质教育资源，为乡村学生提供更多的学习机会和资源支持。这可以通过建立合作学校、开展教师培训交流、组织学生交流活动等方式来实现，从而打破乡村学校教育资源的局限性，促进红色文化教育的开展。社会各界应该加强对乡村教育的关注和支持，积极参与到乡村教育资源的改善和红色文化教育的推广中来。可以通过捐赠书籍、设立奖学金、开展志愿服务等形式，为乡村学

校提供更多的支持和帮助，为乡村振兴和红色文化传承贡献自己的力量。尽管乡村地区学校和教育资源相对匮乏，但我们可以通过采取有效的措施和手段来解决这一问题。政府、学校、社会各界应共同努力，为乡村振兴和红色文化传承搭建更加良好的教育平台，为乡村儿童提供更好的教育机会和更广阔的发展空间。

（二）培训成本较高

红色文化教育与培训的开展确实需要一定的经费支持，但乡村地区的经济发展水平相对较低，可能难以承担高昂的培训成本，这是一个普遍存在的问题。然而，针对这一挑战，我们可以探索多种途径，以确保红色文化教育与培训的顺利开展，推动乡村振兴内蒙古自治区乌兰察布市兴和县红色文化资源的传承。政府在制定政策时应该考虑到乡村地区的特殊情况，增加对红色文化教育与培训的经费支持。可以通过设立专项资金、调整财政预算等方式，向乡村地区投入更多的教育资源，以满足居民的教育需求，提高红色文化传承的覆盖面和深度。可以通过引入社会资本和社会力量的参与，来分担红色文化教育与培训的经费压力。可以鼓励企业、社会团体等组织开展赞助活动、捐助项目，为乡村地区的红色文化教育与培训提供资金支持，共同推动红色文化的传承和发展。可以探索建立多元化的培训模式和机制，降低培训成本，提高培训效益。可以采用线上线下结合的方式，利用互联网和现代科技手段，开展远程教育和在线培训，提高培训的灵活性和适应性。

可以加强对红色文化教育与培训项目的评估和监督，确保经费使用的合理性和效益性。通过建立健全财务管理制度和监督机制，加强对培训项目的评估和监测，及时发现和解决问题，确保培训经费的有效利用，实现最大的社会效益。可以通过加强红色文化教育与培训的宣传和推广，吸引更多的参与者，提高项目的社会影响力和吸引力。可以利用媒体、网络等渠道，广泛宣传红色文化教育与培训的重要性和价值，吸引更多的志愿者和捐助者参与进来，共同推动红色文化传承的事业。尽管乡村地区的经济发展水平相对较低，但我们可以通过政府的支持、社会资本的参与、培训模式的创新等方式，解决红色文化教育与培训的经费问题。这需要全社会的共同努力和参与，共同为红色文化的传承和发展贡献自己的力量。

（三）教育质量不高

红色文化教育与培训的质量不高、内容单一以及培训效果不明显等问题的存在，确实影响了教育与培训的实效性和持续性。这些问题的产生源于多方面的原因，包括教育资源的匮乏、培训机构的水平参差不齐、培训内容的单一性以及参与者的主动性等。针对这些问题，我们需要综合施策，从多个角度着手解决，以提高红色文化教育与培训的质量和效果，推动乡村振兴内蒙古自治区乌兰察布市兴和县红色文化资源的传承。应加强对培训机构和师资队伍的管理和监督。政府部门可以建立健全评估体系，对红色文化教育与培训机构进行认证和评估，确保其教学水平和服务质量。同时，要加强对培训师资队伍的培训和考核，提高其教学能力和专业水平，确保培训课程的质量和效果。应丰富培训内容，注重培训项目的多样性和实用性。红色文化教育与培训不应仅限于理论知识的传授，更应关注实践操作和技能培养。可以结合当地的实际情况和发展需求，开展涵盖红色文化历史、红色旅游开发、手工艺品制作等多个方面的培训项目，丰富培训内容，提高培训的实用性和针对性。要加强培训效果的评估和跟踪，及时发现问题并加以解决。可以通过定期开展培训效果评估、组织参训者的反馈意见调查等方式，了解培训效果和参训者的满意度，及时调整培训的内容和方式，提高培训的实效性和持续性。

要加强对参训者的引导和激励，提高他们的参与度和主动性。可以通过设立培训奖励机制、开展培训成果展示活动等方式，激发参训者的学习热情和积极性，增强他们的学习动力和自觉性，从而提高培训的效果和持续性。要加强对红色文化教育与培训的宣传和推广，提高社会的关注度和参与度。可以通过媒体宣传、社区活动、志愿服务等方式，向社会广泛宣传红色文化教育与培训的重要性和价值，吸引更多的人群参与到红色文化传承的事业中来，共同推动乡村振兴内蒙古自治区乌兰察布市兴和县红色文化资源的传承。要解决红色文化教育与培训存在的质量不高、内容单一、培训效果不明显等问题，需要政府、培训机构、参训者和社会各界共同努力，从多个方面着手，积极探索解决之道，提高教育与培训的质量和效果。

第六章　乡村振兴战略下的榆林红色文化产业

第一节　文化产业发展的背景与趋势

一、榆林红色文化产业发展的背景

榆林作为中国革命斗争的重要战场之一，拥有众多的红色文化景点和遗址，这些地方见证了中国革命的光辉历程，具有重要的历史和文化价值。这些景点和遗址不仅是革命先烈英勇奋斗的见证，更是激励人们传承红色精神、弘扬爱国主义的重要力量源泉。榆林以其丰富的红色文化资源为基础，积极推动红色文化产业的发展。榆林拥有众多的红色文化景点和遗址，如延安革命根据地的西路军出发地、中国工农红军东渡黄河纪念地等。这些景点和遗址不仅是历史的见证，更是红色文化的宝贵遗产，承载着革命先烈的崇高精神和丰功伟绩[①]。通过参观访问，人们可以深切感受到革命战士们的英勇事迹和无私奉献，加深对红色文化的认知和理解，激发爱国情怀和家国情怀。红色旅游作为红色文化产业的重要组成部分，已成为榆林的重要经济支柱之一。榆林通过开发红色旅游线路、建设红色旅游景区、举办红色文化主题活动等方式，吸引了大量游客前来参观游览，推动了地方旅游业的发展。

榆林通过举办红色文化主题活动等方式，弘扬红色文化，传承红色精神。红色文化主题活动包括红色革命教育基地参观、红色文化艺术表演、红色文化讲座等形式，旨在通过各种方式向社会大众普及红色文化知识，激发人们的爱国热情和家国情怀。榆林还通过开发红色文化衍生产品、建设红色文化主题街区等方式，促进了红色文化产业的多元发展。红色文化衍生产品包括红色文化手工艺品、红色文化纪念品等，通过各种途径向社会大众传播红色文化，推动红色文化产业的繁荣和发展。通过开发红色旅游、举办红色文化主题活动、建设红色文化衍生产品等方式，促进了地方经济的繁荣和社

---

① 史丽娜. 城乡一体化背景下旅游业发展路径研究 [J]. 农业经济, 2022(12): 135-137.

会的稳定，同时也推动了红色文化的传承和发展。榆林的红色文化产业将继续发挥重要作用，为实现中华民族伟大复兴的中国梦贡献力量。

二、榆林红色文化产业发展的趋势

(一) 创新发展

面对市场竞争和文化消费升级的挑战，榆林红色文化产业需要不断进行创新发展。榆林拥有丰富的红色历史和文化底蕴，红色文化产业是其重要的文化产业之一。然而，随着时代的变迁和社会的发展，市场竞争日益激烈，文化消费也在不断升级，榆林红色文化产业面临许多挑战。因此，为了提升红色文化产品的市场竞争力和吸引力，榆林红色文化产业需要进行创新发展，包括创新产品、创新服务、创新体验等方面。

榆林红色文化产业需要创新产品，不断推出具有独特性和吸引力的红色文化产品。传统的红色文化产品主要包括书籍、纪念品等，而随着消费升级和人们审美观念的变化，需要根据市场需求不断创新产品形式和内容。可以开发具有地方特色和创意设计的红色文化衍生产品，如红色文化主题衣物、工艺品、美食等，以丰富的产品线吸引更多消费者。同时，还可以结合现代科技手段，开发虚拟现实（VR）、增强现实（AR）等技术应用，打造沉浸式的红色文化体验产品，提升用户体验和吸引力。

榆林红色文化产业需要创新服务，提供更加个性化和多样化的文化服务。除了传统的景区导览、讲解服务外，可以通过定制化服务、主题活动等方式，满足不同游客的需求和兴趣。例如，可以开展红色文化主题定制游，根据游客的喜好和需求，量身打造个性化的游览线路和服务内容。同时，还可以开展红色文化体验活动，让游客参与其中，深度感受红色文化的魅力和历史底蕴，提升游客的参与性和互动性。

榆林红色文化产业需要创新模式，打造独特的文化体验场所和项目。除了传统的红色文化景点和遗址外，可以开发具有创新性和体验性的文化场所，如红色文化创意园区、红色文化艺术街区等。这些场所可以结合文化创意、艺术表演、互动体验等元素，打造具有文化内涵和娱乐性的体验项目，吸引更多游客和观众。同时，打造数字化、互动化的红色文化体验项目，提升游客的参与感和体验感，吸引更多人群参与其中。

　　榆林红色文化产业面临市场竞争和文化消费升级的挑战，需要不断进行创新发展。通过创新产品、创新服务、创新体验等方面的努力，提升红色文化产品的市场竞争力和吸引力，满足人们日益增长的文化需求，促进榆林红色文化产业的持续健康发展。

（二）生态文明建设

1. 以生态优先、绿色发展为理念

　　随着人们对环境保护意识的提高，红色文化产业发展也将与生态文明建设相结合。榆林拥有得天独厚的生态资源，如神奇的黄土地貌、秀美的山川景色等。在开发利用红色文化资源的过程中，必须注重生态环境的保护和可持续利用，以推动红色文化产业与生态旅游的融合发展，打造具有独特生态特色的红色文化旅游目的地。榆林红色文化产业发展需要以生态优先、绿色发展为理念，积极倡导绿色消费和低碳生活方式。在红色文化产品的开发和推广过程中，应当注重资源节约和环境友好，采取绿色生产方式，降低能耗和排放，减少对生态环境的影响。同时，也要鼓励游客采取绿色出行方式，如乘坐公共交通工具、步行或骑行等，减少对自然环境的破坏，共同保护生态环境。榆林红色文化产业发展需要加强对生态环境的保护和修复工作，保护好红色文化遗产所在地的生态环境。在开发利用红色文化景点和遗址的过程中，应当注重生态环境保护，保护好植被、水体、土壤等自然资源，避免过度开发和破坏。同时，还可以开展生态修复工程，恢复受损的生态系统，提升景区的生态环境质量，为游客提供更加优美的环境。

2. 生态文化体验项目

　　榆林红色文化产业发展需要推动红色文化与生态旅游的深度融合，可以通过丰富的生态文化体验项目和活动，让游客在感受红色文化的魅力的同时，也可以享受到丰富多彩的生态旅游资源。例如，可以开展红色文化与生态体验相结合的旅游线路，让游客在游览红色文化景点的同时，也可以参与生态保护和生态体验活动，增强游客对生态环境的关注和保护意识。榆林红色文化产业发展需要加强生态文明建设，推动形成良好的生态环境和文化氛围。可以通过加强生态文化教育，提高公众的环保意识和文明素质，引导人们树立尊重自然、保护环境的理念，共同建设美丽乡村、绿色家园。同时，还可以加强与生态环境相关的法律法规建设，加大对环境污染和破坏行为的处罚力度，形成严厉的环境保护制度和法治环境，保护好榆林的生态环境和红色文化遗产。榆林红色文化产业发展需要与生态文明建设相结合，注重生态环境的保护和可持续利用，推动红色文化产业与生态旅游的融合发展。只有在保护好生态环境的基础上，才能实现红色文化产业的可持续发展，为榆林的经济繁荣和社会进步作出更大贡献。

第二节　红色文化产业的类型与特点

一、榆林红色文化产业的类型

(一) 红色文化产品制造

1. 红色文化书籍

红色文化产业在榆林得到了充分的发展和挖掘。在挖掘红色文化资源的过程中，榆林形成了多样化的红色文化产业，其中包括红色文化书籍、红色文化衍生品、纪念品等类型[①]。红色文化书籍是榆林红色文化产业的重要组成部分。通过出版与红色文化相关的书籍，可以向社会大众传播红色文化知识。这些书籍涵盖了革命历史、革命英雄、革命故事等方面的内容，既有专业性较强的学术著作，也有通俗易懂的普及读物。榆林的出版机构和文化企业积极参与红色文化书籍的编辑、出版和推广工作，为人们提供了丰富的阅读资源，促进了红色文化的传播和弘扬。

2. 红色文化衍生品

红色文化衍生品包括红色文化主题衣物、工艺品、饰品等，是对红色文化的再创作和再设计。这些衍生品具有红色文化的象征性和纪念意义，深受人们的喜爱。榆林的文化企业和手工艺品厂家通过对红色文化的深入挖掘和创意设计，推出了许多精美的红色文化衍生品，满足了市场对红色文化产

---

① 唐龙，楚杰. 陕西省志丹县红色文化资源保护利用路径研究 [D]. 西安：西安建筑科技大学，2023.

品的需求，同时也促进了地方手工艺品产业的发展。

3. 纪念品

纪念品也是榆林红色文化产业的重要组成部分。纪念品包括纪念章、纪念邮票、纪念贴纸等。这些纪念品具有收藏价值和纪念意义，受到广大人民群众的喜爱和追捧。榆林的文化企业和纪念品厂家通过对红色文化的深入挖掘和创意设计，推出了许多具有纪念意义的红色文化纪念品，丰富了市场供给，满足了人们对红色文化的追忆和纪念之情。榆林的红色文化产业类型丰富多样，包括红色文化书籍、红色文化衍生品、纪念品等。这些产业形成了完整的产业链条，从红色文化资源的挖掘和开发到产品的设计和生产再到市场的销售和推广，各个环节都得到了充分的发展和完善。榆林的红色文化产业不仅满足了市场对红色文化产品的需求，也为地方经济的繁荣和社会的稳定作出重要贡献。随着时代的发展和消费观念的升级，相信榆林的红色文化产业还将继续不断创新和发展，为推动红色文化的传承和弘扬贡献力量。

(二) 红色文化传媒

榆林的红色文化产业不仅涵盖了红色文化书籍、红色文化衍生品、纪念品等实物产品领域，还包括了红色文化传媒领域。在红色文化传媒领域，榆林积极开展了多种形式的传媒活动和项目，包括红色文化主题网站、红色文化专题节目、红色文化新闻报纸等，通过多种传播渠道向公众传递红色文化信息，推动红色文化的传承和弘扬。红色文化主题网站是榆林红色文化产业中的重要组成部分。这些网站通过互联网平台，向公众提供了丰富的红色文化信息和资源，包括革命历史、革命人物、红色景点等内容。榆林的红色文化主题网站以其权威性和专业性，成为人们了解红色文化、传播红色文化的重要渠道。通过网站的建设和运营，可以实现红色文化信息的即时更新和广泛传播，促进红色文化的普及和传承。

红色文化专题节目是榆林红色文化传媒领域的另一重要形式。电视台、广播电台等传统媒体机构开设了红色文化专题节目，向公众介绍红色文化的相关内容。这些节目涵盖了红色历史、红色人物、红色景点等方面的内容，通过图文并茂、生动形象的呈现方式，吸引了广大观众的关注和喜爱。榆林市的红色文化专题节目以其丰富的内容和精良的制作水平，成为人们了解红色文化、感受红色文化的重要途径。红色文化新闻报纸也是榆林红色文化传媒领域的重要形式。地方报纸、期刊等媒体机构开设了专栏或专刊，报道红色文化的相关新闻和资讯。这些新闻报道涉及红色历史、红色人物、红色活动等方面的内容，通过图文并茂、深入浅出的报道方式，向读者传递红色文化的魅力和内涵。榆林的红色文化新闻报纸通过不断创新和改进，提高了新闻报道的质量和影响力，成为人们了解红色文化、参与红色文化的重要平台。

二、榆林红色文化产业的特点

（一）结合地方实际和民族特色

在红色文化产业的发展中，榆林注重结合地方实际和民族特色，打造具有地方特色和民族风情的红色文化产品和服务，增强了产业的吸引力和竞争力。榆林的红色文化产业发展注重挖掘和利用地方丰富的红色文化资源。作为中国革命斗争的重要战场之一，榆林有着许多红色文化遗迹和红色文化景点。这些景点和遗址见证了中国革命的光辉历程，具有重要的历史和文化价值。榆林积极开展红色文化旅游，通过保护、修缮和开发利用这些红色文化资源，打造了一批具有地方特色和历史意义的红色文化旅游景区，吸引了大量游客前来参观和游览。榆林的红色文化产业注重突出地方特色和民族风情。榆林市是一个多民族聚居的地区，有着丰富多彩的民族文化。在红色文化产品和服务的打造过程中，榆林注重融入当地的民族元素和文化特色，打造具有独特魅力的红色文化产品。例如，通过民族服饰、民族舞蹈、民族音乐等形式，展示榆林市的民族文化和民俗风情，丰富了红色文化产品的内涵和形式，提升了产品的吸引力和竞争力。

榆林的红色文化产业发展注重结合地方经济发展和民生需求。在发展红色文化产业的过程中，榆林注重发挥红色文化产业对地方经济的带动作用，通过文化旅游、文化创意、文化传媒等形式，促进了地方经济的发展和增长，提升了地方的产业竞争力和经济实力。同时，榆林还注重满足人民群众对美好生活的需求，通过提供丰富多彩的文化产品和服务，丰富了人民群众的精神文化生活，增强了人民群众的获得感和幸福感。榆林的红色文化产业发展具有明显的地方特色和民族风情，注重挖掘和利用地方丰富的红色文化资源。这种产业发展模式既促进了地方经济的发展和增长，又丰富了人民群众的精神文化生活，为实现中华民族伟大复兴的中国梦作出重要贡献。榆林的红色文化产业将会不断创新和发展，为推动红色文化的传承和弘扬贡献更大的力量。

（二）文化传承与创新并重

榆林的红色文化产业在发展过程中，注重传承与创新并重的理念，这一特点为该地区的红色文化产业发展注入了活力。传承传统文化，保护历史遗产，同时通过创新手段和方式使传统文化焕发新的生机和活力，这成为榆林红色文化产业的鲜明特点。榆林注重对传统文化的传承和保护。榆林重视对这些历史遗产的保护和传承，通过修缮历史遗迹、建设纪念馆、编纂红色文化资料等方式，积极开展红色文化传承工作。这些措施不仅有助于保护红色文化的完整性和真实性，也为后人了解红色历史、传承红色精神提供了重要的场所和资源。

榆林注重通过创新手段和方式使传统文化焕发新的生机和活力。在传承红色文化的基础上，榆林不断引入新的理念、技术和方法，进行红色文化的创新和发展。例如，利用现代科技手段进行红色文化数字化展示，开发红色文化主题 App 和虚拟体验馆，通过互联网平台向公众传播红色文化知识；同时，榆林还积极组织举办红色文化创意活动、主题展览等，推出一系列新颖有趣的文化产品和服务，吸引了更多年轻人的关注和参与。榆林的红色文化产业注重融合当地的地域特色和民族文化。在红色文化产业的发展过程中，榆林注重挖掘和利用本地的地理、历史、文化等资源，通过融入当地的民族元素和文化特色，打造独具特色的红色文化产品和服务。这些产品和服务不仅满足了市场对红色文化的需求，也展示了榆林的地方特色和民族风情。榆林的红色文化产业具有传承与创新并重的特点。通过传承传统文化、保护历史遗产，榆林的红色文化产业不断创新和发展，为推动红色文化的传承和弘扬贡献了重要力量。

第三节　乡村振兴与红色文化产业的融合

一、红色文化旅游带动乡村振兴

（一）加强宣传推广和旅游营销

通过各种渠道和媒体加强对红色文化旅游线路和景点的宣传推广，是榆林融合乡村振兴与红色文化产业发展的重要举措之一。这一举措不仅可以提高红色文化旅游线路和景点的知名度和美誉度，还可以吸引更多游客前来参观游览，推动了乡村振兴内蒙古自治区乌兰察布市兴和县红色文化产业的融合发展。加强对红色文化旅游线路和景点的宣传推广有助于提高其知名度和美誉度。通过各种渠道和媒体，如互联网、电视、广播、报纸、杂志、社交媒体等，对榆林的红色文化旅游线路和景点进行全方位、多角度的宣传推广。可以通过文字、图片、视频等形式，生动展示榆林丰富的红色文化资源和景观，吸引广大游客的关注和参与。同时，可以利用专业旅游平台和在线旅游平台，发布相关信息和推广活动，提高线路和景点在旅游市场上的曝光度和竞争力。

积极参加旅游展会、文化活动等，开展线上线下的旅游营销，也是提高红色文化旅游线路和景点知名度和美誉度的重要方式之一。榆林可以积极参与国内外的旅游展会、文化活动等，展示其丰富的红色文化资源和景观，与游客和旅行社进行深入交流和合作，开展线上线下的旅游营销活动。通过展览、演示、宣传片播放等形式，向游客展示榆林的红色文化旅游线路和景点的独特魅力和吸引力，促进游客的参观和游览。同时，可以通过合作推出优惠套票、组织特色活动等方式，吸引更多游客前来体验和品味榆林的红色文化之美。这些举措不仅有助于提高红色文化旅游线路和景点的知名度和美誉度，还有助于推动乡村振兴内蒙古自治区乌兰察布市兴和县红色文化产业的融合发展。通过将红色文化旅游资源与乡村振兴相结合，可以充分发挥红色文化旅游的带动作用，促进乡村经济的发展和增长，推动乡村产业的升级和

转型 ①。同时，也可以通过红色文化旅游的发展，提升榆林的文化软实力和形象，吸引更多人才和资金的流入，推动经济社会的全面发展和进步。提高红色文化旅游的知名度和美誉度，推动红色文化产业的发展，促进了乡村经济的繁荣和社会的进步。

(二) 发展农家乐和民宿业务

结合红色文化旅游，发展农家乐和民宿业务，是榆林促进乡村振兴与红色文化产业融合发展的重要举措之一。通过提供农家特色餐饮和住宿服务，不仅可以丰富游客的旅游体验，还可以为当地农民提供增收渠道，改善生活水平。发展农家乐和民宿业务可以丰富游客的旅游体验。榆林拥有丰富的红色文化资源和景点，吸引了大量游客前来参观游览。为了进一步满足游客的需求，可以在红色文化旅游线路和景点周边发展农家乐和民宿业务。这些农家乐和民宿可以提供地道的农家特色餐饮和住宿服务，让游客在感受红色文化的同时，也能够体验到当地的风土人情和乡村生活。例如，游客可以品尝到当地农民自种自产的绿色有机农产品制作的特色菜肴，体验到淳朴的农家生活和田园风光，增强了他们的旅游体验感和满足感。通过农家乐和民宿业务，为当地农民提供了增收渠道，改善了他们的生活水平。榆林的农村地区人口较多，农民是乡村振兴的重要对象。可以带动当地农民将闲置的农房、闲置的土地等资源进行利用，增加农民的经济收入。通过提供餐饮、住宿等服务，农民可以获得相应的收益，改善生活水平，提高生活品质。同时，农家乐和民宿业务也可以促进农村的产业发展和就业增长，吸引更多年轻人留在家乡发展，推动乡村振兴和农村经济的蓬勃发展。既可以丰富游客的旅游体验，提高红色文化旅游的吸引力和竞争力，又可以为当地农民提供增收渠道，促进乡村振兴内蒙古自治区乌兰察布市兴和县红色文化产业的融合发展。这种发展模式不仅符合当下旅游业发展的趋势，也有利于推动农村经济的繁荣和社会的进步，实现了经济效益和社会效益的双赢。

---

① 彭梓莫. 红色文化传承与乡村振兴的耦合协调评价与调控策略研究 [D]. 武汉：华中农业大学，2023.

二、文化教育促进乡村人才培养

(一) 红色文化教育与校园活动相结合

在乡村学校和教育机构加强红色文化教育，将红色文化教育纳入校园文化建设的重要内容之一。通过开展红色文化知识竞赛、红色文化体验活动、红色文化艺术节等形式，可以激发学生对红色文化的兴趣和热爱，提升他们的爱国情怀和文化自信。

加强红色文化教育可以培养学生的爱国情怀和文化自信。在乡村学校和教育机构开展红色文化教育，可以通过讲解红色历史、红色精神、红色传统等内容，引导学生认识和理解红色文化的重要意义和价值。通过红色文化知识竞赛、红色文化体验活动、红色文化艺术节等形式，激发学生对红色文化的兴趣和热爱，引导他们从小树立正确的爱国主义观念和文化自信，增强他们的民族凝聚力和国家认同感。加强红色文化教育可以丰富学生的课余生活，促进全面发展。

在乡村学校和教育机构开展红色文化知识竞赛、红色文化体验活动、红色文化艺术节等形式的活动，可以丰富学生的课余生活，提高他们的文化素养和综合素质。学生可以增长知识、开阔视野，培养审美情趣和艺术鉴赏能力，促进身心健康和全面发展。加强红色文化教育还可以促进乡村振兴内蒙古自治区乌兰察布市兴和县红色文化产业的融合发展。通过在乡村学校和教育机构加强红色文化教育，可以培养一批热爱红色文化、具有专业素养和创新精神的人才，为榆林市的红色文化产业发展提供人才支持和智力保障。同时，也可以通过红色文化教育的开展，吸引更多的游客和投资者前来参观游览，推动乡村旅游业的发展，促进榆林红色文化产业的繁荣和兴盛。加强红色文化教育，既有助于培养学生的爱国情怀和文化自信，又可以丰富学生的课余生活。与乡村振兴内蒙古自治区乌兰察布市兴和县红色文化产业的融合发展，可以为榆林市的红色文化产业发展提供人才支持和智力保障，促进经济社会的繁荣和进步。

(二) 与榆林红色文化产业合作

学校与榆林红色文化产业进行合作，共同开展红色文化教育活动和项目，是促进乡村振兴与榆林红色文化产业融合发展的重要举措之一。通过邀请红色文化产业相关人员来校开展讲座、交流，组织学生参与红色文化产业的实践活动，可以促进学校教育资源与榆林红色文化产业资源的有机结合，推动红色文化教育在学校的深入开展，同时也为榆林的红色文化产业发展提供新的机遇和动力。学校与榆林红色文化产业合作，可以为学生提供更丰富多彩的学习体验。学生可以直接听取专家的讲解，了解红色文化的历史渊源、精神内涵、艺术魅力等方面的知识。这种亲身接触和学习经验可以使学生对红色文化有更深入的了解和认识，增强他们的文化自信和爱国情怀。为学生提供更广阔的实践平台。参观红色文化景点、参与红色文化艺术创作、参与红色文化产品制作等，可以让学生亲身体验和参与到红色文化产业的实践中去，提高他们的实践能力和创新意识。通过实践活动，学生不仅可以加深对红色文化的理解，还可以培养自己的动手能力、团队合作意识和创新能力，为未来的就业和创业打下坚实的基础。学校作为教育机构，拥有一定的师生资源和社会影响力，可以为榆林的红色文化产业提供人才培养、科研支持等方面的帮助和支持。同时，学校与榆林红色文化产业的合作也可以为产业发展提供新的思路和动力，促进产业的创新和升级，推动榆林红色文化产业的融合发展。丰富学生的学习体验和实践机会，提升他们的文化素养和实践能力，促进红色文化产业的发展和壮大，推动乡村振兴与榆林红色文化产业的融合发展。这种合作模式既符合学校的教育使命和社会责任，又有利于促进地方经济的发展和社会的进步，实现了教育资源与产业资源的优化配置和互利共赢。

第四节　文化产业发展的支持政策与创新

一、榆林红色文化产业发展的支持政策

榆林市作为一个拥有丰富红色文化资源的地区，致力于促进红色文化

产业的健康发展。为了支持红色文化项目，政府制定了一系列土地或场地使用支持政策，包括租金减免、优惠政策等，旨在降低企业经营成本，激发红色文化产业的活力与创新。政府将通过提供租金减免来支持红色文化项目的发展。这意味着政府可能会向符合条件的红色文化企业提供租金减免或补贴，以降低其在土地或场地租赁方面的成本。租金减免政策可以在一定期限内或者根据项目的性质和规模进行灵活调整，以确保企业在起步阶段能够有足够的资金用于发展和运营。政府还可能实施优惠政策，为红色文化项目提供更加优惠的土地或场地使用条件。这些优惠政策可能包括但不限于土地出让金减免、租金折扣、用地面积扶持等方面的优惠待遇。通过这些政策，政府可以为红色文化企业提供更加灵活和便利的土地或场地使用条件，降低其经营成本，创造更加良好的发展环境。政府可能还会通过土地或场地使用权的划拨等方式，为红色文化项目提供更加稳定和可持续的土地或场地支持。这意味着政府可能会向红色文化企业划拨土地或场地使用权，使其可以长期稳定地开展文化创意产业的活动，从而为其发展提供更加可靠的基础支持。除了直接的土地或场地使用支持，政府还可能通过其他相关政策来促进红色文化产业的发展。例如，加大对红色文化项目的财政补贴和奖励力度，提高对红色文化企业的金融支持，加强对红色文化产业的政策引导和扶持等。通过综合性的政策措施，政府可以为红色文化项目提供全方位的支持，创造良好的发展环境，推动红色文化产业持续健康发展。

二、榆林红色文化产业发展的创新

（一）文化产品创新

榆林的红色文化产业在产品方面进行了创新，积极推出了一系列具有独特红色文化特色的创意产品，从红色文化主题书籍到红色文化衍生品，再到红色文化艺术品，涵盖了多个领域，为该地区的红色文化产业注入了新的活力和创意。榆林市的红色文化产业在红色文化主题书籍方面进行了创新。这些书籍不仅着眼于对历史事件的还原和解读，更注重对红色文化精髓的挖掘和表达。通过深入研究、精心编辑，榆林的红色文化书籍不仅在内容上丰富多彩，还在形式上进行了创新，采用生动有趣的文字、丰富的图片和图表等方式，使读者能够轻松愉快地了解和学习红色文化知识。

红色文化衍生品也成为榆林红色文化产业的一大亮点。榆林的红色文化衍生品不再局限于传统的纪念品或纪念性文物复制品，而是通过创意设计和精湛工艺，将红色文化元素与现代时尚元素相结合，推出了一系列富有创意和独特风格的红色文化衍生品，如红色文化主题 T 恤、手工艺品、文具用品等，深受年轻消费者的喜爱。榆林的红色文化产业还注重开发和推广红色文化艺术品。通过挖掘榆林独特的红色文化资源和历史文化底蕴，榆林的艺术家创作出了一批批具有红色文化特色的艺术作品，如油画、书法、雕塑等。这些作品不仅在艺术性上有着高度的品质，更在文化内涵上有着深刻的独特之处，吸引了众多艺术爱好者和收藏家的关注和追捧。除了产品本身的创新，榆林的红色文化产业还在设计、包装、营销等方面进行了创新。通过打造独特的品牌形象和文化符号，提升了产品的品牌价值和文化认同度；通过精心设计的包装和营销策略，增强了产品的吸引力和竞争力，在市场上取得了良好的销售成绩。榆林的红色文化产业在产品方面进行了多方面的创新，不仅丰富了产品线，还提升了产品的品质和文化内涵，为该地区的红色文化产业注入了新的活力。这些创新不仅为红色文化产业的发展带来了新的机遇和挑战，也为榆林的文化传承和经济发展作出了积极的贡献。

(二) 旅游体验创新

榆林在红色文化旅游方面不断探索创新，以提升游客的旅游体验为目标，积极引入虚拟现实技术、增强现实技术等先进技术手段，为游客打造更加丰富、生动的红色文化体验，让游客能够更加深入地了解和感受红色文化的魅力。榆林的红色文化旅游创新体现在景区的建设和运营上。政府加大对红色文化景区的投入和建设力度，通过改造升级传统景区、打造新型红色文化体验区等方式，为游客提供更加丰富多样的游览内容和体验项目。同时，景区运营方也积极引入现代化设施和科技手段，如引入虚拟现实技术，打造红色文化主题的虚拟游览项目，使游客能够身临其境地感受红色历史场景，增强游览的趣味性和吸引力。榆林市的红色文化旅游创新还表现在导览服务和讲解方式上。

传统的导览服务已经不能满足游客对红色文化深度了解的需求，因此榆林的一些红色文化景区开始尝试利用增强现实技术、智能导览系统等高科技手段，为游客提供更加个性化、互动性强的导览服务。通过手机 App、AR 眼镜等设备，游客可以随时随地获取与景点相关的详细信息、历史背景，甚至可以通过虚拟角色的讲解，更加生动地了解红色历史故事，增加游览的参与感和趣味性。榆林的红色文化旅游创新还体现在旅游活动和体验项目上。除了传统的观光游览外，榆林开始推出一系列富有特色的红色文化体验项目，如红色文化主题的文化体验活动、主题展览、文化节庆等。通过举办模拟红军长征、红色文化体验营等活动，游客可以亲身参与其中，感受红色历史的震撼和感动，增进对红色文化的了解和认同。榆林的红色文化旅游创新还涉及旅游产品的开发和推广。政府和企业积极挖掘榆林的红色文化资源，推出一系列具有特色的红色文化旅游产品，如红色文化主题的定制旅游线路、红色文化主题的特色酒店等。同时，利用互联网和新媒体平台进行广告宣传和推广，吸引更多游客前来体验，提升了榆林红色文化旅游的知名度和影响力。榆林在红色文化旅游方面通过不断引入创新技术、丰富旅游内容、提升服务水平等方式，促进了红色文化旅游产业的快速发展，也为当地经济社会的全面进步作出了积极贡献。

第七章　乡村振兴战略视域下的榆林红色文化创意设计

第一节　创意设计在红色文化中的应用价值

一、创意设计在红色文化中的内涵

榆林作为中国的一个历史悠久、文化底蕴深厚的地区，其红色文化内涵丰富，可以为创意设计提供丰富的灵感和素材。榆林具有丰富的红色符号和图案，如八路军、陕北红军、共产党党徽等，这些符号和图案可以成为创意设计的灵感来源。可以将这些符号和图案融入服装、家居用品、装饰品等设计中，以展现榆林独特的红色文化风格。榆林市有许多红色历史故事，如杜斌丞在榆林中学、李子洲在绥德师范、毛主席写《沁园春·雪》、李有源与《东方红》等。可以通过插画、漫画、动画等形式，将这些历史故事进行创意再现，吸引更多人了解和关注榆林的红色文化。榆林有许多具有红色文化特色的建筑和景点，如绥德师范旧址、杨家沟革命旧址、东渡黄河旧址等。可以通过建筑模型、景点展示图等形式，将这些建筑和景点进行创意设计，制作成纪念品、礼品等产品，让人们在日常生活中感受到榆林的红色文化魅力。

二、创意设计在榆林红色文化中的应用价值

(一) 文化产品设计

将榆林丰富的红色文化资源转化为具有文化内涵和审美价值的产品，是一种具有创新性和前瞻性的做法。这样的创意设计不仅可以为当地文化产业的发展注入新的活力，也可以为红色旅游提供独特的文化体验和纪念品，进而促进城乡间的交流与融合 [①]。这种应用价值在榆林红色文化的传承与发展中具有重要意义。创意设计可以将榆林的红色文化资源转化为具有文化涵

---

① 张登霞. 红色文化推动革命老区乡村振兴研究 [D]. 长沙：湖南大学，2022.

盖审美价值的纪念品。通过创意设计，可以将这些红色文化元素巧妙地融入纪念品中，打造出富有创意和文化品位的产品，如红色文化主题的书籍、文创产品、纪念章、明信片等。这些纪念品不仅可以成为游客回忆旅行、珍藏收藏的物品，也可以作为文化传播的载体，向更多人传递榆林的红色文化精神和历史故事。

创意设计可以将榆林的红色文化资源转化为具有文化内涵和审美价值的手工艺品。榆林市拥有丰富的手工艺传统和工艺技艺，如刺绣、剪纸、石雕、泥塑等。可以将红色文化元素与传统手工艺相结合，打造出独具特色和文化底蕴的手工艺品，如红色文化主题的刺绣作品、剪纸艺术品、石雕作品、泥塑工艺品等。这些手工艺品不仅可以展示榆林的红色文化魅力，也可以成为游客购物的热门选择，为当地手工艺人提供更多的就业机会，推动当地手工艺产业的发展。创意设计还可以将榆林的红色文化资源转化为具有文化内涵和审美价值的红色文化衍生品。红色文化旅游不仅是一种历史文化的体验，也是一种审美享受和生活方式。可以将红色文化元素与现代生活相结合，设计出富有创意和时尚感的红色文化衍生品，如红色文化主题的服装、家居用品、饰品等。这些红色文化衍生品既具有文化内涵，又具有时尚设计，吸引了更多的消费者，为榆林的红色文化产业注入新的活力。创意设计在榆林红色文化中的应用具有重要的价值。通过将榆林的红色文化资源转化为具有文化内涵和审美价值的产品，不仅可以丰富游客的文化体验，也可以为红色旅游提供独特的购物体验，进而促进城乡间的交流与融合。同时，创意设计还可以为当地文化产业的发展注入新的动力，推动榆林红色文化的传承与发展。

(二) 景观规划与设计

创意设计在榆林红色文化景点的规划和设计中具有重要的应用价值。创意设计可以打造具有纪念意义和艺术价值的景观空间，使榆林的红色文化景点更具吸引力和影响力，促进红色旅游的发展。创意设计可以赋予榆林红色文化景点更加丰富的教育性。红色文化景点是人们了解革命历史、感受红色精神的重要场所，具有重要的历史文化价值和教育意义。可以将景点的历史故事和文化内涵生动地展现出来，结合现代科技手段，打造沉浸式的体验环境，让游客身临其境地感受革命历史的壮丽和感人之处，从而提升游客的参观体验和教育效果。创意设计可以赋予榆林红色文化景点更强的互动性。随着旅游市场的不断发展和游客需求的日益多样化，传统的景点参观模式已经不能满足游客的需求。可以将景点打造成具有互动性的体验空间，设置丰富多彩的互动设施和项目，如虚拟演播室、互动展示区、体验工坊等，让人们亲身体验和感受红色文化的魅力，增强游客的参与感和体验感。创意设计可以赋予榆林红色文化景点更高的观赏性。景点的设计和布置直接影响游客的观赏体验和感受效果。可以将景点打造成具有艺术美感和视觉冲击力的景观空间，合理利用景点的自然环境和人文景观，精心设计景点的布局、造型、灯光等，营造出独特的氛围和视觉效果，让游客在欣赏红色文化的同时，也能够享受到美的享受和艺术体验。通过赋予景点更丰富的教育性、更强的互动性和更高的观赏性，可以提升景点的吸引力和影响力，推动红色旅游的发展。同时，创意设计也为景点的改造和提升提供了新的思路和方法，为榆林红色文化的传承与发展注入新的活力。

第二节 红色文化创意设计的特点与方法

一、红色文化创意设计的特点

(一) 文化符号的独特性

1. 地方文化特色

榆林的红色文化拥有丰富的地方特色和独特的文化符号，如中共中央转战陕北路线、革命根据地遗址、红色革命纪念馆等。在这样的文化背景下，红色文化创意设计在榆林市展现出了独特的魅力。这些设计作品以榆林的红色文化资源为灵感来源，融合了地方特色和文化符号，通过创意的设计手法，呈现出富有创意和独特魅力的作品。榆林红色文化创意设计注重挖掘和展现地方文化特色。设计师深入挖掘榆林市丰富的红色文化资源，以中共中央转战陕北路线、革命根据地遗址等为设计灵感，将这些地方特色和历史文化元素巧妙融入设计作品中。通过设计独具特色的建筑外观、景观布置、装饰装修等，创造出富有地方特色和历史底蕴的设计作品，展现了榆林市独特的红色文化魅力。榆林红色文化创意设计强调文化符号的传承和表达。设计师充分利用红色文化的符号和象征，如红色五星、红军标志、革命纪念碑等，将其巧妙融入设计中，体现红色文化的精神内涵和时代价值。这些文化符号不仅是红色文化的重要象征，也是榆林的文化符号，通过创意设计的表达和传承，使这些符号得以继承和发扬，为红色文化的传播和弘扬作出了积极贡献。

2. 现代化的设计

榆林红色文化创意设计强调创新和时代感。在传承红色文化的同时，设计师注重将传统与现代相结合，注入创新的设计理念和时代感。他们通过现代化的设计手法和材料，赋予红色文化传统以新的内涵和表现形式，使红色文化创意设计更具时代感和吸引力。这种创新的设计理念，不仅让人们更加深入地了解和感受红色文化，也为红色文化的传承和发展注入了新的活力。榆林红色文化创意设计注重体验和互动。设计师通过设计富有创意和趣味性的景观、装置、互动设施等，为游客提供丰富多彩的文化体验。游客可以在景点中感受红色文化的历史风貌，参与各种互动活动，亲身体验红色文化的魅力和内涵。这种体验式的设计方式，使游客更加深入地了解和认同红色文化，增强了游客的参与感和体验感，为红色文化的传播和弘扬创造了良好的氛围和条件[①]。榆林红色文化创意设计具有突出的特点和魅力，它注重挖掘和展现地方文化特色，强调文化符号的传承和表达，注重创新和时代感，同时强调体验和互动。这些特点使得榆林市的红色文化创意设计成为独具魅力和影响力的文化作品，为红色文化的传承和发展作出了重要贡献，也为当地的文化旅游产业注入了新的活力。

(二) 民族文化的融合性

榆林作为多民族聚居地区，其红色文化创意设计不仅汲取了丰富的红色文化元素，更融合了多元的民族文化特色，形成了独具魅力的设计风格。这种融合体现了榆林的文化多样性和包容性，为红色文化创意设计注入了新的活力和独特品位。榆林红色文化创意设计的特点之一是融合了丰富多彩的

---

① 韩旭芳. 红色文化助推陕北老区乡村振兴路径研究 [D]. 西安：长安大学，2020.

红色文化元素。榆林拥有丰富的红色文化资源，如中共中央转战陕北路线、革命根据地遗址、红色革命纪念馆等，这些都成为创意设计的重要灵感来源。设计师通过对这些红色文化符号的深入挖掘和理解，将其融入设计作品中，使之成为设计的核心元素，彰显了榆林独特的红色文化魅力。榆林红色文化创意设计的特点之二是融合了多元的民族文化元素。榆林不仅有汉族文化的深厚底蕴，还有回族、蒙古族等多个少数民族的文化传统。设计师充分吸收了这些民族文化的精华，将其融入红色文化创意设计中，创造出具有独特民族特色的设计作品。例如，设计师会在建筑风格、装饰图案、色彩搭配等方面采用少数民族特有的元素，使设计作品更具地方特色和文化内涵。

二、红色文化创意设计的方法

(一) 借鉴传统艺术元素

1. 民俗手工艺的应用

榆林的民俗手工艺源远流长，如剪纸、刺绣、石雕等，具有独特的艺术魅力和技艺传承。设计师可以借鉴这些民俗手工艺的元素和技法，将其运用于设计作品的材料选择、装饰工艺或艺术表现形式中，创造出富有文化底蕴和手工艺美感的设计效果。

2. 节庆文化的体现

榆林的节庆文化丰富多彩，如春节、清明节、中秋节等，每逢节庆时节，民众都会举行各种传统习俗和文化活动。设计师可以从节庆文化中汲取灵感，设计与节庆相关的主题装饰、活动场景或节庆用品，以体现榆林丰富多彩的节庆文化风情。

3. 故事传承的表现

红色文化中有许多感人至深的故事和传说，这些故事不仅承载着历史的记忆，更蕴含着人们对理想和信念的追求。设计师可以从这些故事中汲取创意灵感，将故事中的情节、人物形象或场景元素融入设计作品中，以传承红色文化的精神内涵和时代价值。

(二) 结合现代艺术手法

1. 平面设计

平面设计是一门旨在通过图形、文字、色彩等元素的巧妙组合，表达特定主题和情感的艺术手法。它在印刷、广告、网络等领域得到了广泛的应用，为各种产品、活动和理念赋予了形式和生命。设计师可以通过平面设计，创作出具有红色文化特色的海报、宣传册、标识牌等作品，从而传承红色文化的历史精神和时代价值。平面设计在红色文化创意中扮演着关键角色，因为它能够通过各种视觉元素，如色彩、图形和文字，将红色文化的内涵生动地展现出来。红色文化作为中国特有的文化符号，承载了丰富的历史底蕴和特定的时代精神。设计师可以通过选用红色、采用象征性图案，以及运用具有纪念意义的文字，将红色文化的核心价值传递给观众，唤起人们对历史的回忆和对未来的思考。平面设计作为一种视觉艺术手段，具有强大的表现力和沟通效果，能够深刻地影响观众的情感和认知。设计师可以运用各种设计技巧和艺术手法，如构图、排版、色彩搭配等，使作品呈现出强烈的视觉冲击力和艺术感染力。这不仅能够吸引观众的注意力，引发他们的兴趣和共鸣，还能够深入人心地传递红色文化的情感内涵和精神力量。平面设计还具有跨越时空的能力，可以将红色文化的传统与现代相结合，展现出丰富多彩的文化内涵和时代魅力。设计师可以在作品中巧妙地融合传统的红色元素和现代的设计语言，创造出富有创意和个性化的视觉效果。这不仅能够使红色文化得到传承和发展，还能够激发人们对红色文化的新认识和新体验，推动其在当代社会的传播和传承。平面设计在红色文化创意中具有重要的地位和作用。设计师可以通过精湛的设计技巧和艺术表现，创作出具有红色文化特色的平面作品，展现红色文化的历史传承和时代精神。这不仅能够使红色文化得到更好的传播和推广，还能够促进红色文化与当代社会的对话与交流，为中华民族的文化复兴贡献力量。

2. 立体设计

立体设计是一种在三维空间中创造形式和意义的艺术形式。通过对空间的构造和布局，立体设计能够赋予作品立体感和层次感，使观者能够身临其境地体验到作品所传达的信息和情感。立体设计的运用为表达红色文化的丰富内涵和时代气息提供了独特的手段和途径。设计师可以运用立体设计的技巧和方法，创作出具有红色文化特色的雕塑、装置艺术、展览展示等作品，以展现红色文化的魅力和力量，促进观众对红色文化的认知和理解。立体设计能够通过具象的形式和立体的空间，直观地展现红色文化的丰富内涵。设计师可以通过雕塑、装置艺术等立体作品，将红色文化的核心元素和象征性意义具象化，使观众能够通过触摸、感受等方式，深入地了解红色文化的历史传承和精神传统。立体设计能够通过空间的布局和结构，创造出具有层次感和深度的作品，引导观众深入思考和感悟。红色文化具有丰富多彩的内涵和时代气息，设计师可以通过对空间的构建和表现手法，将红色文化的不同层面和意义呈现出来，引发观众的思考和共鸣。例如，通过在立体作品中设置多层次的结构和符号，设计师可以让观众逐步发现和理解红色文化的深层含义，从而加深对红色文化的认知和理解。立体设计还能够为观众提供沉浸式的艺术体验，使他们能够身临其境地感受红色文化的魅力和力量。通过雕塑、装置艺术等立体作品，设计师可以营造出具有独特氛围和情感张力的艺术空间，使观众能够与作品产生共鸣，从而增强对红色文化的情感认同和审美体验。这种沉浸式的艺术体验不仅能够激发观众的情感共鸣，还能够加深他们对红色文化的情感连接和文化认同。立体设计在红色文化创意中具有重要的地位和作用。设计师可以通过立体设计的手法，创作出具有红色文化特色的雕塑、装置艺术、展览展示等作品，以展现红色文化的丰富内涵和时代气息，促进观众对红色文化的认知和理解。这种立体化的表现方式不仅能够丰富红色文化的传播形式，还能够为红色文化的传承和发展注入新的活力。

3. 数字艺术

在展现红色文化的丰富内涵和时代精神方面，数字艺术提供了全新的可能性和创作途径。设计师可以通过数字艺术的手法，创作出具有红色文化特色的数字画作、动画视频、虚拟展示等作品，以展现红色文化的独特魅力和时代风采。数字艺术的创作过程具有高度的灵活性和自由度。设计师可以利用计算机软件和数字工具，随心所欲地进行创作，实现各种想象力的表达。在表现红色文化时，他们可以根据需要选择合适的图像、色彩和音效等元素，创作出生动而具有冲击力的作品。这种灵活的创作方式不仅能够使作品更加多样化和富有创意，还能够更好地吸引观众的注意力，增强作品的传播效果。数字艺术作为一种新型的视觉传播方式，具有强大的传播力和影响力。在数字画作、动画视频和虚拟展示等形式中，设计师可以运用各种视觉效果和技术手段，创造出引人入胜的视听体验，吸引观众的目光和情感。通过在数字媒体上展示红色文化的精髓和内涵，设计师能够将红色文化的价值观念和情感情绪传递给观众，引发他们的共鸣和思考，进而推动红色文化的传播和弘扬。数字艺术还具有与时代接轨的优势，能够更好地吸引年轻一代观众的关注和参与。在当今数字化的社会环境中，年轻人更加习惯于利用数字媒体进行信息获取和文化体验，数字艺术作品正是符合他们的审美和消费需求。设计师可以通过设计具有红色文化特色的数字艺术作品，结合流行的数字平台和社交媒体进行推广，吸引年轻一代观众的关注和参与，使他们更加了解和认同红色文化的魅力和价值。数字艺术作为一种新兴的艺术形式，为展现红色文化的独特魅力和时代风采提供了全新的创作途径和表现空间。设计师可以通过数字艺术的手法，创作出生动、多样且具有创意的作品，从而吸引观众的关注和参与，传递红色文化的活力和创意，推动红色文化的传播和发展。

4. 综合运用

设计师在创作红色文化创意作品时，并不局限于单一的艺术手法，而是可以综合运用多种现代艺术手法，从而创造出更加丰富多样的设计效果，让红色文化焕发出更为绚丽的光彩。设计师可以将平面设计与立体设计相结合，这种跨界融合能够产生出独特而引人注目的效果。例如，设计师可以创作具有纪念性和雕塑感的红色文化海报。通过在平面画面中融入立体元素，如立体文字、立体图案或立体装饰，使得作品不仅仅是静态的平面图像，而是具有了立体的层次感和视觉冲击力。这样的设计既能展示红色文化的历史底蕴，又能够吸引观众的目光，激发他们的兴趣和想象力。设计师还可以将数字艺术与立体设计相结合，创造出更具交互性和沉浸感的红色文化数字展览。通过运用计算机技术和虚拟现实技术，设计师可以打造出虚拟的红色文化展示空间，让观众可以通过数字界面与展品进行互动，并且仿佛置身于红色文化的世界之中。这种数字艺术与立体设计的结合，不仅能够为观众带来全新的体验和感受，还能够通过数字媒体的传播，将红色文化的魅力传播至更广泛的受众群体之中。设计师可以在创作过程中更加灵活地运用多种艺术手法，如绘画、摄影、雕塑、装置艺术等，将其有机地融合在一起，创造出更具表现力和感染力的红色文化创意作品。例如，设计师可以结合绘画和雕塑，创作出以红色文化题材为主题的立体绘画作品；或者将摄影与装置艺术相结合，创作出具有红色文化特色的摄影装置。这种多种艺术手法的综合运用，不仅能够丰富作品的表现形式，还能够展现出设计师的创作才华和艺术创新。设计师可以通过综合运用多种现代艺术手法，创造出更加丰富多样的红色文化创意作品。无论是平面设计与立体设计的结合，还是数字艺术与立体设计的结合，抑或是多种艺术手法的综合运用，都能够为红色文化的传承和发展注入新的活力，让红色文化焕发出永恒的魅力。

第三节　乡村振兴战略下的创意设计实践

一、红色文化节庆活动设计

设计师在设计榆林红色文化展示区时，可以通过展示图片、文献、实物等形式，将榆林丰富的红色文化资源和历史文物生动地呈现给参与者，使他们更加直观地了解和感受红色文化的魅力和内涵。同时，设计师还可以结合红色文化节庆活动，为展示区增添更多的活力和互动性，进一步推动红色文化的传承和发展。设计师可以通过精心策划的布局和陈列方式，将榆林丰富的红色文化资源有机地展示出来。展示区可以设置为多个主题区域，如红色历史区、红色人物区、红色文献区等，每个区域都展示着不同方面的红色文化内容。在红色历史区，可以通过图片、文献等展示红色文化的历史沿革和重要事件；在红色人物区，可以通过图片、雕像等展示红色文化中的英雄人物和领袖形象；在红色文献区，可以展示红色文化的重要文献和资料，让参与者深入了解红色文化的内涵和精神。

设计师可以结合红色文化节庆活动，为展示区增添更多的活力和互动性。例如，在展示区设置特色的红色文化节庆活动区，每逢红色文化节庆时节，可以举办各种主题活动，如红色文艺表演、传统手工艺体验、主题讲座等，吸引游客参与，增强他们对红色文化的认知和体验。同时，设计师还可以设置互动展示区，让参与者参与到展示中来，通过观看、听取、体验等方式，深入了解和感受红色文化的魅力和内涵，增强对红色文化的认同感和情感连接。设计师还可以通过创新的展示手段和科技手段，提升展示区的艺术性和科技感。例如，可以利用虚拟现实技术和增强现实技术，打造沉浸式的展示体验，让参与者身临其境地感受红色文化的历史场景和文化氛围；可以利用多媒体技术和互动设备，设计互动式的展示内容，让游客参与，与红色文化互动交流，增强展示的吸引力和趣味性[①]。

二、红色文化艺术作品设计

(一) 绘画作品创作

1.红色革命历史场景作为主题

艺术家可以以榆林的红色文化为灵感，创作具有红色主题的绘画作品。这些作品不仅可以展现红色革命历史场景、英雄人物形象，还可以深入挖掘红色文化的时代价值和精神内涵，通过艺术的手法，感染人心，激发对红色文化的理解和认同。同时，设计师也可以结合榆林的红色文化节庆活动，为绘画作品增添更多的情感和活力。艺术家可以选择红色革命历史场景作为创作主题，通过绘画作品展现红色文化的光辉历程和壮丽景象。例如，可以绘制中共中央转战陕北的壮丽征程，表现解放军战士不畏艰险、浴血奋战的英勇场景；可以绘制革命根据地的生活场景，展现革命者艰苦奋斗、百折不挠的奋斗精神。这些作品通过绘画的形式，生动地再现了红色文化的历史场景，让观者感受到红色文化的伟大与壮丽。艺术家可以选择红色文化中的英雄人物形象作为创作对象，通过绘画作品展现他们的形象和精神风貌。例如，可以绘制杜斌丞、李子洲等红色革命领袖的肖像画，表现他们威严肃穆、铁骨铮铮的形象；可以绘制解放军战士的英勇形象，展现他们勇猛无畏、舍生忘死的英雄气概。要充分展现红色文化中伟大英雄的形象和精神，激励人们传承红色文化的优良传统。

2.红色文化的精神内涵作为主题

艺术家还可以选择红色文化的精神内涵作为创作主题，通过绘画作品

---

① 孙会岩，王玉莹.善用红色资源提升城市软实力[J].晨刊，2022(04)：41-44.

展现红色文化的核心价值和时代意义。例如，可以绘制红色文化中的革命精神、奉献精神、团结精神等，表现红色文化中蕴含的崇高理想和信念。表达了红色文化的内涵和精神，让观者感受到红色文化的魅力和力量。在创作红色主题的绘画作品时，艺术家可以结合榆林的红色文化节庆活动，为作品增添更多的情感和活力。例如，在绘画作品中融入榆林特色的红色文化节庆元素，如红色节庆的灯笼、鞭炮、舞龙舞狮等，为作品增添欢乐和喜庆的氛围；或者选择榆林特有的红色文化节庆活动作为创作背景，如红色革命纪念活动、红色文化艺术节等，通过绘画作品展现这些节庆活动的场景和氛围，使作品更具丰富的文化内涵和时代感。艺术家创作具有红色主题的绘画作品，通过展现红色革命历史场景、英雄人物形象、红色精神内涵等，深入挖掘红色文化的时代价值和意义。同时，艺术家也可以结合榆林的红色文化节庆活动，为作品增添更多的情感和活力。

(二) 雕塑作品创作

雕塑家可以以红色文化为题材，创作具有代表性的雕塑作品，这些作品将是对红色革命历史的铭记，是对英雄人物的致敬，也是对红色文化精神的传承。通过雕塑艺术形式，这些作品将向人们展示红色文化的伟大历程和精神风貌，激励着人们传承红色文化的优良传统，铭记历史，珍爱和平。雕塑家可以创作红色革命领袖的铜像，这些铜像将是红色文化的永恒标志。通过雕塑，艺术家可以栩栩如生地再现杜斌丞、李子洲等领袖的形象，展现他们的威严和伟大。这些铜像可以被安置在公共广场、纪念园等地，成为人们缅怀先烈、感悟红色文化的场所，激励着人们继续前行，为国家的繁荣和人民的幸福而奋斗。雕塑家可以创作红色革命纪念碑，这些碑文将永远记录着红色革命的光辉历程。艺术家可以将红色革命的历史场景、重要事件刻画于碑文之上，展现红色文化的壮丽和辉煌。这些纪念碑可以建立在红色革命的重要地点，成为人们缅怀历史、学习红色文化的场所，引导着人们传承红色文化的理念和信念。

雕塑家还可以创作革命纪念园等红色文化主题的雕塑作品，这些作品将是红色文化的生动呈现。艺术家可以将红色文化的各个方面，如中共中央转战陕北、红军东征、解放军东渡黄河等重要事件，以雕塑的形式展现出来，让人们身临其境地感受红色文化的伟大和激情。这些雕塑作品可以被建立在公园、广场等开放场所，成为人们游览、参观的景点，为城市增添文化底蕴和历史厚重感。

(三) 音乐作品创作

音乐家可以以榆林的红色文化为灵感，创作具有红色主题的音乐作品，这些作品将是对红色文化的致敬，是对红色历史的再现，也是对红色精神的传承。通过音乐的语言，这些作品将传递红色文化的情感和力量，激励人们坚定信念，奋发向前。音乐家可以选择红色革命歌曲的改编作为创作主题，将经典的红色革命歌曲重新演绎，赋予其新的艺术生命。例如，可以将红色经典歌曲改编为交响乐曲，通过管弦乐队的演奏，展现红色革命的壮丽气象和激情豪情。这些音乐作品将是对红色历史的再现，让人们重温红色革命的光辉历程，感受红色文化的伟大和力量。音乐家可以创作红色主题的交响乐曲，通过音乐的表达方式，展现红色文化的丰富内涵和时代价值。例如，可以创作以红色革命为主题的交响乐曲，通过音乐的旋律、节奏和编曲，表现红色革命的艰辛征程和英雄气概；可以创作以红色文化精神为主题的交响乐曲，通过音乐的表现力，传递红色文化的奋斗精神和团结力量。这些音乐作品将是对红色文化的深度诠释，让人们深刻感受红色文化的内涵和魅力。

音乐家还可以创作红色故事的音乐剧，通过音乐、歌曲和舞蹈等多种艺术形式，展现红色文化中的故事情节和人物形象。例如，可以创作以中共中央转战陕北为题材的音乐剧，通过音乐和舞蹈的表现，再现转战陕北路上的艰难困苦和革命战士的英勇壮举；可以创作以红色革命英雄为主角的音乐剧，通过音乐和戏剧的结合，讲述英雄人物的感人故事和崇高精神。这些音乐剧作品将是对红色文化的生动演绎，让观众在音乐的熏陶下，感受红色文化的深刻内涵和时代意义。在创作红色主题的音乐作品时，音乐家也可以结合榆林市的红色文化节庆活动。例如，在音乐作品中融入榆林市特色的红色文化节庆音乐元素，如红色节庆的锣鼓声、鞭炮声等，为作品增添喜庆和欢乐的氛围。

第四节　创意设计与文化产业的协同发展

一、创意设计打造红色文化 IP 形象

(一) 打造具有红色文化特色的形象代表

设计师可以结合榆林丰富的红色文化资源，创作出具有代表性的红色文化 IP 形象，如红色革命英雄、红色历史事件等。这些形象可以通过设计手法，突出红色文化的精神内涵和时代特征，彰显红色文化的独特魅力。同时，创意设计与榆林文化产业的协同发展，将为红色文化产业的繁荣提供强大动力。设计师可以以红色革命英雄为创作对象，通过设计手法，将他们的形象活灵活现地呈现在人们面前。例如，可以设计出具有立体感和生动表现力的红色革命英雄雕塑，让人们可以近距离感受英雄的伟岸形象和崇高精神；可以设计出富有故事性和情感共鸣的红色革命英雄漫画形象，让人们通过漫画作品了解英雄的传奇经历和崇高品质。这些设计作品将是对红色文化的生动诠释，激发着人们对红色文化的敬仰和认同。设计师可以以红色历史事件为创作题材，将历史事件的场景和情节呈现出来，让人们重温历史，感受红色文化的历史厚重感和时代气息。例如，可以设计出具有史诗气质和震撼力的红色历史事件壁画，将历史事件的场景栩栩如生地展现在墙面之上，让人们仿佛置身其中；可以设计出富有魅力和教育意义的红色历史事件主题图书，通过插画和文字的结合，向读者讲述历史事件的故事和意义。

这些设计作品将是对红色文化的生动再现，让人们更加深入地了解和认识红色文化的丰富内涵，为红色文化产业的繁荣提供强大动力[1]。设计师可以将创作的红色文化 IP 形象应用于各种文化产品和衍生品中，如红色文化主题书籍、红色文化周边商品、红色文化游戏等，为消费者带来全新的文化消费体验和情感共鸣。同时，设计师还可以将红色文化 IP 形象应用于文化旅游产业中，设计红色文化主题景区、红色文化主题酒店等，吸引更多游客前来体验和参观，推动榆林市红色文化旅游的发展。设计师还可以与当地政府、文化机构等合作，共同推动榆林红色文化产业的发展。通过举办红色

---

① 郑志英 . 新媒体时代红色文化国际传播研究 [D]. 南昌：南昌大学，2022.

文化创意设计比赛、举办红色文化创意产品展销会等活动，鼓励更多设计师参与红色文化产业的创新与发展，激发榆林红色文化产业的创意活力和创新动力。同时，可以加强红色文化教育培训，培养更多具有红色文化传承与创新意识的设计人才，为榆林红色文化产业的可持续发展注入新的活力。

（二）推动红色文化 IP 形象的传播和商业化运营

设计师在红色文化 IP 形象的推广和营销工作中扮演着重要的角色。他们可以利用多种媒介和平台，扩大红色文化 IP 形象的影响力和知名度，进而推动榆林红色文化产业的繁荣和发展。设计师可以通过社交媒体平台进行红色文化 IP 形象的推广。在社交媒体上，设计师可以发布红色文化 IP 形象的相关内容，如设计稿、故事背景、创作过程等，吸引粉丝关注和参与。设计师还可以利用社交媒体的分享功能，扩大信息的传播范围，让更多人了解和认识红色文化 IP 形象。此外，设计师可以与红色文化相关的影视、音乐、游戏等领域进行合作，在社交媒体上联合推广，实现资源共享，共同扩大影响力。设计师可以通过线下活动进行红色文化 IP 形象的推广。设计师可以举办红色文化 IP 形象的发布会、展览会、签名会等活动，吸引媒体和观众的关注，增加形象的曝光度。同时，设计师还可以参与文化艺术节、展览会等活动，将红色文化 IP 形象作为重点展示内容，借助活动平台扩大影响力。通过线下活动，设计师可以与粉丝面对面交流，增进彼此的了解和情感共鸣，为红色文化 IP 形象的推广打下良好基础。

设计师可以通过品牌合作等方式进行红色文化 IP 形象的推广。设计师可以与知名品牌合作推出红色文化 IP 形象的周边产品，如服装、文具、玩具等，通过品牌的渠道和资源，将形象推向更广泛的消费者群体。设计师还可以与文化旅游机构、博物馆等合作，将红色文化 IP 形象应用于景区宣传、展览活动等，吸引游客参观游览，提升形象的知名度和美誉度。通过品牌合作，设计师可以借助品牌的影响力和资源，实现红色文化 IP 形象的商业化运营，为榆林红色文化产业的发展注入新的活力。设计师可以参与红色文化 IP 形象的推广和营销工作，利用多种媒介和平台，扩大形象的影响力和知名度，推动榆林红色文化产业的繁荣和发展。通过社交媒体、线下活动、品牌合作等方式，设计师可以拓展形象的传播渠道和机会，为榆林市红色文化产业的协同发展注入新的活力。

二、红色文化创意产业园区建设

(一) 规划具有红色文化特色的产业园区

1. 红色精神的体现

具有红色文化特色的产业园区不仅可以成为红色文化产业的集聚地，还可以成为展示红色文化历史底蕴和文化魅力的重要窗口。在园区的建筑风格、景观布置、公共设施等方面体现红色文化的精神内涵和时代特征，将为榆林市红色文化产业的发展注入新的活力。设计师可以在园区的建筑风格上体现红色文化的精神内涵。可以选择采用具有红色文化特色的建筑风格，如革命时期的建筑风格或红色文化元素的现代化演绎，以展现红色文化的历史底蕴和时代特征。建筑物的外立面可以融入红色革命标志性的图案或红色革命时期的建筑风格，使之与周围环境相得益彰，突出红色文化的主题特色。同时，园区内部的建筑设计也应注重红色文化元素的运用，通过建筑的外观、结构和装饰等方面的设计，呈现出红色文化的丰富内涵和历史风貌。

2. 景观布置

设计师可以通过景观绿化、雕塑艺术、纪念性建筑等方式，打造具有红色文化特色的景观节点和景点。例如，可以在园区内设置红色文化主题的雕塑作品，如红色革命领袖的铜像、红色革命时期的历史场景等，让游客在游览园区的同时感受到红色文化的历史风采和精神内涵。另外，景观绿化可以采用红色文化植物或花卉进行布置，如红色革命标志性的红色杜鹃花、红色茉莉花等，营造出浓厚的红色文化氛围，吸引游客前来参观游览。公共设施的设计也应体现红色文化的特色和品位。例如，可以在园区内设置红色文化主题的博物馆、展览馆、纪念馆等公共设施，用于展示榆林丰富的红色文化资源和历史文物。这些设施不仅可以丰富园区的文化内涵，还可以为游客提供学习和参观的场所，增加游客的停留时间和体验感。同时，园区内的商业设施也可以采用红色文化主题的装饰风格，如红色文化主题的餐厅、咖啡厅、商店等，为游客提供更加丰富多样的消费体验，推动园区的商业发展。设计师可以通过建筑风格、景观布置、公共设施等方面的设计，打造具有红色文化特色的产业园区。这样的园区将成为红色文化产业的集聚地和展示窗口，为榆林红色文化产业的发展注入新的活力。同时，设计师的创意设计与榆林文化产业的协同发展，将为红色文化产业的繁荣提供有力支持，促进榆林红色文化产业的持续发展。

(二) 注入新的活力

设计师通过创意设计，为产业园区注入新的活力，打造具有创意和吸引力的园区形象，这将是榆林文化产业发展的重要推动力。运用现代设计理念和科技手段，设计师可以创造独特的空间体验和艺术氛围，吸引更多的创意企业和项目落户园区，为榆林文化产业的协同发展提供强大支持。设计师可以运用现代设计理念，打造具有创意和吸引力的园区景观和建筑。通过创新的设计手法和材料运用，设计师可以打造出别具一格的建筑风格和景观特色。例如，可以采用现代建筑设计语言，结合红色文化元素，设计出富有创意和时尚感的建筑外观；可以运用现代景观设计理念，打造出多样化、有趣味性的园区景观，如雕塑艺术、水景设计、绿化植被等，营造出独特的空间氛围，吸引游客和企业前来参观和落户。设计师可以运用科技手段，为园区注入新的活力。

现代科技的应用可以为园区带来更加便捷、智能化的管理和服务。例如，可以利用智能化的建筑系统，实现园区内部设施的自动化控制和管理，提高园区的运营效率和管理水平；可以利用虚拟现实、增强现实等技术手段，打造沉浸式的园区体验，为游客和企业提供全新的参观和交流方式；可以通过互联网和智能终端设备，建立起与外界的信息交流和互动平台，促进园区内外的合作与交流。设计师还可以将创意设计融入园区的公共设施和服务中，提升园区的整体品质和竞争力。例如，可以设计创意主题的休闲广场和活动场地，为园区居民和游客提供休闲娱乐的场所；可以设计创意主题的商业街区和文化街区，为园区带来更多的商业机会和文化活动；可以设计创意主题的公共艺术品和装饰品，丰富园区的文化内涵和艺术氛围，提升园区的形象和吸引力。

第八章　乡村振兴与榆林红色文化资源的社会参与与治理

第一节　社会参与在红色文化资源开发中的作用

一、创新性开发与活化利用

(一) 知识产权保护与创新

通过社会各界的共同努力，可以加强对红色文化资源的保护和管理，防止其被侵权或恶意利用，并鼓励创新，推动红色文化资源的更新与升级，使其更符合现代人的需求和审美。社会参与可以加强对榆林红色文化资源的保护和管理。红色文化资源是中华民族的宝贵精神财富。然而，由于历史遗留问题和现实挑战，红色文化资源往往面临保护不力、管理混乱等问题。通过社会参与，可以汇集各方力量，建立健全红色文化资源保护体系，加强对红色文化资源的监管和管理，保护其知识产权，防止其被侵权或恶意利用。

社会参与可以促进榆林红色文化资源的创新与升级。红色文化资源虽然具有丰富的历史内涵和文化底蕴，但随着时代的变迁和社会的发展，其传播方式和表现形式也需要不断更新和升级，以适应现代人的需求和审美。通过社会参与可以广泛征集各方意见和建议，鼓励创新思维，推动红色文化资源的创新与升级，开发出更加符合时代潮流和群众喜好的红色文化产品和服务。社会参与还可以促进榆林红色文化资源的传承与发展[①]。可以激发更多人的爱国热情和历史责任感，推动红色文化的传承与弘扬，培育和传承红色文化的优秀传统和精神品质，激发全社会的爱国热情和团结奋斗精神。社会参与在榆林红色文化资源开发中发挥着重要的作用，特别是在知识产权保护

---

① 秦真. 乡村振兴战略背景下的农业经济管理优化研究 [J]. 农业开发与装备，2023（08）：101-103.

与创新方面。这样的社会参与不仅有助于保护和传承榆林丰富的红色文化遗产，也为榆林红色文化的传承与发展注入新的活力。

(二) 教育与传播

通过社会各界的共同参与，可以举办红色文化主题的讲座、展览、演出等活动，向公众传递红色文化的价值观念和精神内涵，提升公众的认知度和参与度，激发公众的文化自信和自豪感，增强其对红色文化的认同和支持。社会参与可以促进榆林红色文化的教育工作。通过举办红色文化主题的讲座、座谈会等活动，可以邀请专家学者和相关领域的专业人士，向公众介绍红色文化的历史背景、精神内涵和时代价值，提升公众对红色文化的认知水平，增强对红色文化的理解和认同。社会参与可以促进榆林红色文化的传播工作。红色文化传播是一项系统工程，需要社会各界的共同努力和参与。通过举办红色文化主题的展览、演出、文艺作品创作等活动，可以向公众展示红色文化的丰富内涵和多样形式，激发公众的文化兴趣和审美情趣，提升公众对红色文化的关注度和参与度，推动红色文化的传播和推广。社会参与还可以促进榆林红色文化的创新工作。红色文化创新是红色文化资源开发的重要方向，需要各界的共同参与和支持。通过举办红色文化主题的创意设计比赛、文化产品开发活动等，可以激发各方创新思维和创作热情，打造更具时代气息和市场竞争力的红色文化产品和服务，丰富公众的文化生活，提升榆林红色文化的影响力和吸引力。社会参与在榆林红色文化资源开发中发挥着不可替代的作用。通过举办各种形式的红色文化主题活动，可以提升公众的认知度和参与度，促进榆林红色文化的教育和传播工作，增强其对红色文化的认同和支持。

二、旅游业发展与经济增长

(一) 旅游产品与服务创新

社会各界的专家学者、旅游从业者、企业家等可以共同参与红色旅游产品和服务的设计、开发和运营，推出更加丰富多样、具有吸引力的旅游产品和服务，满足游客不断增长的需求，从而促进榆林红色旅游业的发展。社会参与可以带来更多元化的创意和想法。红色文化资源的开发和利用需要跨学科、跨行业的专业知识和经验，社会各界的专家学者、旅游从业者、企业家等拥有丰富的知识和经验，可以为红色旅游产品和服务的设计、开发和运营提供更多元化的创意和想法。通过开展多种形式的研讨会、座谈会等活动，可以汇集各方智慧，共同探讨红色旅游产品和服务的创新方向和路径，推动红色旅游业的发展。

社会参与可以促进榆林红色旅游产品和服务的精细化和个性化。红色文化是榆林的独特资源和优势，但如何将其转化为具体的旅游产品和服务，满足游客的需求，需要社会各界的共同努力。通过与当地企业和从业者的合作，可以开发出更加精细化和个性化的红色旅游产品和服务，如定制化的红色文化体验游、特色民宿、红色文化主题餐厅等，满足不同游客的需求和偏好，提升榆林红色旅游的吸引力和竞争力。社会参与可以促进榆林红色旅游产品和服务的创新与升级。随着时代的变迁和人们旅游需求的不断升级，红色旅游产品和服务也需要不断创新和升级，以适应市场的需求和变化。通过与社会各界的合作，可以引入先进的技术和理念，开发出更具创新性和前瞻性的红色旅游产品和服务，如虚拟现实体验、智能导览系统、互动体验项目等，提升游客的体验感和满意度，推动榆林红色旅游业的发展。社会参与在榆林红色文化资源开发中具有重要的作用，特别是在促进红色旅游产品和服务的创新方面。通过社会各界的共同努力和合作，可以带来更多元化的创意和想法，促进榆林红色旅游产品和服务的精细化和个性化，推动榆林红色旅游业的创新与升级，为游客提供更加丰富多样、具有吸引力的旅游体验，促进榆林红色旅游业的发展。

(二) 景区开发与管理

通过吸引社会资本和力量参与红色文化景区的建设和运营，可以提升景区的服务水平和管理水平，改善游客的游览体验，增强景区的吸引力和竞争力。社会参与可以为榆林红色文化景区的开发提供更多的资金支持。红色文化景区的建设需要大量的资金投入，而政府单一渠道的财政支持难以满足景区发展的需求。通过吸引社会资本参与，可以引入更多的资金和资源，推动景区的建设和改造，提升景区的硬件设施和服务水平，为游客提供更好的游览体验。社会参与可以带来更多的管理经验和创新理念。

红色文化景区的管理工作涉及景区规划、运营管理、营销推广等多个方面，需要专业的管理团队和经验丰富的从业人员。通过吸引社会力量参与景区管理，可以引入更多的管理经验和创新理念，提升景区的管理水平和服务品质，增强景区的竞争力和可持续发展能力。社会参与可以促进榆林红色文化景区的多元化发展。红色文化景区的开发应当注重保护和传承红色文化遗产的同时，也要兼顾游客的多样化需求，推出丰富多样的旅游产品和服务。通过吸引社会各界的参与，可以开发出更多元化的景区项目和活动，如文化展览、主题演出、特色美食等，满足不同游客的需求，提升景区的吸引力和竞争力。社会参与在榆林红色文化景区的开发和管理中起着至关重要的作用。通过吸引社会资本和力量参与景区建设和运营，可以为景区提供更多的资金支持和管理经验，促进景区的改善和发展。社会参与还可以推动景区的多元化发展，提升景区的竞争力和可持续发展能力。因此，加强社会参与，是榆林红色文化景区发展的重要路径之一。

三、推动文化产业的兴起

社会各界的创业者、投资者、文化机构等可以共同参与红色文化产业的开发和运营，推动相关产业的发展，为当地经济增长和就业创造更多的机会。社会参与可以为榆林红色文化产业的发展提供更多的资金支持。红色文化产业的发展需要大量的资金投入，包括场馆建设、文物保护、文化创意产品研发等方面。政府单一渠道的财政支持难以满足产业发展的需求，而通过吸引社会资本和力量参与，可以推动产业的快速发展。社会参与可以带来更丰富的创意和经验。红色文化产业的发展需要不断创新和突破，而社会各界的创业者、投资者、文化机构等都拥有丰富的创意和经验，可以为产业的发展注入新的活力。通过开展各种形式的合作和交流活动，可以促进创意的碰撞和交流，推动产业的创新和升级。

社会参与可以促进榆林红色文化产业的多元化发展。红色文化产业涵盖了文化创意、文化旅游、文化传媒等多个领域，而社会各界的参与可以带来更多元化的产品和服务。可以开发出更丰富多样的文化创意产品，丰富文化旅游项目，推动文化传媒的发展，满足不同人群的文化需求，促进产业的多元化发展。社会参与可以促进榆林红色文化产业的国际化发展。随着全球化进程的加快，文化产业已经成为各国经济增长的重要动力之一。通过吸引国际投资和合作，可以引进国际先进的技术和管理经验，推动产业的国际化发展，提升产业的竞争力和影响力，为榆林红色文化产业的发展开辟更广阔的空间。社会参与在榆林红色文化资源开发中发挥着重要作用，特别是在促进红色文化产业的发展方面。通过吸引社会资本和力量参与，可以为产业的发展提供更多的资金支持和创意动力，推动产业的创新和多元化发展，促进产业的国际化发展。

第二节　社会治理与资源保护

一、榆林红色文化资源的社会治理

(一) 促进政策落实

社会治理在乡村振兴内蒙古自治区乌兰察布市兴和县红色文化资源开发中发挥着至关重要的作用。通过建立完善的政策宣传和执行监督机制，加强对相关政策的解读和宣传，可以有效引导各方共同理解政策，确保政策落实到位，提高政策的执行效果，推动乡村振兴和红色文化资源开发工作取得更好的成效。社会治理可以通过加强政策宣传，提高社会各界对乡村振兴和红色文化资源开发政策的认知度和理解度。政策宣传是政策执行的前提和基础，只有广泛宣传政策，让更多的人了解政策的内容、目的和意义，才能够引导社会各界共同理解政策，形成政策的合力。针对乡村振兴和红色文化资源开发政策，可以通过举办宣讲会、发布政策解读资料、开展媒体宣传等方式，向社会各界介绍政策的背景、主要内容和实施措施，引导大家共同认同政策的价值和重要性[①]。社会治理可以通过建立完善的政策执行监督机制，确保政策的落实到位。政策的执行监督是政策执行的保障和监督的重要手段，只有加强对政策执行的监督，及时发现和解决执行中的问题和难点，才能够确保政策的顺利实施和达到预期效果。可以建立相关部门的执行监督机

---

① 陈诗 . 乡村振兴战略下乡村能人培育研究 [D]. 长春：吉林大学，2023.

构或委员会，负责监督政策的执行情况，及时收集和反馈执行中的问题和建议，促使政策的落实更加到位和有效。同时，还可以通过加强对政策执行情况的评估和考核，建立绩效评价体系，激励和约束相关部门和个人积极参与政策执行，确保政策执行的质量和效果。

社会治理可以通过加强对乡村振兴和红色文化资源开发政策的解读和宣传，引导社会各界共同理解政策的内涵和目标，形成政策的共识和合力。政策的解读和宣传是政策执行的重要环节，只有深入解读政策的政策意图和具体要求，将政策的精神和要求传达到每一个执行主体，才能够确保政策的贯彻执行。可以开展系列讲座、研讨会等活动，邀请专家学者解读政策的背景、政策的主要内容和政策的实施路径，引导社会各界深入理解政策的内涵和意图，形成政策的共识和合力，推动政策的顺利实施和落实到位。希望未来，在社会治理的有效引导下，乡村振兴和红色文化资源开发能够取得更加显著的成就，为实现中华民族伟大复兴的中国梦贡献更多的力量。

（二）推动文明乡风建设

社会治理在乡村振兴内蒙古自治区乌兰察布市兴和县红色文化资源开发中的作用不仅在于推动政策的贯彻执行，更重要的是促进文明乡风建设，营造良好的社会氛围和文化环境。通过加强对乡村文化建设和精神文明建设的引导和管理，社会治理可以培育和践行社会主义核心价值观，倡导尊老爱幼、诚信守法、团结友爱等社会主义优秀文化传统，推动乡村振兴和红色文化资源开发与文明乡风建设相互促进、相得益彰。社会治理可以通过加强对乡村文化建设的引导和管理，推动红色文化资源的挖掘和传承，促进文明乡风建设。红色文化作为中华民族的宝贵精神财富，承载着革命先烈的崇高精神和伟大精神。通过社会治理的引导，可以加强对红色文化资源的挖掘和保护工作，激发乡村居民对于红色文化的认同和自豪感，培育和传承红色文化的优秀传统，推动文明乡风的建设。社会治理可以通过加强对精神文明建设的引导和管理，培育和践行社会主义核心价值观，倡导尊老爱幼、诚信守法、团结友爱等社会主义优秀文化传统。乡村是社会主义核心价值观的重要传播场所，通过社会治理的引导可以加强对乡村居民的思想道德教育，推动社会主义核心价值观深入人心，引导乡村居民树立正确的世界观、人生观和价值观，培养出良好的社会公德和家国情怀，促进文明乡风的形成和发展。

社会治理是保障社会稳定和发展的重要手段，通过建立健全社会管理体系，可以加强对乡村振兴和红色文化资源开发的管理和服务，为乡村居民提供更好的公共服务和社会保障，保障他们的合法权益，创造更加和谐、安定的社会环境，为文明乡风的建设提供有力保障。培育和传承优秀的红色文化传统，践行社会主义核心价值观，倡导文明乡风，推动乡村振兴和文明乡风建设相互促进、相得益彰。在社会治理的引导下，乡村振兴和红色文化资源开发能够取得更加显著的成果，为中国乡村的发展注入新的活力。

二、榆林红色文化资源的资源保护

（一）加强法律法规保护

1. 制定红色文化遗产保护法规

加强对榆林红色文化资源的法律法规保护是保护工作的基础。榆林市作为中国革命历史的重要见证者，这些宝贵的历史遗产是中华民族的宝贵财富，也是传承革命精神、弘扬社会主义核心价值观的重要载体。为了保护和传承这些宝贵的红色文化遗产，必须建立健全法律法规体系，制定专门的红色文化遗产保护法规，明确保护范围、标准和措施，加强对侵犯红色文化资源利益的违法行为的打击和制裁，以确保红色文化资源的传承和永久保存。需要建立健全法律法规体系，确立红色文化资源保护的法律地位。相关部门应当制定专门的法律法规，明确红色文化资源的保护范围和保护原则，规范红色文化资源的管理和利用。这些法律法规应当与现行的文物保护法、文化遗产保护法等相衔接，形成统一的法律体系，为红色文化资源的保护提供法律保障和依据。需要明确红色文化资源的保护标准和保护措施。针对不同类型的红色文化资源，应当制定相应的保护标准和措施，包括对红色革命遗址、红色纪念馆、红色文物等的保护要求和措施。同时，应当加强对红色文化资源的监测和评估工作，定期对红色文化资源的保护状况进行评估和监测，及时发现和解决保护中存在的问题和隐患。

2. 违法行为的打击和制裁

针对侵犯红色文化资源利益的行为，应当加大执法力度，依法追究责任人的法律责任，对于严重侵犯红色文化资源利益的违法行为，应当依法追究刑事责任。同时，应当建立健全举报机制，鼓励社会各界积极参与红色文化资源的保护工作，发现和举报侵犯红色文化资源利益的违法行为。需要加强对红色文化资源保护工作的组织和协调，形成合力。红色文化资源保护涉及多个部门和领域，需要加强各相关部门之间的沟通和协调，形成合力，共同推动红色文化资源的保护工作。同时，应当鼓励和支持社会各界积极参与红色文化资源的保护工作，形成社会各方共同参与、共同维护红色文化资源的良好局面。相关部门应当建立健全法律法规体系，明确红色文化资源的保护标准和保护措施，共同推动红色文化资源的保护工作，为乡村振兴和社会主义文明建设提供坚实的法治保障。

（二）建立保护机制

建立健全红色文化资源保护机制是保护工作的重要保障。这些宝贵的历史遗产承载了无数革命先烈的奋斗和牺牲，是中华民族宝贵的文化财富。为了有效保护这些珍贵的红色文化资源，必须建立起完善的保护机制，相关部门应建立红色文化资源的档案和数据库，做好调查、监测和评估工作，及时掌握资源的变化和风险，制定有针对性的保护措施，以确保红色文化资源的完整性和可持续利用。建立红色文化资源的档案和数据库是保护工作的重要基础。通过建立档案和数据库，可以系统地收集、整理和管理红色文化资源的相关信息，包括革命遗址、纪念馆、文物等各类资源的位置、历史沿革、特点等。这样可以为红色文化资源的保护工作提供重要的参考和依据，有助于及时发现和了解资源的状况，为制定保护措施提供科学依据。做好红色文化资源的调查、监测和评估工作至关重要。通过调查和监测，可以及时了解红色文化资源的分布情况、数量、状态等信息，发现存在的问题和隐患。同时，对红色文化资源进行评估，可以评估资源的价值、风险和保护需求，为制定保护策略提供科学依据。这些工作需要相关部门和专业人士共同参与，形成多方合作、协调配合的工作机制。

及时掌握红色文化资源的变化和风险，制定有针对性的保护措施。随着社会的发展和城乡建设的推进，红色文化资源面临多种风险和挑战，如自然灾害、人为破坏等。相关部门应当密切关注资源的变化情况，及时采取有效措施加以保护。这包括加强对资源遗址的巡查和保护、修复工作，加强文物保护设施的建设和管理，加强对资源的监控和管控等。加强对红色文化资源的社会宣传和教育，增强公众的保护意识和参与度。通过开展宣传教育活动，向公众普及红色文化资源的重要性和价值，增强公众对资源保护工作的认识和支持，鼓励公众积极参与资源保护工作，形成全社会共同保护资源的良好氛围和合力。加强社会宣传和教育，可以有效保护红色文化资源，促进乡村振兴内蒙古自治区乌兰察布市兴和县红色文化资源的可持续发展。

第三节　乡村振兴战略下的社会参与实践

一、乡村振兴战略下的文化旅游合作与开发

(一) 合作开发红色文化项目

在乡村振兴战略下，政府与社会资本合作共同开发榆林红色文化项目，是推动红色文化资源的开发和保护工作的一种重要实践。这种合作模式通过资本的投入和运营，能够更好地挖掘红色文化资源的潜力，提升资源的利用效益，同时也能够促进乡村振兴战略的实施，推动榆林红色文化的传承和发展。政府与社会资本合作可以共同投资建设红色文化主题公园。红色文化主题公园是将红色文化资源与自然景观相结合，打造成集观光、旅游、教育于一体的综合性旅游景区。政府可以提供相关的土地资源、基础设施建设和政策扶持，而社会资本则可以负责项目的投资和运营管理。通过合作建设红色文化主题公园，不仅可以丰富榆林的旅游资源，还能够提升当地的知名度和美誉度，促进乡村经济的发展。政府与社会资本合作可以共同打造红色文化体验馆。红色文化体验馆是通过展览、互动体验等形式，向游客介绍榆林的红色历史和文化，让游客身临其境地感受红色文化的魅力。政府可以提供场地资源和基础设施建设支持，而社会资本则可以投入资金进行展览品的采购和陈展以及运营管理。通过共同打造红色文化体验馆，可以提高游客对红色文化的认知度和兴趣，促进红色文化的传承和弘扬。

政府与社会资本合作可以共同开发红色文化旅游路线。红色文化旅游

路线是通过规划一系列与红色历史相关的景点和景区，形成完整的旅游线路，吸引游客进行红色文化之旅。政府可以提供相关的路线规划和宣传推广支持，而社会资本则可以投入资金进行景点的开发和服务设施的建设。通过共同开发红色文化旅游路线，可以将榆林丰富的红色文化资源进行有机整合，提升地区的旅游吸引力和竞争力，促进当地旅游产业的发展。在政府与社会资本合作的过程中，需要明确双方的责任和利益分配机制，建立良好的合作关系。政府应当加强对合作项目的监督和管理，确保项目的顺利实施和运营效果。同时，要注重与当地居民和相关利益方的沟通和协商，充分听取他们的意见和建议，确保项目的可持续发展和社会效益[①]。政府与社会资本合作共同开发榆林红色文化项目是推动红色文化资源开发和保护工作的重要举措。

(二) 参与红色文化教育项目

1. 红色文化主题的教育机构

社会资本的参与不仅可以推动红色文化资源的开发和保护工作，更可以通过支持红色文化教育项目，培养青少年对红色文化的认同和传承意识，促进红色文化的传承与发展。社会资本可以投入到红色文化教育项目中。红色文化教育是培养青少年对红色文化认同和传承意识的重要途径之一。通过资本的投入，可以支持建设红色文化主题的教育机构，如红色文化学校、红色青年夏令营等，为青少年提供系统的红色文化教育。同时，社会资本还可以支持红色文化课程的开发和推广，制作红色文化教育视频、教材等，丰富红色文化教育资源，提高教育效果。社会资本可以支持红色文化主题的教育活动。除了学校教育外，还可以通过举办红色文化主题的教育活动，如红色文化讲座、主题展览、红色文化体验活动等，吸引更多的青少年参与其中，增强他们对红色文化的认同和兴趣。这些活动可以结合当地的红色文化资源，使学生在参与中亲身感受红色文化的魅力，增强对红色文化的理解和传承意识。

2. 数字化和网络化发展

社会资本可以支持红色文化教育的数字化和网络化发展。随着信息技

---

① 刘贺. 乡村振兴战略视域下乡村人才队伍建设研究 [D]. 沈阳：辽宁大学，2023.

术的发展，数字化和网络化已经成为教育的重要趋势。社会资本可以投入到红色文化教育平台的建设中，开发红色文化教育 App、网站等，为广大青少年提供方便快捷的红色文化学习途径。这些平台可以整合各类红色文化资源，如图片、音视频、文献资料等，为学生提供多样化、立体化的学习体验，推动红色文化教育的普及和深入。社会资本可以积极参与红色文化教育项目的合作与交流。通过与教育机构、文化企业、地方政府等多方合作，共同推动红色文化教育项目的发展和实施。这种合作可以整合各方资源，充分发挥各方优势，推动红色文化教育事业不断向前发展。社会资本参与红色文化教育项目具有重要的意义。通过投入资金和资源，支持红色文化教育机构、课程开发等，可以培养青少年对红色文化的认同和传承意识。希望未来在乡村振兴战略的指引下，社会资本能够积极参与榆林市红色文化教育项目，为推动红色文化事业的繁荣发展贡献力量。

二、乡村振兴战略下的社会资本投入

(一) 产业链发展

榆林的红色文化资源正呈现出巨大的发展潜力，而鼓励社会资本参与红色文化旅游产业链的发展，将为地方经济的全面发展提供新动力。这一产业链的形成将涵盖文物保护与修复、旅游设施建设、旅游产品开发、导游服务等多个环节，不仅可以有效保护和传承红色文化遗产，还能够促进旅游业的繁荣和地方经济的全面发展。社会资本可以投入到文物保护与修复领域。榆林拥有丰富的红色文化遗产，但部分文物可能存在老化、破损等问题，需要进行保护与修复。社会资本可以与地方政府合作，共同出资进行文物保护与修复工作，采用先进的技术和手段，保护好宝贵的红色文物，确保其历史价值得以永久保存。社会资本可以投资于旅游设施建设。红色文化旅游业的发展需要配套的旅游设施，如纪念馆、博物馆、纪念碑、游客中心等。这些设施不仅可以提供游客的参观和游览场所，还可以承载丰富的红色文化教育内容，为游客提供深度体验和学习机会。社会资本可以参与这些设施的建设和运营，通过提供资金和管理经验，推动红色文化旅游设施的建设和提升。

社会资本可以参与旅游产品的开发。红色文化旅游产品是吸引游客的重要因素，社会资本可以投入到旅游产品的研发和设计中，开发出丰富多样的红色文化旅游产品，如主题游、文化体验游、红色文化教育游等。这些产品既可以满足不同游客的需求，又可以提升旅游的吸引力和竞争力，推动红色文化旅游产业的健康发展。社会资本可以参与导游服务等周边配套服务的提供。优质的导游服务是红色文化旅游的重要保障，社会资本可以投资于培训和引进专业导游人才，提供高水平的导游服务。此外，社会资本还可以参与旅游交通、餐饮、住宿等周边配套服务的提供，为游客提供全方位的便利和舒适体验，推动红色文化旅游产业的全面发展。鼓励社会资本参与红色文化旅游产业链的发展，将为榆林的乡村振兴事业提供强大动力。社会资本的投入不仅可以推动红色文化遗产的保护与传承，还可以促进旅游业的繁荣和地方经济的全面发展，实现红色文化资源的可持续利用和经济效益的双赢。希望在乡村振兴战略的指导下，社会资本能够积极参与榆林市红色文化旅游产业的发展，为推动地方经济的高质量发展贡献力量。

(二) 培训人才队伍

榆林的红色文化旅游产业蓬勃发展，社会资本的积极投入和参与可以为该领域的人才培训提供有力支持。特别是在导游、文化解说员、演艺人员等方面的培训，能够提高从业人员的专业水平和服务素质，为游客提供更好的导览和解说服务，从而提升旅游体验质量。社会资本可以投资于建设红色文化旅游专业学校或培训中心。这些学校或培训中心可以针对红色文化旅游领域的实际需求，开设专业课程，培养具备红色文化知识和导游技能的专业人才。通过合理的课程设置和实践教学，提高学员的专业水平和实践能力，为他们今后在红色文化旅游领域的从业提供良好的基础。社会资本可以参与红色文化旅游人才的培训项目。通过与地方政府、旅游企业等合作，开展各类培训项目，如导游培训班、文化解说员培训班、演艺人员培训班等。这些培训项目可以根据不同岗位的要求，为从业人员提供系统的培训和学习机会，提高其专业水平和服务素质，增强其红色文化传播和讲解能力。

社会资本可以支持红色文化旅游人才的实践和经验积累。除了理论培训外，实践是提升从业人员能力和水平的重要途径之一。社会资本可以组织各类实践活动，如实地考察、文化交流、主题演讲等，为从业人员提供丰富的实践机会，让他们在实践中不断积累经验，提升自己的专业水平和服务能力。社会资本可以与相关机构合作，建立导游、文化解说员等从业人员的职业认证体系。通过制定标准和程序，对从业人员进行评估和认证，为游客提供更加专业、规范的导览和解说服务，提升旅游体验的品质和满意度。社会资本的投资和参与可以为榆林市红色文化旅游领域的人才培训提供重要支持。通过建设专业学校或培训中心、开展各类培训项目、支持实践和经验积累、建立职业认证体系等措施，可以提高从业人员的专业水平和服务素质，为游客提供更加优质的导览和解说服务，为乡村振兴战略的实施提供有力支持。

第四节　社会参与文化资源治理的协同机制

一、社会参与榆林文化资源治理协同机制建设的意义

社会参与可以促进榆林文化资源的整合和优化配置。通过建立协同机制，可以整合各方资源，形成资源共享、优势互补的局面，充分挖掘和利用榆林丰富的文化资源，实现资源的高效配置和综合利用。可以提升榆林文化资源治理的效率和水平。建立协同机制，可以实现各相关部门、机构和组织之间的协同配合，优化决策流程、提高工作效率，推动文化资源治理工作朝着科学、规范、专业化的方向发展。加大榆林文化资源的保护和传承力度。通过建立协同机制可以加强对榆林文化遗产的保护、修复和管理，推动文化遗产的传承和发展，使之成为推动榆林文化事业繁荣发展的重要支撑。社会参与可以提升榆林的文化软实力和城市形象。可以加强对榆林文化品牌的打造和推广，提升榆林在全国乃至全球的文化影响力和知名度，增强榆林的城市形象和吸引力，推动榆林的经济社会发展。社会参与可以促进榆林社会的和谐稳定。可以促进政府、企业、社会组织和公众之间的沟通和合作，增强各方之间的信任和共识，形成良好的合力，共同推动文化资源治理工作朝着和谐稳定的方向发展。

二、社会参与榆林文化资源治理协同机制建设的途径

(一)建立社会组织合作平台

1.平台建设与运营

在乡村振兴战略的背景下,榆林市的红色文化资源治理需要更加全面有效的社会参与和协同机制。为此,设立一个专门的榆林红色文化资源治理社会组织合作平台将是非常重要和必要的举措。这一平台可以是一个统一的网络平台,也可以是一个实体机构,旨在提供信息发布、资源共享、交流合作等功能,为各类社会组织提供参与的渠道和平台,从而实现社会参与与榆林红色文化资源治理的协同机制。该平台将起到信息发布和资源共享的重要作用。通过该平台,可以及时发布榆林市红色文化资源的相关信息,包括革命遗址、纪念馆、文物保护现状等。同时,还可以将各类红色文化资源的管理和保护经验进行整合和分享,促进各方之间的学习和交流 ①。这样可以避免信息的孤岛化和重复劳动,提高资源的利用效率。该平台将提供交流合作的便利渠道。榆林市涉及红色文化资源的管理涉及多个部门和机构,涵盖范围广泛。通过平台的建立,各相关单位和组织可以进行跨部门、跨领域的交流与合作,共同推动红色文化资源的保护和开发。此外,平台还可以促进政府、企业、社会组织等多方合作,共同参与榆林市红色文化资源的治理工作。红色文化资源的治理需要各方的共同参与和努力,而社会组织作为非政府力量的重要代表,其在红色文化资源治理中发挥着独特的作用。通过该平台可以为各类社会组织提供参与的渠道和机会,鼓励其积极参与到榆林市红色文化资源的保护、传承和开发中来,发挥各自的优势和作用,推动红色文化事业的繁荣发展。该平台还可以促进公众参与和民间力量的发挥。红色文化资源的治理不仅是政府和专业机构的责任,更需要广大公众的参与和支持。可以为广大市民和群众提供参与的机会和途径,鼓励他们积极参与到红色文化资源的保护和传承中来,共同守护红色文化的珍贵遗产。设立一个专门的榆林红色文化资源治理社会组织合作平台将是非常有必要的。可以实现信息发布和资源共享、促进交流合作、促进社会组织参与和发展、推动公众

---

① 李瑾.乡村振兴战略下中国城乡融合发展的路径研究 [D].青海:青海大学,2023.

参与和民间力量的发挥，从而实现社会参与与榆林红色文化资源治理的协同机制，为红色文化事业的繁荣发展提供重要支持。

2. 多方参与整合资源

在推动榆林红色文化资源治理工作的过程中，邀请各类社会组织积极参与平台，并整合各方资源，将起到至关重要的作用。这些社会组织包括文化协会、历史研究机构、志愿者组织、社会公益团体等，它们拥有丰富的人力、物力、财力和专业知识，通过协作，可以形成合力，共同推动榆林红色文化资源的治理工作。邀请文化协会积极参与红色文化资源的治理工作。文化协会作为文化领域的专业组织，通常拥有丰富的资源和专业知识。通过邀请文化协会参与平台，可以充分利用其丰富的文化资源和人才储备，推动红色文化资源的保护、传承和开发。文化协会可以通过组织文化活动、举办讲座、出版研究成果等方式，为榆林市红色文化的传播和推广贡献力量。邀请历史研究机构积极参与红色文化资源的治理工作。历史研究机构通常具有丰富的历史资料和研究成果，可以为红色文化资源的研究和保护提供重要支持。通过邀请历史研究机构参与平台，可以充分利用其专业知识和研究成果，为红色文化资源的整理、梳理和传承提供理论支持和学术指导。

邀请志愿者组织积极参与红色文化资源的治理工作。志愿者组织通常拥有大量的志愿者资源和社会网络，可以为红色文化资源的保护和开发提供人力支持和社会动员力量。通过邀请志愿者组织参与平台，可以充分调动志愿者的积极性和热情，组织开展各类志愿服务活动，如红色文化资源的清理整治、宣传推广、文化教育等，为榆林市红色文化资源的治理工作贡献力量。邀请社会公益团体积极参与红色文化资源的治理工作。社会公益团体通常以社会服务和公益事业为宗旨，拥有丰富的社会资源和公益项目经验。通过邀请社会公益团体参与平台，可以充分发挥其组织优势和公益精神，开展各类公益活动，为榆林市红色文化资源的保护和发展提供支持和帮助。通过充分利用文化协会、历史研究机构、志愿者组织、社会公益团体等社会组织的资源和优势，可以促进榆林市红色文化资源的保护、传承和开发。

(二) 建立投诉举报机制

1. 建立投诉举报平台

搭建一个便捷的投诉举报平台是推动榆林红色文化资源治理的重要举措之一。这一平台可以采用官方网站、手机 App、电话热线等多种形式，方便社会公众进行投诉举报，确保红色文化资源的保护和利用工作得到有效监督和管理。该平台应具备简单易用、信息安全的特点，并提供举报流程的指引和操作说明，以促进社会参与与榆林红色文化资源治理的协同机制。搭建官方网站作为投诉举报平台是一种常见的方式。该网站可以由地方政府或相关部门负责运营，公布红色文化资源的相关信息、保护政策和举报渠道等内容。社会公众可以通过网站提交投诉举报信息，并实时了解处理进展和结果。为了保证信息的安全性，该网站需要采取严格的数据加密和安全措施，确保用户信息不被泄露。开发手机 App 作为投诉举报平台也是一种便捷的方式。随着智能手机的普及，手机 App 成为人们生活中不可或缺的工具。通过开发手机 App，社会公众可以随时随地进行投诉举报，提高举报的时效性和便捷性。该 App 可以提供丰富的功能，如在线填写举报表格、上传相关证据、查看举报处理进展等，为用户提供全方位的举报服务。设立电话热线作为投诉举报平台也是一种重要的方式。对于一些不便上网或不熟悉手机 App 操作的群体，电话热线可以提供更加直接、便捷的举报渠道。该热线可以设立专门的接听人员，接受社会公众的投诉举报，并及时转达给相关部门进行处理。同时，为了方便用户，电话热线的工作时间和联系方式应当明确公布，确保社会公众可以随时联系到相关部门。

针对不同类型的投诉举报，应该有相应的处理流程和责任部门。平台可以提供详细的操作指南，指导用户如何填写举报信息、选择正确的举报类型、上传相关证据等。这样可以帮助用户更加准确地进行举报，提高举报的质量和效率。为了促进社会参与与榆林红色文化资源治理的协同机制，投诉举报平台应当建立良好的反馈机制。及时回复举报者的投诉，告知举报处理进展和结果，增强公众对举报工作的信任和满意度。同时，定期公布举报数据和处理情况，接受社会监督，提高治理工作的透明度和公信力。搭建一个便捷的投诉举报平台是推动榆林红色文化资源治理的重要举措。通过官方网站、手机 App、电话热线等多种形式，提供简单易用、信息安全的举报渠道，并配以丰富的举报流程指引和操作说明，可以促进社会公众的参与和监督，形成社会参与与榆林红色文化资源治理的协同机制，为红色文化资源的保护和利用提供有力保障。

2. 公布投诉举报信息

公布投诉举报平台的联系方式和举报流程，以及公开相关红色文化资源的保护标准和准则，是推动榆林红色文化资源治理的重要步骤之一。这不仅能够让社会公众充分了解举报的渠道和方式，还可以让他们清楚知晓如何判断和举报问题，从而促进社会参与与榆林红色文化资源治理的协同机制。公布投诉举报平台的联系方式和举报流程是十分重要的。这可以通过多种途径来进行，包括官方网站、宣传册、社交媒体等。在官方网站上设置专门的投诉举报页面，明确标注举报平台的联系电话、电子邮箱和在线举报表格等信息。同时，提供详细的举报流程指引，指导社会公众如何填写举报信息、选择正确的举报类型、上传相关证据等。此外，还可以通过宣传册、社交媒体等渠道广泛宣传投诉举报平台的存在和使用方法，提高社会公众的知晓度和参与度。

公开相关红色文化资源的保护标准和准则对于社会公众了解如何判断和举报问题至关重要。这可以通过制定相关法律法规、政策文件、保护手册等方式来实现。在法律法规方面，地方政府可以制定专门的红色文化资源保护条例或规定，明确红色文化资源的保护范围、保护标准和保护措施，明确社会公众在发现违法行为时应当采取的举报渠道和方式。同时，政府还可以发布红色文化资源的保护政策文件，明确相关部门的职责和任务，加强对违法行为的打击和制裁。此外，还可以编制红色文化资源保护手册，向社会公众普及红色文化资源的保护知识和技能，提高公众的保护意识和能力。通过公布投诉举报平台的联系方式和举报流程，形成社会参与与榆林红色文化资源治理的协同机制。只有社会公众充分了解举报的渠道和方式，清楚知晓如何判断和举报问题，才能更好地发挥社会监督的作用，推动红色文化资源的保护和利用工作取得实效。同时，政府部门应当加强对红色文化资源保护标准和准则的宣传和培训，提高相关部门和人员的保护意识和水平，共同为红色文化资源的长期健康发展而努力。

3. 信息公开和回馈机制

及时公开处理结果，向社会公众反馈举报问题的处理情况，以及建立社会公众参与的信息反馈机制，接受社会公众的意见和建议，不断完善投诉举报机制，将对于促进社会参与与榆林红色文化资源治理的协同机制起到至关重要的作用。这一举措旨在增强社会公众对治理工作的信任感和参与感，进一步激发社会各界积极参与榆林红色文化资源的保护和利用。及时公开处理结果是增强社会公众参与的重要环节。一旦收到投诉举报，相关部门应及时展开调查和处理，并将处理结果公开向社会公众反馈。这可以通过官方网站、社交媒体、新闻发布会等形式进行，向公众通报问题的核实情况、处理结果及相关责任人的处理措施。透明公开的处理结果有助于增强社会公众对治理工作的信任，提高社会满意度，同时也可以起到警示作用，对违法违规行为形成有效的震慑。建立社会公众参与的信息反馈机制是推动榆林红色文化资源治理的关键举措之一。通过建立举报处理反馈渠道，社会公众可以随时向相关部门反馈举报问题的处理情况，提出意见和建议。这可以采用多种形式，包括举报处理热线、网络留言板、实地受理窗口等。相关部门应及时回复并认真处理社会公众的意见和建议，倾听社会各界的声音，提高社会参与的积极性和满意度。

相关部门可以定期召开听证会、座谈会等形式的交流活动，邀请社会各界代表参与，就红色文化资源的保护和利用开展深入交流和探讨。通过这些交流活动，可以了解社会公众的关切和需求，形成共识，凝聚共识，形成治理共识，从而推动榆林红色文化资源治理工作朝更好的方向发展。加强社会宣传和教育也是提高社会参与与榆林红色文化资源治理的协同机制的有效途径。相关部门可以利用各种媒体和渠道，加大对红色文化资源保护的宣传力度，普及红色文化资源保护的意义和方法，提高社会公众的保护意识和水平。同时，还可以开展各类培训和宣传活动，提高社会公众对投诉举报机制的了解和认识，增强社会参与的积极性和主动性。通过及时公开处理结果，建立社会公众参与的信息反馈机制，定期沟通和交流，加强社会宣传和教育等措施，可以促进社会参与与榆林红色文化资源治理的协同机制。只有积极激发社会各界的参与热情，凝聚起社会共识，才能推动红色文化资源的保护和利用工作取得实效，实现榆林市红色文化事业的长远发展。

(三) 加强信息公开与透明度

提高政府和相关机构的信息公开水平，及时向社会公布有关榆林文化资源治理的信息和决策，是确保公众知情权和监督权的重要举措。通过加强信息公开，可以促进政府决策的透明度和公正性，提高公众对文化资源治理工作的信任度和满意度，实现政府与公众之间的互动与沟通。政府和相关机构应建立健全信息公开制度和平台。这包括制定相关法律法规、规章制度，明确信息公开的范围、程序和标准；建立统一的信息公开平台，为公众提供便捷的查询和获取途径；设立专门的信息公开部门或机构，负责信息公开工作的统筹协调和监督管理。通过健全的制度和平台，可以规范信息公开的程序和标准，确保信息的真实性和及时性，提高信息公开的效率和效果。政府和相关机构应加强信息公开意识和能力建设。这包括加强宣传教育，提高工作人员对信息公开重要性的认识和理解；加强培训，提升工作人员的信息公开技能和专业水平；建立健全信息管理制度，规范信息的采集、整理、存储和发布流程。通过加强意识和能力建设，可以有效提高信息公开工作的质量和水平，确保信息公开工作的顺利进行和良好效果。政府和相关机构应加强信息公开的内容和范围。这包括及时公布有关榆林文化资源治理的重要信息和决策，公布相关文化资源治理工作的进展情况和成效，如红色文化景区的开发建设、环境保护工作的落实情况等；公布相关文化资源治理工作的监督检查情况和处理结果，如违法违规行为的查处情况、群众投诉问题的处理结果等。通过加强信息公开的内容和范围，可以满足公众对信息的需求和期待，增强公众对文化资源治理工作的了解和参与度。政府和相关机构应加强信息公开的形式和途径。这包括多种形式的信息公开，如文字资料、图片资料、视频资料等多种形式的信息发布；多种途径的信息公开，如政府官方网站、新闻发布会、社交媒体平台等多种渠道的信息发布。通过多种形式和途径的信息公开，可以满足不同群体、不同需求的信息获取需求，提高信息公开的覆盖面和影响力，增强公众对文化资源治理工作的关注和参与度。

(四) 促进民间资本参与

鼓励民间资本参与榆林文化资源的开发和运营，是推动文化资源治理市场化和专业化的重要举措。通过采用 PPP（政府和社会资本合作）等模式，可以有效整合政府和社会各方资源，促进榆林文化资源的有效开发利用，推动文化事业的健康发展，实现经济效益与社会效益的双赢。PPP 模式可以有效整合政府和社会各方资源，实现优势互补。政府在政策、土地、资金等方面具有优势，可以提供政策支持、土地资源和财政资金等支持条件；而社会资本在技术、管理、市场等方面具有优势，可以提供专业化的开发和运营能力。通过政府和社会资本的合作，可以将双方的优势互补，实现资源共享、风险共担、效益共享，提高榆林文化资源的开发利用效率和效果。PPP 模式可以激发民间资本的积极性和创造性，推动榆林文化资源的创新和发展。民间资本参与文化资源的开发和运营，可以引入市场竞争机制，激发各方的创新意识和活力，推动文化产品和服务的不断改进和升级。同时，民间资本具有灵活性和创新性，可以更好地适应市场需求的变化，为榆林文化资源的开发和运营注入新的活力。PPP 模式可以提高榆林文化资源的管理和运营水平，实现市场化和专业化治理。通过引入社会资本的参与，可以引入市场机制和竞争机制，推动文化资源的市场化经营和专业化管理。同时，社会资本在管理经营方面具有丰富的经验和技能，可以提升榆林文化资源的管理和服务水平，提高文化产业的竞争力和影响力。PPP 模式可以促进榆林文化资源的可持续发展，实现经济效益和社会效益的双赢。通过政府和社会资本的合作，可以有效保障文化资源的长期可持续发展，实现经济效益和社会效益的统一。同时，PPP 模式还可以促进就业增长和经济增长，带动相关产业的发展，推动榆林市经济社会的全面发展。

第九章　乡村振兴战略下的榆林红色文化资源与城乡一体化发展

第一节　城乡一体化发展的背景与意义

一、城乡一体化的内涵

城乡一体化是城市化发展进程中必须经历的一个重要阶段，是中国特色社会主义事业的重要组成部分。在这个阶段，有关部门需要积极实现工农业、城乡区域、城乡居民的协调发展，结合城乡人口、先进的科学技术、资金、资源等因素，有效突破城乡二元结构，促进多个层面的和谐发展。城乡一体化包括五个组成部分，这些部分相互交织、相辅相成，共同构成了城乡一体化的发展框架。首先是体制一体化，即在城市和农村地区之间建立公平化的要素市场，促进市场环境的改善与科学化，避免体制与相关机制上的不合理。其次是推进城镇城市化，优化城市的发展定位，促进城市功能的转移，使城镇成为农村经济中心。第三是充分整合产业结构，促进结构层面的一体化，让城乡产业结构得到优化升级，在二者之间形成差异与互补[①]。第四是农业要素化，包括实现农业经营方式和生产目的的工业化性质，以及大规模组织农业生产、供应和营销。最后是完善农民的户籍制度、就业、医疗、卫生、教育和社会保障等方面的民主化，使城乡居民在享受服务方面无差异化。

加快城乡一体化发展符合现代新型的发展理念，顺应了时代新的发展观。这一过程是城镇化高级阶段的体现，是推动中国式现代化建设的必然要求。城乡一体化的顺利开展，能够有效推进农业农村现代化，从根本层面解决城乡二元结构问题，有助于指导解决"三农"问题，促进农业劳动力转移，避免发展失衡，推动城市地区的协调发展。城乡一体化发展对于中国经济社

[①] 刘文娟. 乡村振兴战略背景下农业产业结构优化路径 [J]. 山西农经，2022(21)：86-88.

会的全面发展具有重要意义。通过城乡一体化，可以促进城乡资源的合理配置和利用，充分发挥城乡各自的优势，实现资源要素的互补与共享，提高资源利用效率，推动经济社会的协调发展。城乡一体化有助于推动产业升级和转型，通过整合城乡产业结构，实现城乡产业的优化升级，拓展经济增长点，提高产业竞争力。城乡一体化可以促进农村地区的综合发展，通过加强对农村地区的投入和支持，改善农村基础设施建设和公共服务供给，提升农村居民的生产生活水平，缩小城乡差距，实现全体人民共同富裕。最后，城乡一体化有助于推动城市和乡村的协调发展，实现城乡空间的均衡布局和结构优化，促进经济社会的全面发展。

二、城乡一体化发展的背景

（一）城市化进程加速

随着经济社会的不断发展，城市化进程正在加速推进，这一趋势呈现出明显的持续增长态势。城市作为现代社会的核心引擎，其功能不断得到强化和拓展，为国家和地区的发展贡献着巨大的力量。与此同时，农村人口向城市转移的趋势也日益明显，城乡人口流动加剧，城乡之间的联系日益紧密，这对于中国乃至全球的经济格局、社会结构以及资源配置都产生了深远的影响。城市化进程的加速推进带来了城市人口规模的持续增长。随着城市经济的快速发展和城市生活的吸引力不断增强，大量农民工及其家庭纷纷涌入城市，增加了城市的人口规模。这种人口规模的增长，一方面反映了城市作为经济和文化中心的吸引力，另一方面也给城市带来了更多的挑战，如城市基础设施的建设与更新、社会管理的改善等方面。城市功能不断强化，成为经济、文化和科技的重要中心。随着城市人口的增长和城市经济的发展，城市的功能也在不断扩展和深化。现代城市已经不再仅仅是经济交易的场所，更是文化交流、科技创新的重要平台。在全球化的背景下，城市间的竞争日益激烈，各城市都在争取成为全球性的创新中心、文化中心和金融中心，这进一步推动了城市功能的不断强化。

农村人口向城市转移的趋势也在加速。农村劳动力向城市的大规模流动，既是经济发展的需要，也是农民群众改善生活、实现自身价值的选择。

城市的就业机会、教育资源、医疗条件等各方面相对于农村更加丰富和优越，这吸引了大量农民进入城市。然而，城市化过程中也出现了一些问题，比如城市的人口密度过大、社会矛盾加剧等，这需要政府和社会各界共同努力来解决。城市与农村之间的人口流动不仅仅是单向的，也存在着一定的双向流动。一方面，城市向农村的人口流动主要是因为城市生活成本的上升、生活压力的增加等因素，使得一部分人选择回到农村生活；另一方面，农村向城市的人口流动则是因为城市就业机会的增加、城市化进程的推动等原因。这种城乡人口的流动使得城乡之间的联系更加紧密，促进了资源、人才、技术等方面的交流与共享，有助于实现城乡经济的协调发展。随着经济社会的发展，城市化进程的加速推进对于城市人口规模、城市功能、城乡人口流动以及城乡之间的联系都产生了深远的影响。在未来，需要政府和社会各界共同努力，加强城市规划和管理，推动城市化进程朝着更加平衡、可持续的方向发展，为实现经济社会的可持续发展提供更好的保障。

(二) 城乡发展不平衡

长期以来，城乡发展不平衡的问题一直是困扰中国经济社会发展的重要挑战之一。城市和农村之间的发展差距主要体现在资源、资金、人才等方面的差异。城市通常享有更多的经济发展机会和资源，而农村地区则面临基础设施不完善、公共服务供给不足等一系列问题，这导致了城乡发展的差距逐渐加大，加剧了社会不平等现象。城市在资源配置方面具备明显优势。由于城市集聚了大量的人口和企业，拥有更为发达的产业体系和更多的经济资源，城市在各种资源的配置上相对于农村更为灵活和丰富。这使得城市能够更好地吸引和承接投资，推动科技创新和产业升级，从而带动经济增长。而农村地区由于受限于地域条件和产业结构，资源配置相对单一，难以实现经济的快速发展。

城市的基础设施建设和公共服务供给普遍较为完善，而农村地区则面临着严重的基础设施不足和公共服务供给不足的问题。城市拥有发达的交通网络、水电供应系统、教育医疗等公共服务设施，这些设施的完善提高了城市居民的生活品质和生产效率。而农村地区由于历史原因、地理条件等因素，基础设施建设滞后，交通不便、水电供应不稳定、教育医疗资源匮乏等问题普遍存在，限制了农村居民的生产生活水平。城市吸引了大量的人才和技术，而农村地区则面临人才流失和人才匮乏的困境。由于城市的经济发展和社会文化环境的吸引力，大量优秀的人才涌入城市，为城市的发展注入了活力。而农村地区由于经济发展水平相对较低、教育资源匮乏等原因，人才流失严重，导致农村地区的人才队伍相对贫乏，制约了农村经济的发展和产业结构的升级。城乡发展不平衡的问题涉及多个方面，包括资源、基础设施、公共服务和人才等。这不仅是经济发展不均衡的表现，也是社会发展不平等的体现，加剧了城乡之间的差距，影响了社会的和谐稳定。因此，需要政府采取积极的政策措施，加大对农村地区的投入和支持，推动城乡发展协调一体化，实现城乡共同富裕和社会的全面进步。

(三) 实现全面建设社会主义现代化国家目标

中国正处于经济社会转型和现代化建设的关键时期。改革开放以来，中国取得了令世界瞩目的经济发展成就，城市化进程迅猛推进，但也暴露出城乡发展不平衡、城乡差距拉大等问题。城市经济持续快速增长，而农村地区的发展相对滞后，基础设施建设、公共服务供给等方面存在严重不足。这导致了城乡居民生活水平和发展机会的差异，加剧了社会不平等现象，阻碍了全面建设小康社会和实现现代化的目标。加强城乡一体化发展成为当代中国的重要课题。城乡一体化发展有利于提升农村地区的发展水平和居民生活质量。当前，中国农村地区的基础设施建设水平相对较低，公共服务供给不足，农村居民面临就业、教育、医疗等方面的困境。加强城乡一体化发展，可以通过加大对农村基础设施建设和公共服务供给的投入，提高农村居民的生产生活条件，提升农村地区的发展水平和居民的生活质量。

加强城乡一体化发展有助于优化城乡空间结构。中国的城市化进程存在着城市过度扩张、乡村资源浪费等问题，城乡空间结构不合理。可以通过优化城乡规划布局，促进城市和农村的互动发展，实现城市和农村之间的有机衔接和协同发展。这有助于提高资源利用效率，减少土地资源的浪费，促进生态文明建设，实现城乡空间结构的合理布局和可持续利用。加强城乡一体化发展有助于推动经济社会的协调健康发展。城乡一体化发展是中国特色社会主义事业的重要组成部分，是全面建设社会主义现代化国家的战略要求。通过加强城乡一体化发展，可以促进城市和农村经济的协调配合和互补发展，实现全国经济社会的协调健康发展，为实现中华民族伟大复兴的中国梦提供坚实支撑。加强城乡一体化发展是全面建设社会主义现代化国家的重要任务，也是实现现代化建设和全面建设小康社会的关键举措。在实践中，需要政府各部门和社会各界共同努力，采取有力措施，加强城乡一体化规划和政策支持，推动城乡一体化发展取得更大成效，实现全面建设社会主义现代化国家的宏伟目标。

三、城乡一体化发展的意义

(一) 促进经济发展

1. 利于优化资源配置

城乡一体化发展对于优化资源配置、促进产业升级和转型，提高经济效益和社会效益具有重要意义。这一发展战略的实施将有效地充分利用城市和乡村的资源要素，促进城乡经济的互补与协调发展，推动经济持续健康发展。城乡一体化发展有利于优化资源配置。城市和乡村拥有各自独特的资源优势，通过城乡一体化发展，可以实现资源的互补与共享，最大限度地优化资源配置。比如，城市具有较为发达的产业和技术，拥有丰富的人才和资金资源，而乡村则拥有丰富的土地资源和劳动力资源。可以将城市的技术和资金资源引入乡村，提高资源利用效率；同时，可以将农村丰富的土地资源和劳动力资源用于支持城市的发展，促进城市产业结构的优化和升级。城乡一体化发展有利于促进产业升级和转型。传统上，农村地区以农业为主，产业结构单一，难以满足现代化经济发展的需求。而城市则具有更为多样化和发达的产业体系。城乡一体化可以促进城市产业朝农村地区延伸，引导农村产业朝高附加值、高技术含量的方向转型升级。例如，发展农村新型经营主体、推动农村电商发展、加强农村旅游业发展等都是城乡一体化发展的重要举措，有助于促进农村产业的升级和转型，实现城乡经济的互补与协调发展。

2. 提高经济效益

城乡一体化发展有利于提高经济效益和社会效益。城市和乡村是相互依存、相互关联的，城乡一体化发展将促进城乡经济的良性互动，实现经济效益和社会效益的双赢。从经济效益上看，城乡一体化有助于扩大农村和城市的市场规模，提升产业竞争力，促进经济增长；从社会效益上看，城乡一体化有助于改善农村居民生活水平，促进社会公平与和谐发展。城乡一体化发展有利于推动经济持续健康发展。

（二）优化城乡空间结构

1. 促进城市和乡村的协调发展

城乡一体化发展模式有助于优化城乡空间结构，促进城市和乡村的有机融合。通过城乡一体化规划和布局，可以合理引导人口流动和资源配置，促进城市和乡村的协调发展，实现城乡空间的均衡布局和结构优化。城乡一体化发展有利于优化城乡空间结构。中国的城乡空间结构存在着城市过度扩张、乡村资源浪费等问题，城乡二元结构严重制约了城乡经济社会的协调发展。通过统一城乡规划、优化城乡布局，实现城市和乡村之间的有机衔接和协同发展，促进城乡空间结构的优化和均衡发展。城乡一体化发展有助于促进资源要素的合理配置和利用。城市和乡村在资源要素的分布和利用上存在差异，城市拥有丰富的人力资源和资金，而乡村则拥有丰富的自然资源和人文资源。可以充分利用城市和乡村的资源要素，实现资源要素的互补和共享，促进经济社会的持续健康发展。

2. 有助于推动产业升级和转型

传统上，城市主要集中发展第二、第三产业，而乡村则以农业为主导。随着经济社会的发展和城乡一体化的推进，城市和乡村之间的产业结构逐渐趋于融合和协调。城市可以向乡村转移一些生产制造业和服务业，促进乡村产业升级和转型，拓展乡村经济增长点，提高乡村居民的生产生活水平。城乡一体化发展有助于促进农村区域的综合发展。过去，由于城乡发展不平衡，农村地区普遍面临基础设施不完善、公共服务供给不足等问题。城乡一体化可以加强对农村地区的投入和支持，推动农村经济的转型升级和产业结构的优化，提高农村居民的生产生活水平。城乡一体化发展对于优化城乡空间结构、打破城乡二元结构、促进资源要素的合理配置和利用、推动产业升级和转型、促进农村区域的综合发展等方面具有重要意义。

第二节　榆林红色文化资源在城乡一体化中的作用

一、促进城乡文化交流，弘扬社会主义核心价值观

(一) 提升乡村文化软实力

红色文化是中国革命历史和优秀传统文化的重要组成部分，也是乡村的宝贵精神财富。通过挖掘、保护和利用榆林的红色文化资源，可以丰富乡村的文化内涵，增强乡村的文化底蕴和吸引力，提升乡村的整体形象和竞争力。同时，榆林的红色文化资源也可以在城乡一体化发展中发挥重要作用，促进城乡融合，推动乡村振兴战略的实施。榆林的红色文化资源丰富多样，包括革命遗址、纪念馆、红色文化文物等。这些资源承载着丰富的历史文化内涵，是乡村的重要文化遗产。通过挖掘和保护这些红色文化资源，可以唤起乡村居民对革命历史的认同感和自豪感，增强他们对祖国和民族的爱国情怀，提升乡村的文化软实力。

榆林的红色文化资源可以丰富乡村的文化内涵。红色文化是中国特有的文化符号，具有浓厚的时代气息和历史价值。通过保护和利用红色文化资源，可以丰富乡村的文化底蕴，提升乡村的文化品位和品质。乡村是中国优秀传统文化的重要承载地，借助榆林的红色文化资源，可以传承和弘扬优秀传统文化，提升乡村的文化软实力。榆林的红色文化资源不仅可以为城市提供历史文化遗产，还可以为城市注入浓厚的文化底蕴和时代气息。通过将红色文化资源与城市规划和建设相结合，可以打造具有独特魅力的城市文化景观，提升城市的文化软实力和吸引力。同时，榆林的红色文化资源也可以为城市和乡村之间搭建文化交流的桥梁，实现资源共享和互利共赢。榆林的红色文化资源在乡村振兴战略下具有重要的作用。

(二) 增强乡村凝聚力和自信心

红色文化作为乡村的精神家园，承载着丰富的历史记忆和革命精神，对于促进乡村振兴具有重要意义[①]。通过开展红色文化教育和宣传活动，既

---

① 王晓晨. 乡村振兴战略背景下乡村文化建设研究 [D]. 重庆：重庆邮电大学，2022.

可以激发乡村居民的爱国主义情怀和家国情怀，还能增强乡村的凝聚力和向心力。榆林的红色文化资源在这一进程中将扮演着重要的角色，为城乡一体化发展注入新的活力。红色文化是乡村的精神家园，是乡村居民的心灵支柱。向乡村居民普及红色文化知识，可以让乡村居民深刻感受到自己的历史责任和使命，增强对祖国和民族的热爱和自豪感，从而激发出更加强烈的爱国主义情怀和家国情怀。

乡村居民的凝聚力和向心力至关重要。而红色文化正是一种强大的凝聚力量，它能够让乡村居民在共同的信仰和理想的指引下团结一心，共同为乡村振兴的目标而努力奋斗。通过开展各种形式的红色文化教育和宣传活动，可以让乡村居民深入了解红色文化的历史意义和精神内涵，进而增强乡村的集体荣誉感和归属感，形成良好的乡村凝聚力和向心力。城乡一体化是乡村振兴的重要战略方向，而红色文化资源正是促进城乡一体化发展的重要纽带。

二、提升乡村形象、改善生态环境

(一) 改善乡村形象

借助红色文化资源，可以改善乡村形象，提升乡村的整体品质和形象。在乡村振兴战略的实施过程中，充分利用榆林的丰富红色文化资源，可以为乡村注入历史文化底蕴，展示乡村的良好形象和独特魅力。通过保护和修复红色文化遗迹、创建红色文化公园、建设革命文化纪念馆等措施，可以实现乡村形象的提升，推动城乡一体化发展，促进乡村振兴战略的全面实施。保护和修复红色文化遗迹是提升乡村形象的重要举措之一。榆林市拥有丰富的红色文化遗迹，包括革命历史纪念馆、革命烈士陵园、中共中央转战陕北路线等。这些遗迹承载着丰富的历史文化内涵，是乡村的重要历史遗产和文化符号。通过加强对这些红色文化遗迹的保护和修复工作，展示乡村的历史文化底蕴和魅力。创建红色文化公园是改善乡村形象的有效途径之一。红色文化公园是集红色文化遗迹保护、历史文化展示、休闲娱乐等功能于一体的公共空间，是乡村形象提升的重要载体。在红色文化公园中，可以通过布置红色文化展示馆、建设红色文化广场、设置红色文化主题景点等方式，展示榆林的丰富红色文化资源，丰富乡村的文化内涵。

革命文化纪念馆是集红色文化教育、革命历史陈列、文化艺术展示等功能于一体的红色文化宣传教育场所，是向社会公众展示红色文化的窗口和平台。在革命文化纪念馆中，可以通过举办红色文化主题展览、开展革命历史教育活动、组织红色文化艺术演出等方式，向公众传播红色文化精神，展示乡村的历史文化底蕴和独特魅力。榆林的红色文化资源将在乡村振兴过程中发挥重要作用，为乡村的长期繁荣和发展注入新的活力。

(二) 打造宜居宜业的乡村环境

1. 修复红色文化遗迹

红色文化资源的保护和利用在乡村振兴战略下发挥着重要的作用，其中包括促进乡村环境的改善，打造宜居宜业的乡村环境。榆林的丰富红色文化资源不仅承载着革命历史的记忆，更是乡村发展的重要支撑和精神支柱。通过修复红色文化遗迹、打造红色文化景区、建设文化公园等措施，可以提升乡村的景观品质，提高农民居住环境，提高居民的生活质量，进而推动城乡一体化发展，实现乡村振兴战略的全面实施。修复红色文化遗迹是改善乡村环境的重要举措之一。榆林市拥有众多的红色文化遗迹，包括革命历史纪念馆、中共中央转战陕北路线、革命烈士陵园等。这些遗迹是乡村的宝贵文化遗产，承载着革命历史的记忆和精神追求。通过加强对这些红色文化遗迹的修复和保护工作，可以使其焕发新的生机和活力，成为乡村环境的亮点和文化符号，提升乡村的整体形象和吸引力。

2. 打造红色文化景区

红色文化景区是集红色文化遗迹保护、历史文化展示、休闲娱乐等功能于一体的旅游景区，是乡村旅游业的重要载体和推动者。在红色文化景区中，可以通过布置红色文化展示馆、建设红色文化主题公园、设置红色文化主题景点等方式，提升乡村的景观品位和吸引力，推动乡村旅游业的发展。建设文化公园也是改善乡村环境的重要举措之一。文化公园是集文化教育、休闲娱乐、健康运动等功能于一体的公共空间，是乡村居民文化生活的重要场所。在文化公园中，可以通过种植红色文化主题花卉、建设红色文化主题雕塑、设置红色文化主题游乐设施等方式，营造浓厚的红色文化氛围，丰富乡村居民的文化生活，提高居民的幸福感和获得感。

第三节　乡村振兴战略与城乡一体化的关联

一、乡村旅游发展促进城乡一体化发展

（一）乡村旅游有助于优化城乡资源配置

城乡资源配置、生产要素等是衡量城乡发展状况的重要因素，也是拉动乡村经济，促进城市产业升级优化的前提和基础。中共中央、国务院曾明确指出，实现城乡接合发展、推动城乡一体化进程加快的关键是综合衡量，促进不同的要素纵向流动。然而，城乡二元结构的存在严重制约着城乡之间要素资源的自由流动。发展农村旅游可以促进农村自然资源的重新配置，对农村生活环境重新勾勒。通过发展乡村旅游项目，能够吸引到城市资本的投入，重新调动未利用的土地资源，推动农村"吃、住、行、购、娱"旅游配套设施的不断完善与建设，促进农业与旅游发展相结合，农业的相关产业链也能得到发展与优化，有效拉动乡村旅游业发展的综合效益。由此可见，资金、人才及技术等要素的合理化流动必然促进农村旅游业的发展，而农村旅游业的发展又将更进一步促进城乡之间有效资源的重新配置，带动城乡一体化的深度发展。

乡村振兴战略是中共中央提出的一项重大战略举措，旨在实现农业农村现代化，推动农村全面进步，是实现城乡一体化发展的重要抓手。榆林作为中国的重要能源基地和历史文化名城，其城乡一体化发展与乡村振兴战略密切相关。发展农村旅游是榆林实施乡村振兴战略的重要途径之一。榆林拥有丰富的自然资源和深厚的历史文化底蕴，具备了发展农村旅游的良好条件。通过挖掘和开发榆林独特的自然风光、人文景观和民俗文化，可以吸引大量游客前来观光、休闲、体验，推动当地旅游业的发展，带动农村经济的增长，实现乡村振兴的目标。农村旅游业的发展可以有效地促进榆林城乡之间的资源重新配置和要素流动。通过农村旅游业的发展，可以重新调动未利用的土地资源，优化农村的产业结构，拓展农村经济增长点，提高农民的收入水平。同时，农村旅游业的发展还需要吸引和培养大量的专业人才，推动科技与农业、旅游业的融合发展，促进城乡人才的交流和共享，进一步推动

城乡一体化发展。发展农村旅游业也有助于提高榆林农村居民的生活环境和生活质量。通过提升农村旅游的服务品质和管理水平，加强农村旅游基础设施建设，改善农村交通、住宿、餐饮等配套设施，可以提升农村居民的生活水平，丰富农村居民的生活方式，增强他们的获得感和幸福感。发展农村旅游业是榆林实施乡村振兴战略、推动城乡一体化发展的重要举措。

(二) 乡村旅游有助于调整乡村经济结构

农村旅游作为一种典型的劳动密集型产业，在不断蓬勃发展的过程中，将带动就业增加，为市场提供更多机会，同时引导农村居民开辟新的个人职业道路。随着旅游者的到来，农村市场逐步转变为一个新的临时性消费市场，这将促进农村经济的活跃化和市场的繁荣。同时，城市资本和先进技术的投入也将提高农业生产效率，实现农村资源的重新配置，部分劳动力将转向农村旅游相关服务行业。这不仅能够提高相关劳动力的素质，还能够盘活农村经济，促进农村社会的快速进步。随着农村旅游的深入发展，市场需求将不断壮大，这将对农村旅游商品的深加工及特色商品的开发起到积极作用。农村旅游产业链的拓展和深化将有效带动农产品加工等产业的繁荣，实现农村经济的多样化发展，促进城乡经济的一体化。

农村旅游的发展也将推动当地文化和传统手工艺的保护和传承，提升农村的整体形象和文化软实力，促进农村的全面振兴。农村旅游业的发展与榆林城乡一体化密切相关。榆林作为中国西北地区的重要城市，城乡一体化发展是榆林实现乡村振兴战略的重要抓手之一。通过推动农村旅游业的发展，可以有效促进榆林市城乡之间的资源流动和要素配置，实现城乡经济的协同发展[①]。在农村旅游业的带动下，榆林市的农村地区将吸引更多的城市资金和先进技术投入，提升当地的农村旅游设施和服务水平，改善农村居民的生产生活条件。同时，农村旅游业的发展也将促进榆林市的文化传承和乡村环境的保护，推动榆林市乡村振兴战略的全面实施。农村旅游业的发展将有效促进城乡资源的重新配置和要素的合理流动，推动城乡一体化进程的加快，为乡村振兴战略的实施提供重要支撑和动力。在此过程中，需要政府各

---

① 王友云，罗正业，王磊.科技创新赋能乡村振兴战略的机理探讨 [J].贵阳学院学报 (社会科学版)，2022，17(03)：93-97.

各部门加强政策引导和支持，加大对农村旅游业的投入，提升农村旅游产业的竞争力和发展水平，实现城乡经济的全面协调发展。

二、乡村振兴战略促进榆林城乡资源共享与互补

(一) 促进城乡经济的融合发展

将城市的红色文化资源与乡村的自然风光、传统民俗等资源相结合，是一种创新的发展模式，有助于吸引更多游客前来榆林参观游览，促进城乡经济的融合发展。城市和乡村之间的资源共享和互补，不仅可以促进旅游业的发展，还可以带动相关产业的发展，促进城乡经济的协调发展。将城市的红色文化资源与乡村的自然风光相结合，可以提升榆林旅游业的吸引力和竞争力。榆林作为一个拥有丰富红色文化遗产的城市，拥有着众多红色文化景点和历史遗迹。将这些红色文化资源与乡村的自然风光相结合，可以打造出独具特色的旅游线路和产品，如红色文化+农家乐、红色文化+生态旅游等，吸引更多游客前来榆林旅游观光。

将城市的红色文化资源与乡村的传统民俗相结合，可以丰富榆林旅游的文化内涵和体验感。乡村的传统民俗文化是榆林的宝贵资源，如民间歌舞、手工艺制作、传统节庆等。将这些传统民俗文化与城市的红色文化资源相结合，可以举办各种形式的文化活动和体验活动，如红色文化节、传统民俗表演、手工艺品展销等，丰富游客的文化体验，增强游客的参与感和满意度。将城市的红色文化资源与乡村的自然风光、传统民俗相结合。例如，可以发展乡村民宿、农家乐、特色小吃等旅游服务业，提供给游客更加丰富的住宿、餐饮和娱乐体验。同时，也可以发展文化创意产业，推出红色文化衍生品、手工艺品等，丰富游客的购物选择，促进当地手工业和文化产业的发展。这种城乡一体化发展的模式，不仅有利于榆林的经济社会发展，也为其他地区的乡村振兴提供了有益的借鉴和启示。

(二) 提升城乡形象和品牌价值

将城市的红色文化资源与乡村的自然景观和传统文化相结合，不仅可以丰富城乡旅游产品和服务，还能提升城乡的形象和品牌价值。通过打造具

有独特魅力的城乡一体化旅游目的地和产品，可以吸引更多游客前来体验，提升城乡地区的知名度和美誉度，促进城乡的共同发展。将城市的红色文化资源与乡村的自然景观相结合，可以创造出独具特色的旅游目的地和产品。榆林自然风光秀丽、人文底蕴深厚，如何将这些资源有机地结合起来，打造具有独特魅力的城乡一体化旅游产品成为一项重要任务。可以开发出红色文化主题的乡村旅游线路，将城市的红色文化景点与乡村的自然景观相连接，打造出一条集观光、休闲、体验于一体的旅游路线，吸引更多游客前来体验。

将城市的红色文化资源与乡村的传统文化相结合，可以丰富旅游产品和服务，提升游客的文化体验。榆林乡村地区拥有着悠久的历史和丰富的传统文化，如民俗活动、传统手工艺等，这些都是具有吸引力的文化资源。可以通过举办各种形式的文化活动和体验项目，如红色文化节、传统民俗表演、手工艺品制作等，让游客亲身感受和参与其中，丰富其文化体验，提升旅游的吸引力和竞争力。城市的红色文化资源与乡村的自然景观和传统文化相结合，还可以提升城乡地区的形象和品牌价值。通过打造具有独特魅力的城乡一体化旅游产品和服务，可以提升城乡地区的知名度和美誉度，推动城乡经济的发展。同时，也可以通过积极的宣传推广，打造城乡旅游品牌，树立城乡地区的良好形象，增强其竞争力和吸引力，促进城乡地区的共同发展。

第四节　城乡一体化发展的路径与实践

一、榆林城乡一体化发展的路径

(一) 构建城乡融合发展思路

1. 确立城乡融合发展的目标

坚持城乡融合发展的信念，构建城乡融合发展思路，需要将城乡融合发展的定位提高到一个新的层次，使之成为思想决定行动的指导原则。首先要明确城乡融合发展的目标和方向，以实现农业现代化和"两个一百年"为战略目标，确立城乡融合发展的定向准则和明确目标，从而确保城乡融合发展的方向不偏离。城乡融合一体化发展需要正视所面对的困难和挑战，切实解决存在的问题，采取积极向上的举措，实践城乡融合发展的理念。这包括深入分析城乡发展中存在的问题和矛盾，找准解决问题的根源，积极探索适合当前实际的解决方案，确保城乡融合发展的实际效果。

2.挖掘和利用红色文化资源

在城乡一体化发展的过程中，榆林的红色文化资源可以成为推动城乡一体化发展的重要路径之一。作为西北革命的策源地和延安精神的重要发源地之一，这些红色文化资源既是中国革命历史的重要见证，也是陕北地区特有的文化符号。通过建设红色旅游景区和纪念馆，挖掘革命历史遗迹，打造具有红色教育意义的旅游线路，吸引游客前来参观游览，促进乡村旅游业的发展。可以利用红色文化资源带动乡村产业发展。通过开发红色文化衍生产品，如红色文化衍生手工艺品、红色文化主题美食等，促进当地产业的发展，实现城乡经济的融合发展。可以利用红色文化资源改善乡村生活环境。通过修复和保护红色文化遗址，美化乡村环境，提升乡村居民的生活品质，增强他们的文化自信心，促进城乡文化的交流和融合①。城乡融合发展需要将城乡融合发展的定位提高到一个新的层次，同时要正视城乡发展中存在的困难和挑战。榆林的红色文化资源可以作为推动城乡一体化发展的重要路径之一，为城乡一体化发展提供重要支撑和动力。

（二）建立完善的人才培训体系

1.更新人才培养方法

为加强城乡融合发展的人才支持，需要更新人才培养方法并引进相应配套机制。针对城乡一体化发展的现实情况，组织人事相关部门应有针对性地、有计划地培养复合型人才，对城市和乡村人才进行异地培训和岗位实践，促进人才交流和学习。同时，应充分利用农业科研院所、高等院校的科技和教育资源，加强政策鼓励，培养和塑造一批高精尖人才来带动城乡发展。职业院校、乡村远程教育、农技推广培训班等也应发挥重要作用，培养专项人才，为城乡融合发展提供人才保障。榆林作为一个历史悠久的城市，

① 董欣.乡村振兴战略下的农民就业转型研究[D].石家庄：河北师范大学，2022.

红色文化资源可以为城乡一体化发展提供独特的路径。可以通过榆林的红色文化资源来推动人才培养。通过建立与红色文化相关的专业课程和实践项目，激发学生对红色文化的兴趣和热情，培养出一批懂得红色文化、热爱乡村、具备实践能力的复合型人才。例如，开设红色文化旅游开发与管理、红色文化传承与保护等专业课程，组织学生到红色革命遗址实地参观学习，提升他们的实践能力和综合素质。

2. 引进人才和专家

可以通过榆林的红色文化资源来引进人才和专家，促进城乡人才交流和学习。可以组织专家学者来榆林进行红色文化研究和调研，举办学术交流会议和培训班，为当地干部和群众普及红色文化知识，提高他们的文化素养和意识形态水平，推动城乡融合发展。可以通过榆林的红色文化资源来激发乡村青年的创业热情，培育一批乡村创业领军人才。可以组织青年农民参加相关的创业培训和项目孵化，提供创业资金和政策支持，鼓励他们利用当地的红色文化资源开展创业活动，推动乡村经济的发展和壮大。通过利用榆林的红色文化资源，可以为城乡一体化发展提供重要的人才支持。政府部门应制定相关政策和措施，引导和支持人才培养和引进工作，为城乡融合发展提供坚实的人才保障。

(三) 深化城乡融合发展体制改革

改革城乡融合发展体制，强化要素供给，统筹推进城乡一体化发展的顶层设计是促进城乡融合发展的关键一步。要理顺财政部门、发改委、国土部门、水利部门、林业部门等农业管理职能，实现统一目标指引、统一蓝图规划、统一体系推进执行的目标。此外，还要加强乡村社会保障体系的供给，强化城乡居民权利均等机制，彻底取消城乡户口的差别化管理，确保城乡居民在就业分配、社会民生保障、基本公共服务权益同等化。统筹城乡发展规划，注重功能整合，协同发展。同时，出台城乡融合监管办法，发挥政府机关监督作用，修改和完善农村生活用水、用电、生态破坏补偿、利益共享等方面的法律法规，优化乡村居民法治环境，为农业现代化和乡村经济的快速发展提供有效的制度保障。

可以利用榆林的红色文化资源来推动城乡融合发展体制的改革。加强城乡间的文化交流和合作，建立城乡融合发展的合作机制和沟通平台，为城乡一体化发展提供制度保障和政策支持。可以通过榆林的红色文化资源来促进城乡居民的权益均等化。通过举办红色文化宣传活动和教育培训，提高城乡居民的文化素养和意识形态水平，加强对城乡居民权利的保障和维护，实现城乡居民在政治、经济、社会等方面的平等权益和地位。可以通过榆林的红色文化资源来促进城乡发展规划的统筹和协同。通过建立红色文化保护区和开发利用区，合理规划城乡发展空间布局，优化资源配置和产业结构，推动城乡功能互补和协同发展，实现城乡一体化发展的整体融合。政府部门应加强顶层设计和政策支持，完善城乡融合发展的体制机制，为城乡一体化发展提供强有力的制度保障和政策支持。

（四）强化基层组织建设

加强基层党组织设立，夯实党的执政基础，是推动城乡融合发展的重要举措。这需要增强党对城乡融合发展的群众号召力和组织力，同时强化对乡村基层党组织的执政信念教育，确保党的执政理念不动摇，加强对城乡一体化发展的思想引导。要关注基层组织政治建设，明确政治立场，强调党在城乡融合发展中的政治领导作用，树立基层组织的目标意识，牢记党的初心和使命。可以通过红色文化资源来强化基层党组织的执政基础。充分利用红色文化资源，开展红色主题教育活动，加强对基层党员的理想信念教育，增强党员的政治意识和党性观念，确保基层党组织始终保持先进性和纯洁性。可以通过红色文化资源来增强党对城乡融合发展的群众号召力和组织力。通过组织红色文化宣传活动和主题教育活动，加强党与群众的联系，增强党的凝聚力和战斗力，凝聚起城乡融合发展的强大合力。可以通过红色文化资源来强化对乡村基层党组织的执政信念教育。通过开展红色文化教育和传统文化传承活动，引导基层党员干部牢记党的初心和使命，不忘合作社创始初心，为实现乡村振兴和城乡融合发展作出更大贡献。利用榆林丰富的红色文化资源，加强基层党组织建设，是推动城乡一体化发展的有效路径。政府部门应加强对基层党组织的支持和指导，创造良好的政策环境和社会氛围，为基层党组织的发展提供有力保障。

二、城乡一体化发展的实践

榆林市作为一个具有丰富红色文化资源的地区，在推动城乡一体化发展过程中，积极开展了多样化的红色文化教育与宣传活动。通过举办红色文化展览、丰富的主题演讲、红色文化体验活动等形式，深入挖掘红色文化资源的历史内涵，让广大市民和乡村居民了解红色文化、感受红色文化，增强城乡居民的文化认同感和归属感，从而推动城乡一体化发展的实践。榆林市通过举办红色文化展览，展示榆林丰富的红色文化资源。这些展览内容涵盖了榆林市的革命历史、红色文化遗迹、革命英烈事迹等方面，展示了榆林市丰富的革命历史和红色文化底蕴。市民和乡村居民可以通过参观这些展览，深入了解榆林市的红色文化，感受到红色文化的伟大精神和深远影响，从而增强了对家乡的文化认同感和自豪感。榆林市还开展了丰富多彩的主题演讲活动。

通过邀请专家学者、红色文化研究者等人士进行演讲，围绕红色文化的历史价值、精神内涵、当代意义等方面展开深入探讨，引导市民和乡村居民深入思考和了解红色文化的重要意义。这些主题演讲活动不仅提供了学习和交流的平台，还有助于激发市民和乡村居民对红色文化的兴趣和热情，增强了文化认同感和归属感。榆林市还组织了一系列红色文化体验活动。这些活动包括红色文化主题游学活动、红色文化体验营等，通过参观革命纪念馆、红色文化景区等地，亲身感受红色文化的魅力和历史底蕴。这些活动不仅让市民和乡村居民了解红色文化，还增强了他们对红色文化的认同和自豪感，促进了城乡居民之间的文化交流与融合。榆林市通过丰富多彩的红色文化教育与宣传活动，深入挖掘和传承红色文化，增强了市民和乡村居民的文化认同感和归属感，为推动城乡一体化发展贡献了重要力量。在未来的发展中，榆林市还将继续深化红色文化教育与宣传工作，不断丰富形式、提升水平，为实现城乡一体化发展目标作出更大的贡献。

第十章　乡村振兴战略下的榆林红色文化资源与环境保护

第一节　环境保护与可持续发展的重要性

一、榆林红色文化资源与环境保护的重要性

(一) 红色文化与生态价值相辅相成

榆林市的红色文化资源与其自然环境息息相关，保护好这片独特的生态环境部仅对红色文化的传承至关重要，而且对维护生态平衡和保护生态环境具有重要意义。在乡村振兴和城乡一体化发展的进程中，榆林的红色文化资源与环境保护的关系愈发凸显，需要采取有效的措施来实现红色文化与自然环境的和谐共生。保护红色文化资源所在的自然环境是保护红色文化传承的前提条件。榆林市拥有众多红色文化遗迹和景点，这些遗迹和景点往往融入了当地独特的自然景观之中，形成了独具特色的文化景观。然而，随着城乡建设的不断扩张和人类活动的增加，一些红色文化资源所在地的自然环境受到了破坏和污染，严重威胁着红色文化的传承和保护。因此，必须加强对红色文化资源所在地的生态环境保护，确保红色文化得以长久传承。

环境保护对于维护生态平衡和促进可持续发展至关重要。榆林市的生态环境脆弱，山区、沙漠化等问题相对突出。而红色文化资源所在地往往也是生态环境的重要组成部分，对生态环境的保护不仅有利于保护红色文化，也有助于提高生态环境，提高当地居民的生活质量[①]。因此，要注重在红色文化资源的开发利用过程中，同时重视生态环境的保护，采取措施保护植被、防治水土流失、净化水源等，实现红色文化与自然环境的和谐共生。加强环境教育和文化宣传，提高公众的环保意识和文化素养，也是保护红色文

---

① 王晓晓. 乡村振兴战略背景下西北地区农村集体经济发展壮大研究 [D]. 西安：西北农林科技大学，2022.

化与自然环境的重要途径之一。通过开展环境保护和红色文化传承的主题教育活动、举办环保文化节、开展生态志愿服务等形式，引导广大市民和乡村居民树立绿色发展理念，积极参与环保和红色文化传承的实践活动，共同守护好榆林的红色文化与自然环境。保护红色文化资源所在地的自然环境不仅有利于红色文化的传承，也有助于维护生态平衡和保护生态环境。在榆林乡村振兴和城乡一体化发展的进程中，必须重视环境保护，采取有效措施保护红色文化与自然环境的和谐共生，促进经济、社会和生态的可持续发展。

(二) 环境保护为红色文化旅游提供保障

红色文化旅游作为榆林市的重要经济支柱，对于促进地方经济增长、改善居民生活水平、推动城乡一体化发展具有重要意义。然而，红色文化旅游的可持续发展需要建立在良好的自然环境的基础上。如果环境受到破坏，不仅会直接影响红色文化旅游的吸引力，也会削弱榆林市作为红色文化旅游目的地的竞争力。因此，环境保护不仅是保护红色文化资源的需要，也是为红色文化旅游提供良好环境的需要。环境保护是保护红色文化资源的必然要求。这些资源往往与自然环境紧密相连，共同构成了独特的文化景观。然而，随着城乡建设的加快和人类活动的增加，一些红色文化资源所在地的生态环境遭受到了破坏和污染。因此，保护好红色文化资源所在地的自然环境，对于确保红色文化的传承和保护至关重要。

环境保护是为红色文化旅游提供良好环境的需要。榆林市以其丰富的红色文化资源而闻名，吸引着大量游客前来参观游览。然而，如果景区的生态环境被破坏，给游客带来不良的游览体验，甚至可能损害游客的健康。这将直接影响到红色文化旅游的吸引力和可持续发展。因此，保护景区的自然环境，维护景区的生态平衡，对于提升红色文化旅游的品质和竞争力至关重要。环境保护对于维护当地居民的生活质量也至关重要。榆林市的居民生活往往依赖于周边的自然环境。因此，保护好环境，提高环境质量，对于提升居民的生活品质和健康水平具有重要意义。

二、榆林红色文化资源与可持续发展的重要性

(一) 社会和谐与共享发展

　　红色文化资源的保护与利用是实现乡村振兴战略的重要内容之一，也是促进乡村社会的和谐稳定和可持续发展的关键环节。充分发挥红色文化资源的作用，体现共享发展理念，不仅可以提升乡村居民的文化素养和生活品质，也能够促进乡村社会的和谐发展，实现共同富裕。将红色文化资源纳入乡村振兴的发展规划中具有重要意义。这些资源承载着丰富的历史文化底蕴和精神内涵，对于激发乡村居民的爱国主义情怀、传承红色基因具有重要意义。将红色文化资源纳入乡村振兴的发展规划中，可以引导资源的合理开发利用，充分发挥其在促进经济发展、改善农民生活、增强乡村凝聚力等方面的作用，实现经济、社会和文化的协调发展。可以让更多的农民受益，促进乡村社会的共同富裕。在榆林市，许多红色文化资源所在地位于农村，直接关系到农民的生活和利益。通过合理开发利用这些资源，可以为农民提供就业机会，增加收入来源，改善生活条件，提升生活品质。同时，也可以通过举办红色文化教育、开展文化旅游等活动，丰富农村居民的精神生活，增强他们的文化自信心和归属感，促进乡村社会的和谐稳定和可持续发展。保护和利用红色文化资源也有助于促进乡村社会的文化传承和创新。通过保护和利用这些资源，可以不断传承弘扬红色文化的优秀传统，激发乡村居民的文化创造力和创新意识，推动乡村社会的文化发展和繁荣。这不仅有助于传承红色文化，也能够丰富乡村居民的文化生活，提升其文化素养和自我价值感。榆林市的红色文化资源与可持续发展密切相关，体现了共享发展理念的重要内涵。通过将红色文化资源纳入乡村振兴的发展规划中，充分发挥其在促进经济发展、改善农民生活、促进文化传承等方面的作用，可以实现乡村社会的共同富裕和可持续发展。这不仅有助于推动榆林市经济社会的协调发展，也为全面建设社会主义现代化国家作出重要贡献。

（二）文化创新与品牌塑造

1. 创新红色文化的传播

榆林的丰富红色文化资源具有巨大的潜力，可以成为乡村文化创新的重要支撑，为乡村打造独特的文化品牌，推动乡村文化的可持续发展。通过创新红色文化的传播方式和形式，提升红色文化的影响力和吸引力，将有助于激发乡村居民的文化创造力和活力，促进乡村文化的蓬勃发展，进一步推动乡村振兴战略的实施。榆林市丰富的红色文化资源是乡村文化创新的重要基础。红色文化承载着丰富的历史内涵和精神价值，是中华民族宝贵的精神财富。榆林拥有众多的红色文化遗迹、纪念馆、革命纪念地等，这些资源为乡村文化的创新提供了丰富的素材和基础，为乡村文化创新提供了重要支撑。创新红色文化的传播方式和形式，有助于提升红色文化的影响力和吸引力。随着时代的发展和社会的进步，传统的红色文化传播方式已经不能满足当代人们的需求。因此，需要创新红色文化的传播方式和形式，将红色文化与现代科技、新媒体相结合，打造具有时代特色和时代魅力的红色文化品牌，吸引更多的人群参与到红色文化的传承和弘扬中来。

2. 激发乡村文化的活力和创造力

传统的红色文化传播方式往往局限于特定的时间和空间，难以实现长期稳定的传播效果。而通过创新红色文化的传播方式和形式，可以实现红色文化的全方位、多层次传播，将红色文化融入乡村生活的方方面面，使其成为乡村发展的重要动力和支撑点，对于提升乡村形象、推动乡村振兴具有重要意义。作为乡村的文化品牌，红色文化具有独特的吸引力和影响力，可以为乡村树立良好的形象，提升乡村的知名度和美誉度，促进乡村的可持续发展。因此，通过创新红色文化可以实现乡村文化的蓬勃发展，推动乡村振兴战略的顺利实施。可以激发乡村文化的活力和创造力，推动乡村文化的可持续发展，进一步促进乡村振兴战略的实施，为实现经济、社会和文化的协调发展作出重要贡献。

第二节　红色文化资源的可持续利用与环境保护

一、榆林红色文化资源的可持续利用

(一) 文化旅游开发

红色文化资源既承载着丰富的历史文化内涵，又具有重要的经济价值。通过开发红色文化旅游项目，如红色革命纪念馆、革命历史景区等，可以吸引游客前来参观、学习和体验，同时配套发展文化旅游产业链，提供导游、餐饮、住宿等服务，促进当地经济的可持续发展，实现红色文化资源的可持续利用。开发红色文化旅游项目是榆林市发展旅游业的重要举措之一。榆林市有着丰富的红色文化资源，如绥德、米脂、靖边等地均有重要的红色革命纪念馆、革命历史景区等。这些红色文化景点承载着丰富的历史内涵，具有极高的历史文化价值和教育意义，吸引了大量游客前来参观、学习和体验。配套发展文化旅游产业链是实现红色文化旅游项目可持续利用的关键。除了红色文化景点本身，还需要发展相关的文化旅游产业链，提供导游解说、餐饮住宿、纪念品销售等服务，为游客提供全方位的旅游体验[1]。这不仅能够增加游客的满意度，也能够创造就业机会，促进当地经济的发展。注重保护和传承红色文化资源的历史价值和精神内涵。在开发红色文化旅游项目的过程中，要注重保护和传承红色文化资源的历史价值和精神内涵，不仅要做好景点的保护工作，还要加强对红色文化的宣传和传播，提升游客对红色文化的认知和理解，从而实现红色文化资源的可持续利用。

(二) 科普宣传与数字化传播

1. 建设红色文化资源数字展览馆

利用科技手段开展红色文化资源的科普宣传和数字化传播工作，是推动榆林红色文化资源可持续利用的重要举措。通过建设红色文化资源数字展览馆、红色文化网站等平台，可以将红色文化资源展示与传播推向新的高

---

[1] 吴晓蓉. 乡村振兴战略下我国政策性农业再保险体系的构建研究 [D]. 厦门：福建农林大学，2022.

度，实现红色文化资源的广泛传播和共享，从而实现文化资源的可持续利用。建设红色文化资源数字展览馆。这种数字展览馆可以利用虚拟现实、增强现实等技术手段，将红色文化资源以立体、多媒体的形式呈现给观众。通过数字展览馆，游客可以身临其境地感受红色文化的历史沉淀和伟大精神，深入了解红色文化的内涵和价值。这种数字展览馆不受时间和空间的限制，可以随时随地进行参观，为更多的人提供了了解红色文化的机会。

2.建设红色文化网站

红色文化网站可以是一个专门的官方网站，也可以是一个专题性的文化传播平台。通过网站，可以发布红色文化资源的最新资讯、展览信息、数字化展品等内容，为广大网民提供了解红色文化的窗口。同时，还可以设置互动交流平台，让网民分享自己对红色文化的认识和感悟，促进红色文化资源的交流与合作。还可以利用社交媒体等新媒体平台，开展红色文化资源的推广宣传工作。通过在微博、微信、抖音等平台上发布红色文化资源的相关内容，吸引更多的人关注和了解红色文化，扩大红色文化资源的影响力和知名度。同时，也可以通过线上直播、网络讲座等形式，举办红色文化主题活动，吸引更多的观众参与，推动红色文化资源的传播和共享。通过以上措施，可以充分发挥科技手段的优势，将红色文化资源以数字化、网络化的形式进行展示和传播。这不仅可以吸引更多的人参与到红色文化的传承和弘扬中来，也为红色文化的传播打开了新的渠道和方式。同时，也有利于提升榆林市的文化软实力，促进当地文化旅游产业的发展，推动当地经济的可持续增长。因此，建设红色文化资源的数字展览馆、红色文化网站等平台，对于实现红色文化资源的可持续利用具有重要意义。

二、榆林红色文化资源的环境保护

（一）可持续利用与开发

在榆林红色文化资源的开发利用过程中，注重可持续发展原则，特别是在避免短期利益导致的环境破坏方面至关重要。红色文化资源的保护与利用应与环境保护相结合，通过合理规划、科学布局和生态保护措施，实现红色文化资源与环境保护的良性互动。需要科学规划红色文化资源的开发利用项目。在开发利用红色文化资源时，必须进行充分的前期调查和评估，了解资源的特点、分布和环境状况。基于这些信息，制定合理的开发利用规划，科学布局开发项目，避免对环境造成不可逆转的损害。在规划过程中，要充分考虑到环境保护的因素，尽可能减少对自然生态系统的干扰和破坏，确保红色文化资源与环境的和谐共生。需要采取有效的生态保护措施，保护红色文化资源所在的生态环境。这包括加强对自然景观的保护和修复，保护植被、水源、土壤等自然资源，防止水土流失、生态破坏等现象的发生。在开发利用项目中，要设立相应的保护区域和生态补偿机制，对环境进行长期监测和管理，确保生态环境的稳定和可持续。

需要加强环境教育和意识培养，提高公众对环境保护的认识和重视程度。通过开展环境宣传教育活动，向公众传递环境保护的重要性和紧迫性，培养公众保护环境的意识和行动。同时，要加强对从业人员和游客的环境教育，引导他们遵守环保法律法规，采取环保措施，共同保护好红色文化资源所在的生态环境。要加强监督和评估，及时发现和解决环境保护方面存在的问题。建立健全环境监测体系，对开发利用项目进行全程监测和评估，及时发现环境问题，采取有效措施加以解决。同时，要建立公众参与的监督机制，充分听取公众意见，加强对环境保护工作的监督和评估，确保红色文化资源与环境保护的良性互动。榆林红色文化资源的开发利用必须注重可持续发展原则，特别是环境保护方面。通过科学规划、生态保护、环境教育和监督评估等措施，实现红色文化资源与环境保护的良性互动，保护好红色文化资源所在的生态环境，为榆林的可持续发展注入新的活力。

（二）政策法规保障

1.完善环境保护政策法规

建立健全环境保护政策法规体系，是保护榆林红色文化资源的重要举措。通过严格规范红色文化资源开发利用行为，加大对环境污染和破坏红色文化遗产的违法行为的监管和处罚力度，可以有效保护环境，保护红色文化资源，维护生态平衡和文化传承。应当建立完善的环境保护政策法规体系。政府部门应当加强对环境保护的立法工作，制定一系列环境保护相关的法律法规，明确红色文化资源开发利用中应当遵守的规范和标准。这些法律法规应当涵盖红色文化资源开发利用项目的环评制度、环境保护责任、污染治理等内容，确保环境保护措施得到有效执行。需要加大对环境保护政策法规的执行力度。政府部门应当建立健全环境保护监管机制，加强对红色文化资源开发利用项目的监督检查，确保项目按照环境保护法律法规的要求进行。对于存在环境污染、破坏红色文化遗产等违法行为的项目，应当依法予以责令停工整改，对于情节严重的，可以进行罚款、停产整顿等行政处罚。

2. 加强执法力量建设

应当加大对环境污染、破坏红色文化遗产等违法行为的打击力度。政府部门应当加强执法力量建设，提高执法效率和执法水平，对于违法行为依法进行严厉打击。同时，还可以加强与公安、检察院等相关部门的协作，形成多部门联合打击的合力，共同保护好环境和红色文化资源。还应当加强环境保护意识的宣传和教育，提高公众对环境保护的重视程度。政府部门可以通过开展环境保护宣传活动、组织环境保护知识普及培训等方式，引导公众自觉遵守环境保护法律法规，增强环境保护意识和法治观念。加大监管力度和依法惩处力度，对于保护榆林红色文化资源和生态环境具有重要意义。只有通过严格执行环境保护法律法规，加大对环境污染和破坏行为的打击力度，才能有效保护好榆林的红色文化资源和生态环境，为后代留下一个美丽、干净、和谐的家园。

第三节　乡村振兴战略下的环境保护实践

一、乡村振兴战略下的生态环境保护与修复

(一) 植被恢复

重新植被是保护榆林红色文化遗产所在地的重要环境保护实践之一。通过树木种植、草地恢复等工作，恢复红色文化遗产所在地的植被覆盖，可以提高土地的生态质量和生态稳定性，减少水土流失，提高土壤质量。重新植被是保护榆林红色文化遗产所在地生态环境的有效手段。随着工业化和城市化进程的加速，一些地区的生态环境受到了严重破坏，植被覆盖度下降，

土地退化加剧，水土流失等问题日益突出。通过重新植被，可以有效防止水土流失，减少土壤侵蚀，提高土壤质量，保护生态系统的稳定性和完整性。重新植被有助于提高生态环境的适宜性。榆林市地势多山，气候条件复杂，生态脆弱。通过树木种植、草地恢复等措施，可以增加植被覆盖率，改善土壤结构，增强土地的保水保肥能力，提高土地的抗旱抗涝能力，使生态环境更加适宜人类居住和生产，有利于乡村的可持续发展。

重新植被可以提升红色文化遗产所在地的景观价值和吸引力；可以美化环境，增加景观绿化，提升游客的游览体验，进一步促进红色文化旅游业的发展，推动乡村振兴。乡村振兴战略提出了建设美丽乡村的目标，而环境保护是实现美丽乡村的重要保障。种植植被，不仅可以改善生态环境，提升乡村的生态品质，还可以促进乡村经济的发展，推动乡村振兴战略的实施[1]。加强对榆林红色文化遗产所在地的植被恢复工作，不仅是环境保护的需要，也是乡村振兴战略的重要实践。政府部门应加大对植被恢复项目的支持力度，制定相应的政策措施，引导社会各界积极参与，共同推动榆林市红色文化资源的环境保护工作，实现生态文明建设和乡村振兴的双重目标。

(二) 水土保持工程

开展水土保持工程是保护榆林红色文化遗产所在地的重要环境保护实践之一。通过建设梯田、林网、草坪等水土保持措施，可以有效防止土壤侵蚀和水土流失，保护土地资源的稳定性和完整性。水土保持工程的开展有助于减少土壤侵蚀和水土流失，维护土地资源的稳定性和完整性。水土保持工程有助于改善生态环境，提高生态系统的稳定性和生态功能。土壤是生态系统的基础，土壤的保持和改良对于维护生态平衡和生态环境具有重要意义。通过水土保持工程，可以提高土壤结构，提高土壤质量，促进土地生态系统的恢复和提高，有利于生物多样性的维护和生态环境的稳定。

---

[1] 雷文华. 提升农业产业化龙头企业科技创新能力助推乡村振兴战略实施 [J]. 农家参谋，2021 (24)：13–14.

二、乡村振兴战略下践行绿色发展理念

(一) 鼓励绿色产业发展

支持和引导绿色产业在榆林红色文化资源开发中的应用和发展，是实现环境保护与资源可持续利用的重要举措。绿色产业，包括生态农业、绿色建筑、清洁能源等领域，具有低碳、清洁、环保等特点，与红色文化资源的保护和利用相辅相成，共同促进了乡村振兴战略的实施。生态农业的发展是榆林红色文化资源保护与环境保护的重要途径之一。通过推广有机农业、生态种植等方式，实现对农业生产过程中化肥农药的减少，减轻对土地和水资源的污染，保护农田生态环境。同时，生态农业也可以提高农产品的品质和安全性，促进农村经济的可持续发展。绿色建筑在榆林红色文化资源开发中具有重要意义。通过采用可再生材料、节能环保技术等手段，建设符合生态环保要求的建筑，减少对自然资源的消耗，降低对环境的影响，实现建筑与自然的和谐共生。此外，绿色建筑还可以提升建筑物的舒适性和可持续性。

清洁能源的应用也是榆林红色文化资源环境保护的重要手段之一。通过发展太阳能、风能等清洁能源项目，减少对传统能源的依赖，降低能源消耗和排放，减少对环境的污染和破坏。同时，清洁能源的开发还可以为当地经济带来新的增长点，促进产业结构的优化和升级，推动乡村振兴的实现。支持和引导绿色产业的发展对于促进榆林红色文化资源的环境保护实践至关重要。政府部门应加大对绿色产业的政策支持和引导力度，制定相关扶持政策，提供资金支持和技术指导，鼓励企业和农民参与绿色产业的发展。同时，还应加强宣传教育，提高公众对绿色产业的认知和支持度，营造良好的社会氛围，共同推动榆林市红色文化资源的环境保护实践，实现经济、社会和环境的可持续发展。

(二) 倡导低碳生活方式

1. 减少环境的压力

开展低碳生活宣传教育活动，是榆林红色文化资源环境保护实践中的重要举措。这项活动旨在倡导居民采取低碳环保的生活方式，通过宣传节能

减排知识、推广低碳出行方式等，引导居民形成绿色低碳的生活习惯，减少对环境的压力，实现了红色文化资源的可持续利用与环境保护的有机结合。开展低碳生活宣传教育活动可以提高居民的环保意识。通过举办座谈会、讲座、宣传展览等形式，向居民普及节能减排的相关知识，使他们了解到自己的生活方式对环境的影响，并激发他们参与低碳生活的积极性。宣传推广低碳出行方式有助于减少交通排放。鼓励居民选择步行、骑行、乘坐公共交通等低碳出行方式，减少私家车使用量，减少排气排放物，提高空气质量，减少交通对环境的污染。

2. 促进资源的节约利用

倡导居民减少能源消耗，提倡合理使用水、电、气等资源，减少浪费，实现资源的节约和循环利用，促进了环境资源的可持续利用。开展低碳生活宣传教育活动还可以促进乡村经济的发展。通过引导居民选择绿色、环保的消费方式，促进绿色产品和服务的需求，激发了绿色产业的发展潜力，推动了乡村经济的转型升级。开展低碳生活宣传教育活动是榆林红色文化资源环境保护实践中的重要举措。这项活动有助于提高居民的环保意识，减少环境污染。因此，政府部门和社会各界应共同努力，加大力度开展低碳生活宣传教育活动，为榆林红色文化资源的环境保护实践提供更加有力的支持。

第四节　环境保护与文化资源开发的协同机制

一、环境保护与榆林红色文化资源开发协同机制建设的意义

环境保护与榆林红色文化资源开发协同机制建设在乡村振兴战略中具有重要意义，环境保护与红色文化资源开发协同机制的建设可以促进乡村旅游业的发展。通过保护自然环境和发展红色文化旅游资源，可以提升乡村旅游的吸引力和竞争力，吸引更多游客前来乡村旅游，推动乡村旅游业的蓬勃发展。环境保护与红色文化资源开发协同机制建设可以丰富乡村旅游产品。将环境保护与红色文化资源开发相结合，打造具有独特魅力的乡村旅游景点和线路，满足他们多样化的需求，促进乡村旅游业的多元化发展。环境保护与红色文化资源开发协同机制建设可以提升乡村经济收入。发展乡村旅游业

可以带动当地农民增收致富，促进农村经济的多元化发展，提高农民的生活水平和幸福感，实现乡村振兴战略的目标。环境保护与红色文化资源开发协同机制建设有助于保护榆林市的生态环境。通过科学规划和管理，加大环境监测和保护力度，保护自然景观和生态系统，确保生态环境的稳定和健康，为乡村振兴提供可持续的自然资源支撑。

二、环境保护与榆林红色文化资源开发协同机制建设的途径

(一) 建立联合机制

1. 建立信息共享机制

建立政府、企业、社会组织间的信息共享机制对于榆林红色文化资源开发与环境保护的协同机制具有重要意义。这一机制的建立旨在加强各方之间的沟通联系，促进信息的流通与共享，共同推动红色文化资源的可持续利用与环境保护。建立政府主导的信息共享平台。政府作为红色文化资源开发与环境保护的主要管理者和监管者，应当发挥其统筹协调作用，建立一个信息共享的统一平台。这个平台可以包括政府部门的官方网站、移动应用程序等多种形式，用于发布相关政策法规、项目进展、环境监测数据等信息，为企业和社会组织提供参考。鼓励企业积极参与信息共享。企业作为红色文化资源开发的主要实施者之一，应当承担起环境保护的责任，主动向政府和社会组织提供项目进展、环境影响评估等信息。政府可以通过激励政策、奖惩机制等手段，引导企业自觉公开信息，增强信息的透明度和可信度。同时，社会组织也应当参与到信息共享机制中来。

社会组织通常具有丰富的资源和广泛的网络，能够有效地监督和参与红色文化资源开发过程。政府可以通过设立专门的社会组织联络机构或委员会，与社会组织保持密切联系，及时了解他们的意见和建议，促进信息的互通共享。建立起一套科学的信息共享流程和机制也是必要的。这包括信息的收集、整理、传递和反馈等环节。政府可以成立专门的信息共享工作组织，负责协调各方的信息共享工作，并建立起信息管理制度，确保信息的准确性

和及时性。加强信息共享还需要加强对相关人员的培训和指导①。政府可以组织培训班、研讨会等活动，向企业和社会组织的管理人员介绍信息共享的重要性和方法，提高他们的信息共享意识和能力。建立一个定期评估和改进机制，对信息共享机制的实施效果进行监测和评估，发现问题及时调整和改进措施，确保信息共享机制的顺利运行。建立政府、企业、社会组织间的信息共享机制是榆林红色文化资源开发与环境保护的协同机制中至关重要的一环。只有通过加强信息的共享与流通，才能更好地协调各方的行动，实现红色文化资源的可持续利用与环境保护的良性循环。

2. 开展合作项目和活动

在榆林红色文化资源开发与环境保护的协同机制中，政府、企业和社会组织的联合合作起着至关重要的作用。通过建立有效的合作项目和活动，各方可以共同推动红色文化资源的开发利用，并保护生态环境，实现可持续发展。政府、企业和社会组织可以共同组织联合考察活动，深入红色文化资源所在地进行实地考察和调研。政府可以组织专业团队，提供政策支持和指导，企业可以提供项目实施的技术和资金支持，社会组织可以提供志愿者服务和公众参与。通过联合考察，各方可以共同了解资源现状和保护需求，为后续合作项目的开展提供基础支撑。可以开展联合调研活动，围绕红色文化资源开发与环境保护的重点问题展开深入研究。政府部门可以组织专家学者和行业领军人物，开展相关主题的调研项目，企业可以提供实践经验和数据支持，社会组织可以提供公众意见和社会反馈。通过联合调研，各方可以深入探讨问题根源和解决方案，形成共识和共同行动计划。

政府、企业和社会组织可以共同举办培训班、研讨会等活动，邀请专家学者和行业精英进行培训和知识分享，提升各方在红色文化资源开发和环境保护方面的专业水平和能力。通过培训，可以加强各方的沟通与合作意识，促进团队建设和协同作战能力的提升。除了上述活动外，政府、企业和社会组织还可以在项目实施过程中开展合作，共同推动红色文化资源的开发与保护工作。政府可以提供政策支持和项目管理，企业可以提供技术和资金支持。通过协同作战，各方可以充分发挥各自优势，实现资源共享和优势

---

① 杨娟. 基于乡村振兴战略下的农业经济管理优化策略分析 [J]. 山西农经，2021（19）：49-51.

互补，推动红色文化资源的可持续利用与环境保护。建立起定期的联席会议和工作协调机制，加强各方之间的沟通与协调，及时解决合作中的问题和困难，保障合作项目的顺利实施。政府可以组织联席会议，邀请企业和社会组织代表参与，共同研究和讨论重大事项，形成共识和决策，推动协同机制的不断完善和发展。政府、企业和社会组织的联合合作是推动榆林红色文化资源开发与环境保护的重要保障。

(二) 推动科技创新

政府主导的环境保护与红色文化资源开发技术交流平台是为了促进各方的合作与共享，推动环境保护技术在红色文化资源开发中的应用，加强技术创新和成果转化。该平台将为企业、科研机构、专业人士以及政府部门提供一个开放、共享的交流平台，促进各方资源共享、信息互通，推动环境保护与红色文化资源开发的协同发展。政府可以牵头成立该交流平台，并提供政策支持和管理指导。政府部门可以负责组织平台的建设和运营，制定相关政策和标准，引导各方参与交流活动，推动技术创新和成果转化。政府还可以为平台提供资金支持和项目扶持，鼓励企业和科研机构参与平台建设和运营。企业可以利用平台资源，加强与科研机构和专业人士的合作，共同开展环境保护与红色文化资源开发的相关项目和活动。企业可以分享自身的技术和经验，获取科研机构和专业人士的技术支持和专业指导。同时，企业还可以利用平台进行产品推广和市场拓展，提升自身的竞争力和影响力。

科研机构和专业人士可以利用平台资源，加强与企业和政府部门的合作，共同开展环境保护与红色文化资源开发的科研项目和技术攻关。科研机构可以开展前沿科研，推动环保技术的创新和应用，为红色文化资源的保护和利用提供科学支撑和技术支持。专业人士可以提供专业服务和技术咨询，解决实际问题和技术难题，促进环境保护与红色文化资源开发的良性循环。政府、企业、科研机构和专业人士还可以利用平台资源，开展各类交流活动，如学术研讨会、专题讲座、技术培训等，促进各方之间的沟通与合作，分享技术成果和经验教训，共同推动环境保护与红色文化资源开发的协同发展。这些交流活动将为各方提供一个学习、交流、合作的平台，促进合作共赢，推动可持续发展。政府主导的环境保护与红色文化资源开发技术交流平台将为各方提供一个开放、共享的交流平台。通过政府、企业、科研机构和专业人士的共同努力，将实现技术创新和成果转化，推动环境保护与红色文化资源开发的良性循环，实现可持续发展的目标。

第十一章 乡村振兴与榆林红色文化资源的科技创新与信息化建设

第一节 科技创新在红色文化资源开发中的作用

一、促进数字化红色文化资源管理系统建设

（一）科技创新对红色文化资源的全面梳理和有效管理

榆林作为陕北地区的核心城市之一，红色资源不仅是中华民族的宝贵历史遗产，也是推动当地乡村振兴的重要力量。科技创新在榆林红色文化资源开发中起着关键性作用，其应用为红色文化资源的挖掘、保护、传承和利用提供了全新的途径和手段。利用信息化技术，可以建立榆林红色文化资源的数字化管理系统。这一系统包括红色历史档案、文物资料、红色旅游景点等的数字化收集、整理和展示。通过数字化管理系统，可以实现对红色文化资源的全面梳理和有效管理，为红色文化资源的保护和传承提供可靠的数据支撑。同时，数字化展示也为更多人了解和学习榆林的红色文化提供了便利，有助于加强对红色文化的认知和传播。科技创新可以为榆林红色文化资源的保护和修复提供更加精确和高效的手段。利用先进的科技手段，如激光扫描、三维建模、材料分析等技术，可以对红色文化遗产进行精准的保护和修复，延长其保存时间，确保后代能够继续欣赏和学习[①]。同时，科技创新也可以帮助提升文物保护的技术水平，降低保护成本，加速红色文化资源的修复和保护工作。

---

① 卢一鸣.坚守使命创新发展科技赋能为加快推进乡村振兴战略助力 [J].农场经济管理，2021（10）：12-14.

(二) 多样化和个性化的途径

科技创新还可以为榆林红色文化资源的传承和利用提供更加多样化和个性化的途径。结合人工智能、大数据等技术，可以开发智慧旅游应用，为游客提供更加个性化、丰富多彩的红色文化体验，提升旅游质量和吸引力。同时，利用科技手段开发红色文化教育资源，如手机应用、网络课程等，也有助于推动红色文化的传承和发展。科技创新在榆林红色文化资源开发中具有重要作用。通过利用信息化技术建立数字化管理系统，精准保护和修复红色文化遗产，以及开发智慧旅游应用和红色文化教育资源，可以促进榆林红色文化资源的保护、传承和利用，为当地乡村振兴注入新的活力。

二、红色文化教育资源建设

科技创新在榆林红色文化资源开发中发挥着重要作用，特别是在开发适合不同年龄和学习需求的红色文化教育资源方面，其应用为红色文化的认同感和自豪感培养提供了全新的途径和手段。通过在线教育平台和移动应用等方式，可以开发适合不同年龄和学习需求的红色文化教育资源。这些资源可以包括红色历史知识普及、红色传统文化传承等内容，通过丰富多样的形式，如视频课程、互动游戏、虚拟实境体验等，向广大群众传授红色文化知识，激发对红色文化的兴趣和热爱。同时，这些教育资源也可以根据用户的个性化学习需求进行定制，提供更加精准和有效的学习体验。科技创新为红色文化教育资源的开发和传播提供了便利的渠道和平台。借助互联网和移动通信技术，可以实现红色文化教育资源的全球化传播，使更多的人能够方便地获取和分享这些资源。同时，科技创新还可以利用大数据分析和人工智能等技术，对用户的学习行为和偏好进行深入分析，为红色文化教育资源的优化和升级提供数据支持。科技创新也可以为红色文化教育资源的互动性和趣味性提供更加丰富的体验。虚拟现实技术可以打造沉浸式的学习环境，使用户可以身临其境地体验红色历史和文化。同时，利用社交化学习平台，可以促进用户之间的交流和互动，激发学习的兴趣和动力，提高学习效果和体验。利用在线教育平台、移动应用等方式开发红色文化教育资源，可以有效培养和传承榆林红色文化的认同感和自豪感，为当地乡村振兴注入新的文化活力。

三、科技支持农村产业发展

(一) 促进农村经济的发展作用

榆林地处黄土高原腹地，素有"陕北锁钥"之称，是中国革命的重要发祥地之一，也是红色文化资源丰富的地区之一。结合榆林的地域特点和产业基础，利用互联网、物联网等技术推动农村产业的数字化、智能化升级，培育红色文化产业，促进农村经济的发展，实现乡村振兴战略的目标具有重要意义。利用互联网、物联网等技术推动农村产业的数字化、智能化升级是榆林乡村振兴的关键一步。在农业方面，可以引入智能化农业技术，如农业物联网、遥感技术、无人机等，实现农田管理、灌溉、施肥等过程的智能化管理，提高农业生产效率和品质。同时，利用互联网技术打造农产品电商平台，拓展农产品销售渠道。在农村旅游方面，可以利用互联网平台开展线上宣传和预订服务，提升农村旅游的知名度和吸引力。

(二) 提供新动力的作用

科技创新可以为榆林红色文化产业的发展提供新动力。通过数字化展示、虚拟现实技术等手段，可以将榆林丰富的红色文化资源呈献给更广泛的受众。例如，利用虚拟现实技术打造红色革命历史场景的体验馆，吸引游客参观体验，提升红色旅游的吸引力。同时，利用互联网平台开展红色文化产品的线上销售和推广，拓展红色文化产业的市场空间，推动产业发展。科技创新还可以促进农村文化和教育事业的发展。利用互联网技术开展农村教育资源共享，提升农村教育水平。通过建设在线教育平台，向农村学生提供优质的教育资源和学习机会，弥补城乡教育差距。同时，利用互联网平台开展农村文化活动和传统技艺传承，促进农村文化的传承和发展。科技创新为榆林红色文化产业的发展和农村教育、文化事业的发展提供了新动力和新机遇。

第二节　信息化建设与文化资源管理

一、榆林红色文化资源的信息化建设

(一) 数字化档案管理

1. 保护榆林的红色文化遗产

乡村振兴与榆林红色文化资源的信息化建设密切相关，数字化档案库的建立为这一目标提供了重要支撑。通过将榆林丰富的红色文化资源进行数字化整理和档案管理，可以实现对这些珍贵资源的全面、系统化管理，为红色文化资源的保护、研究和传承提供便利，同时也能够推动榆林乡村振兴事业的发展。数字化档案库的建立可以更好地保护和传承榆林的红色文化遗产。包括大量的历史文献、文物图片、视频资料等。这些珍贵资源承载着榆林革命历史的记忆和文化精神，对于榆林乡村振兴和文化传承具有重要意义。通过数字化档案库的建立，可以将这些红色文化资源进行数字化整理和存储，保护其完整性和原始性，避免因时间流逝和自然损毁而造成的损失，确保后代子孙能够继承和学习榆林的红色文化遗产。数字化档案库为红色文化资源的研究和利用提供了便利条件①。传统的红色文化资源大多存放在档案馆、博物馆等机构中，访问和利用存在诸多限制，而数字化档案库的建立使得这些资源可以通过网络平台进行公开和共享。研究者、学者和爱好者可以通过网络平台轻松获取到相关资料，开展深入的研究和探讨，促进红色文化资源的挖掘和利用。同时，数字化档案库还可以为红色文化资源的展览、教育和宣传提供便捷的支持，丰富了榆林的文化生活，提升了红色文化的影响力和知名度。

2. 促进经济的增长

数字化档案库的建立有利于榆林乡村振兴事业的发展。作为一个重要的文化遗产，榆林的红色文化资源是历史的见证。数字化档案可以充分挖掘和利用红色文化资源，打造红色文化旅游产品，促进乡村旅游的发展。同时，数字化档案库还可以为榆林的文化创意产业提供素材和支持，推动文化

---

① 乔婉婷. 乡村振兴战略背景下"三农"经济发展问题对策研究 [J]. 边疆经济与文化, 2024(03)：44-48.

产业与旅游业、科技业的融合发展，促进经济的增长和社会的进步。数字化档案库的建立为榆林红色文化资源的保护、研究和传承提供了重要的支撑和保障，同时也为乡村振兴事业的发展注入了新的活力。随着技术的不断发展和应用，相信数字化档案库将会在榆林的红色文化传承和乡村振兴中发挥越来越重要的作用，为榆林的发展注入新的动力和活力。

（二）数据分析与管理

大数据技术的运用对于挖掘和管理榆林红色资源的内涵和价值具有重要意义。通过对榆林红色文化资源进行数据分析和管理，可以深入了解文化资源的利用情况、用户行为等信息，为文化资源的合理开发和利用提供科学依据，同时也能够促进榆林的乡村振兴事业的发展。大数据技术的运用可以帮助深入挖掘榆林红色文化资源的内涵和价值。通过对这些资源进行数据分析，可以深入了解其历史背景、文化内涵、地理分布等情况，从而更好地把握红色文化的本质和精神。同时，大数据技术还可以帮助发现文化资源之间的关联和联系，挖掘出更多的文化价值和意义，为榆林的红色文化传承和发展提供更为科学的指导。

大数据技术可以为榆林红色文化资源的合理开发和利用提供科学依据。通过对用户行为、文化资源利用情况等数据的分析，可以了解用户的偏好、需求和行为习惯，从而更好地满足用户的需求。比如，通过分析游客的行为数据，可以了解到哪些红色景点和活动更受欢迎，哪些时间段游客流量较大，从而合理安排资源的开发和利用，提高红色文化资源的利用效率和吸引力。同时，大数据技术还可以帮助优化文化产品和服务，提升用户体验，进一步促进榆林红色文化旅游的发展。大数据技术的运用有助于推动榆林的乡村振兴事业。红色文化是榆林的重要文化资源之一，也是榆林乡村振兴的重要支撑。通过大数据技术的运用，可以发现榆林乡村红色文化资源的潜在价值和发展机遇，为乡村振兴提供新的思路和路径。比如，通过分析乡村红色文化资源的地理分布和利用情况，可以发现哪些地区的红色文化资源较为丰富，哪些地区存在开发潜力，从而有针对性地制定乡村振兴规划和政策，推动乡村红色文化旅游的发展。大数据技术的运用对于榆林红色文化资源的挖掘和管理具有重要意义，不仅可以深入挖掘文化资源的内涵和价值，还可以推动榆林的乡村振兴事业的发展。随着技术的不断进步和应用，相信大数据技术将在榆林的红色文化传承和乡村振兴中发挥越来越重要的作用，为榆林的发展注入新的活力和动力。

二、榆林红色文化资源的管理

(一) 建立专门管理机构

1. 明确的职责和权限

在榆林乡村振兴和红色文化资源的保护利用过程中，设立专门的管理机构或部门至关重要。这样的机构应该拥有明确的职责和权限，能够有效协调各方资源，统筹规划和推进红色文化资源的保护和利用，从而促进榆林的文化传承和乡村振兴事业的发展。管理部门负责对榆林市的红色文化资源进行全面调查和整理，建立起完善的红色文化资源档案库，制定相应的保护措施和政策。负责制定红色文化资源的开发规划和利用政策，促进红色文化资源的合理开发和有效利用，推动红色文化旅游的发展。负责组织开展红色文化教育活动，加强对红色文化的宣传和推广工作，提高广大群众对红色文化的认知和认同。与文化、旅游、教育等相关部门和单位密切合作，共同推进红色文化资源的保护、开发和利用工作，实现资源共享和互惠互利。

2. 协调各方资源

红色文化资源的保护利用涉及多个领域和多个部门，需要有效地协调和整合。这个管理机构或部门应该具有统筹规划和协调合作的能力，能够有效整合各方资源，推动红色文化资源的全面发展。这个管理机构或部门应该能够制定科学合理的规划，推进红色文化资源的保护和利用。这个管理机构或部门应该具有规划编制和执行的能力，能够制定科学合理的发展规划和政策，推动红色文化资源的持续发展和利用。这个管理机构或部门应该具有有效的监督和评估机制。在推进红色文化资源的保护和利用过程中，需要有有效的监督和评估机制，及时发现问题和进行调整。这个管理机构或部门应该建立起科学合理的监督和评估体系，对红色文化资源的保护和利用工作进行全面、及时的监督和评估，确保工作的顺利推进和有效落实。设立专门的管理机构或部门是推进榆林红色文化资源保护和利用的关键举措。

(二) 促进旅游开发

榆林，作为中国革命历史的重要见证者，拥有丰富的红色文化旅游资源。在规划和开发榆林红色文化旅游资源的过程中，必须以合理性为前提，注重保护、管理和传承，同时提升旅游设施和服务水平，确保游客安全和游览体验。要加强对旅游景点的管理和维护，防止过度开发和环境破坏，同时引导和规范旅游开发，使之与乡村振兴相结合，实现经济、文化和生态的协调发展。要在规划和开发中注重保护和传承红色文化资源。在开发中，要尊重历史，保护文物古迹，传承红色基因，不能因为开发而破坏历史文化的完整性和纯粹性。可以通过建立红色文化遗产保护区、加强文物保护工作等方式，确保红色文化资源得到有效保护和传承。要提升旅游设施和服务水平，增强游客体验。优质的旅游设施和服务是提升旅游体验的重要保障。可以通过加大投入，提高景区基础设施，提升服务质量，丰富旅游产品和活动等方式，提升游客的满意度和忠诚度。同时，要加强人才培养，提高从业人员的专业素养，为游客提供更加专业、周到的服务。

加强对旅游景点的管理和维护，确保游客安全。景区管理是旅游业的重要环节，要建立健全景区管理体系，加强对旅游景点的监管和维护，确保景区的安全和秩序。可以加强巡逻和安保力量，建立景区安全预警机制，及时应对各种突发事件，确保游客的人身安全和财产安全。引导和规范旅游开发，防止过度开发和环境破坏。在开发过程中，要注重生态环境保护，避免过度开发和资源浪费，防止对自然环境造成破坏。可以制定相关政策法规，加强对旅游开发的引导和管理，促进旅游业可持续发展。同时，要鼓励开展生态旅游，推动绿色发展，实现经济效益和环境效益的双赢。榆林的乡村振兴战略与红色文化旅游资源的开发可以相互促进，既可以通过旅游业带动当地经济发展，又可以通过挖掘和传承红色文化资源，提升乡村文化软实力。可以通过发展农家乐、农业观光等方式，打造特色乡村旅游产品，吸引游客前来体验，推动乡村经济发展。合理规划和开发榆林红色文化旅游资源，不仅要注重保护和传承，还要提升旅游设施和服务水平，加强景区管理和维护。只有这样，才能更好地发挥红色文化旅游资源的作用，促进地方经济社会的全面发展。

第三节　乡村振兴战略下的科技创新实践

一、乡村振兴战略下榆林科技创新的重要性

（一）提升农业生产效率

随着时代的发展和科技的进步，农业生产方式也在不断演进。乡村振兴战略作为我国农村发展的重要方针，为加快农业现代化提供了广阔的舞台。而在这一进程中，科技创新扮演着关键的角色，特别是在榆林这样的农业主要区域，科技创新更是至关重要。通过科技创新，可以推动农业生产方式的革新，提高农产品产量和质量，进而实现农村经济的可持续发展。科技创新可以带来农业生产方式的革新。传统的农业生产模式往往劳动密集、效率低下，而利用先进的农业技术和智能设备实现农业机械化、自动化，能够有效提高生产效率，降低生产成本。比如，智能化的农业机械设备可以替代传统的人工劳动，从而减轻农民的劳动负担，提高生产效率。而在榆林这样的农业区域，大力推进农业科技创新，将有助于实现农业生产方式的现代化和产业结构的优化升级，进而推动农村经济的发展。科技创新可以提升农产品的产量和质量[①]。通过引进先进的农业种植技术、养殖技术以及加强科研力量，可以有效提高农产品的产量和品质。例如，利用基因编辑技术培育高产、抗病、抗逆的优良品种，提高作物的产量和品质；通过智能化的监控系统实时监测养殖环境，保障畜禽健康成长，提高畜禽产品的品质和安全性。这些技术创新不仅可以满足不断增长的市场需求，还能够提高农民的收入水平，促进农村经济的繁荣。

科技创新还可以提升农业生产的可持续性。随着全球环境问题日益严重，农业生产面临诸多挑战，如土壤污染、水资源短缺、农药残留等。而科技创新可以带来绿色、可持续的农业生产方式。例如，推广水肥一体化技术、精准农业技术，减少农药、化肥的使用，保护土壤和水资源；利用农业废弃物进行资源化利用，实现农业生产的循环利用。这些举措不仅有助于保

[①] 祁玉周. 乡村振兴战略对农业发展的影响及优化策略 [J]. 中国集体经济，2024 (06)：21-24.[]

护环境，还能够提高农业生产的稳定性和持续性，推动农村经济的可持续发展。科技创新在乡村振兴战略下对榆林农业发展具有重要意义。通过推进农业生产方式的革新，提高农产品的产量和质量，增强农业生产的可持续性，可以有效促进榆林乡村经济的发展，实现农民增收致富和乡村振兴目标的双赢局面。因此，政府、企业以及科研机构应该加强合作，共同致力于推动科技创新。

(二) 优化农村产业结构

1. 产业转型升级

乡村振兴战略下，科技创新在引导和支持榆林农村产业升级和转型方面具有重要作用。传统的农业生产模式已经难以满足当代社会的需求，因此，利用科技创新引领农村产业转型升级，成为榆林乡村振兴的必由之路。科技创新为榆林农村提供了发展高附加值的农产品加工业的重要机遇。传统农业生产往往以原始的种植、养殖为主，农产品的附加值较低，难以带动农民收入的增长。而通过科技创新，可以将农产品进行深加工，开发出更多种类、更高品质的农产品。例如，利用先进的加工技术将农产品加工成便捷食品、保健品或高端农副产品，不仅可以满足消费者多样化的需求，还能够大幅提高产品的附加值，为农民增加更多的收入来源。这样的转型不仅能够提升农产品的市场竞争力，还能够推动榆林农村产业结构的优化升级。科技创新为榆林农村提供了发展特色农业的新契机。

2. 拓展农村经济的新业态

榆林地处黄土高原，气候条件独特，拥有得天独厚的自然资源和人文底蕴，适宜发展多种特色农产品。可以对当地的农产品进行深度挖掘和加工，开发出具有地域特色和文化内涵的产品，如黄土地区的特色食品、药材等。同时，利用科技手段提高特色农产品的生产效率和品质，加强品牌建设和市场营销，将特色农产品打造成为榆林农村的一张靓丽名片，吸引更多的消费者和游客，为榆林乡村振兴注入新的活力。科技创新还能够促进榆林农村经济的多元化发展。传统上，榆林农村经济主要依靠农业生产，经济结构单一，抗风险能力较弱。科技创新可以拓展农村经济的新业态，发展农村电商、农村旅游、农村金融等多种形式的农村产业，实现农村经济的多元化发展。例如，利用互联网技术和物联网技术，发展农村电商平台，拓宽农产品的销售渠道，增加农民的收入来源；开发乡村旅游资源，推动农村旅游业的发展。这些新兴产业的发展不仅能够提高榆林农民的收入水平，还能够促进当地农村经济的健康稳定发展。科技创新在乡村振兴战略下对榆林农村产业升级和转型具有重要意义。通过发展高附加值的农产品加工业、特色农业等新兴产业，可以提高农民收入，促进农村经济多元化发展，实现农村经济的高质量发展。

二、乡村振兴战略下榆林科技创新的方法

(一) 加强科技人才培养

加大对农村科技人才的培养力度是推动榆林科技创新的重要方法之一。农村科技人才的培养不仅可以为榆林乡村振兴提供源源不断的智力支持，还能够促进科技创新成果的转化应用。设立奖学金、资助计划，是吸引更多有科技创新潜力的人才投身农村发展的重要举措。通过设立奖学金、资助计划，可以为有志于从事农村科技研究和创新的学生提供更多的学习机会和经济支持，激励他们投身农村科技工作。这不仅有助于培养更多的农村科技人才，还能够吸引更多高素质人才投身农村发展。加强与高校、科研院所的合作，是提升榆林农村科技创新水平的关键举措。高校和科研院所拥有丰富的科研资源和技术力量，通过与其合作，可以借助其科研优势，加快农村科技创新的步伐。例如，建立校地合作基地、共建科技创新平台，开展联合科研项目等形式，促进科研成果的转化和应用，推动农村产业的升级和转型。同时，加强与高校的合作，还可以为榆林培养更多的农村科技人才，提升榆林农村的科技创新能力。

引进外部优质人才和技术资源，也是推动榆林科技创新的重要举措之一。随着全球化进程的加速，各地区之间的人才流动日益频繁，通过引进外部优质人才，可以为榆林注入新鲜血液和先进思想，促进农村科技创新的跨越式发展。例如，设立专门的科技人才引进计划，为有科技创新经验和技术专长的人才提供更多的发展机会和政策支持；同时，加强与其他地区、国家的科技合作，引进先进的技术资源和科研成果，为榆林农村的科技创新提供

更多的支持和帮助。加大对农村科技人才的培养力度，并通过设立奖学金、资助计划，是推动榆林科技创新的重要方法之一。通过以上举措，可以为榆林乡村振兴注入更多的科技创新活力，推动农村经济的高质量发展，实现农村全面振兴的目标。因此，政府、企业以及社会各界应该共同努力，加强对农村科技人才的培养和引进工作，为榆林乡村振兴提供强有力的人才支撑和智力支持。

(二) 推动产学研合作

政府促进产业界、学术界和研究机构之间合作，建立产学研一体化的创新体系，是推动榆林科技创新的有效方法之一。在这一体系中，产业界、学术界和研究机构可以共同合作，开展联合研发项目、技术转让、人才交流等活动，加速科技成果的转化和应用，推动榆林农村产业的升级和转型。政府可以通过政策支持和项目资助，促进产业界、学术界和研究机构之间的合作。例如，设立专项资金支持科研项目，鼓励产学研合作，推动榆林农村科技创新的深入开展。政府还可以建立产学研合作的示范基地或平台，为各方提供交流合作的场所和资源支持，促进产学研之间的深度融合和合作创新。政府可以制定相关政策和法规，营造良好的创新环境和氛围。为了促进产学研合作的顺利开展，政府可以加大知识产权保护力度，确保科研成果的合法权益；同时，还可以简化科技成果转化的流程，降低技术转让的成本和门槛，鼓励更多的科研成果投入到实际生产中，推动榆林农村产业的创新发展。

政府可以加强对产业界、学术界和研究机构之间合作的引导和协调。通过组织相关交流活动、会议和研讨会，搭建产学研合作的平台和桥梁，促进各方之间的信息共享和资源整合，推动榆林农村科技创新的良性循环。政府还可以设立专门的科技创新政策咨询机构，为产学研合作提供政策咨询和技术支持，解决合作中的难题和矛盾，推动榆林农村科技创新向纵深发展。政府可以加强对人才的引进和培养，为产学研合作提供人才支持和智力保障。通过设立科技人才引进计划、奖学金、资助计划等方式，吸引更多有科技创新潜力的人才投身到榆林农村科技创新事业中来。政府还可以加大对农村科技人才的培养力度，建立健全人才培养体系，为产学研合作输送更多的科技人才和技术专家，推动榆林农村产业的快速发展。通过政策支持、法规制定、环境营造、引导协调等措施，可以为产学研合作提供更多的支持和帮助，推动榆林农村产业的升级和转型。因此，政府应该加强对产学研合作的引导和支持，为榆林乡村振兴注入更多的科技创新活力。

第四节　科技创新与信息化建设的合作与发展

一、榆林红色文化资源的科技创新与信息化建设的合作

（一）科研院所与高校

科研院所和高校作为具有丰富科技研究力量和技术创新能力的重要机构，可以与榆林展开合作，共同开展红色文化资源的科技创新与信息化建设。这种合作可以涉及文物保护技术研究、数字化技术应用、虚拟展示技术开发等多个方面，为榆林红色文化资源的保护、传承和利用提供强有力的支持。可以开展文物保护技术研究。科研院所和高校具有丰富的文物保护技术研究经验和专业知识，在材料科学、化学工程、文物保护等领域拥有顶尖的研究团队和实验设备。他们可以与榆林市的文物保护部门合作，开展文物材料的分析鉴定、保护修复技术的研究开发等工作，为榆林的红色文化遗产保护提供科技支撑。

可以开展数字化技术应用的合作研究。数字化技术在文化遗产保护和传承中具有重要作用，可以实现文物、历史文献、红色遗址等资源的数字化保存和虚拟展示。科研院所和高校可以与榆林市的文化管理部门合作，利用 3D 扫描、虚拟现实等技术手段，对榆林的红色文化资源进行数字化记录和展示，为广大公众提供更为便捷和丰富的文化体验[①]。可以开展虚拟展示技术的开发与应用研究。虚拟展示技术可以模拟真实场景，使观众可以通过网络平台或虚拟现实设备亲临现场，体验榆林的红色文化景观。科研院所和高校可以与榆林市的旅游机构合作，开发具有特色的红色文化虚拟展览，通过多媒体、互动等手段，将榆林的红色文化故事生动地呈现给观众，增强人们对红色文化的认知和感受。通过科研院所和高校与榆林市的合作，可以充

---

① 余艳.乡村振兴战略下农业产业发展路径分析[J].内江科技，2024，45（02）：75-76.

分发挥各自的优势,共同推动红色文化资源的科技创新与信息化建设。这种合作将为榆林市的红色文化资源保护、传承和利用提供更为科学、系统的支持,促进榆林乡村振兴战略的顺利实施,推动当地经济社会的全面发展。

(二)企业合作

科技企业和文化企业可以积极展开合作,共同推动榆林红色文化资源的科技创新与信息化建设。他们可以联手开发文化旅游 App、虚拟展示系统、智慧旅游平台等应用软件,为游客提供更便捷、丰富的文化旅游体验,促进榆林红色文化资源的传播与推广。合作开发文化旅游 App 将成为榆林红色文化资源的重要窗口。这款 App 可以整合榆林丰富的红色文化景点、历史遗迹、传统民俗等信息,为游客提供全面的文化旅游导览服务。通过 App,游客可以随时随地获取景点介绍、活动信息、路线规划等,提升游览体验的便利性和互动性。开发虚拟展示系统将为榆林红色文化资源的数字化展示提供支持。虚拟展示系统可以利用 VR 技术,为游客打造身临其境的虚拟参观体验,将榆林的红色文化景点、文物展品等呈现在他们眼前。这种形式既能吸引更多游客参与,又能在一定程度上缓解景区客流量,提升游览效率,保障游客的安全与舒适。合作开发智慧旅游平台将为游客提供个性化、智能化的旅游服务。智慧旅游平台可以整合榆林红色文化景区的资源和服务,为游客提供定制化的旅游路线规划、导游解说、交通指引等功能。通过智慧旅游平台,游客可以更加便捷地了解榆林的红色文化,规划行程,享受高质量的旅游服务。通过科技企业和文化企业的合作,榆林红色文化资源的科技创新与信息化建设将得到有效推进。他们将充分发挥各自的优势,整合资源,共同致力于打造一个高水平、高品质的文化旅游目的地。这种合作模式将为榆林乡村振兴战略的实施提供有力支持,促进当地经济的发展,推动红色文化资源的传承与发展。

二、榆林红色文化资源的科技创新与信息化建设的发展

(一)文化遗产数据库建设

建立榆林红色文化遗产的数字化数据库是一项重要的科技创新与信息

化建设任务，它将为文化遗产的管理、保护和利用提供科学依据，并为学术研究和社会公众提供便捷的查询和获取服务。在合作中，科技企业和文化机构可以共同努力，整合各类文物、历史文献、图片资料等资源，打造一座集信息存储、检索、展示于一体的数字化平台。建立数字化数据库需要科技企业的技术支持。科技企业可以提供专业的信息化建设技术，包括数据库设计、系统开发、数据安全等方面的技术支持。他们可以根据文化机构的需求，量身定制数据库系统，确保系统的稳定性、安全性和易用性，为榆林红色文化遗产的数字化建设提供强有力的技术保障。文化机构在合作中负责榆林红色文化遗产的信息整合和数据录入。他们可以调动资源，收集整理榆林市的各类文物、历史文献、图片资料等，建立起丰富的数字化资源库。同时，文化机构还可以承担对文物资料的专业解读和整理工作，为数字化数据库的内容质量提供保证。

合作双方可以共同制定数字化数据库的标准和规范。在数据库的建设过程中，科技企业和文化机构可以共同制定数据采集、存储、管理、展示等方面的标准和规范，确保数据库的统一性、规范性和可持续性。这将有助于提高数据库的使用效率和信息化建设的水平，为榆林红色文化资源的传承与利用奠定坚实基础。建立榆林红色文化遗产的数字化数据库将为学术研究和社会公众提供丰富的资源和便捷的服务。学术界可以利用数字化数据库开展文化遗产的研究与探索，推动相关学科的发展。同时，社会公众可以通过数字化平台了解榆林的红色文化遗产，增进对历史文化的认识和理解。这将为榆林的文化传承与振兴提供重要支撑，促进当地经济社会的可持续发展。

(二) 文化教育与科普宣传

开展榆林红色文化的教育和科普宣传活动，是一项具有重要意义的任务。在科技创新与信息化建设的合作中，建立网络文化教育平台，开设红色文化课程和在线讲座，以普及红色文化知识，提高公众的文化素养。科技企业可以负责网络文化教育平台的技术建设。他们可以搭建用户友好、功能丰富的在线平台，包括课程管理系统、视频直播系统、互动问答系统等，为榆林红色文化的教育与科普活动提供技术支持。这些技术手段将使红色文化知识传播更加便捷高效，吸引更多的用户参与其中。文化机构可以负责红色文化课程的设计和内容制作。他们可以借助榆林丰富的红色文化资源，策划设计具有特色的课程内容，如红色历史、革命文化、红色地标等，涵盖多个方面，让学习者全面了解榆林的红色文化。同时，文化机构还可以邀请专家学者进行在线讲座，分享红色文化的研究成果和心得体会，激发学习者的兴趣和热情。科技企业和文化机构可以联合开展在线互动活动，增加用户参与度。他们可以设置在线答题、文化知识竞赛等活动，吸引更多用户参与，通过互动形式加深对红色文化的了解和记忆。同时，还可以设置在线讨论区，让学习者可以在平台上交流分享自己对红色文化的理解和体会，形成良好的学习氛围。通过科技创新与信息化建设的合作，榆林红色文化的教育和科普活动将得到有效推广和普及。网络文化教育平台将成为一个开放、共享的学习空间，为更多的人提供学习红色文化知识的机会和平台，促进榆林红色文化的传承与发展。这将为榆林乡村振兴战略的实施提供新的动力。

第十二章 乡村振兴战略下的榆林红色文化资源国际交流与合作

第一节 国际交流与文化资源的跨界合作

一、国际文化交流与合作项目建设

(一)举办国际性文化论坛

榆林可以组织国际性的文化论坛,邀请国内外专家学者围绕红色文化、乡村振兴等主题展开交流和研讨,以促进各国专家学者之间的学术交流,分享经验和成果,推动红色文化资源的研究和保护。这样的国际交流与跨界合作将为榆林红色文化资源的挖掘、传承和利用提供重要支持。国际性文化论坛将为榆林红色文化资源的跨界合作提供平台。通过邀请国内外专家学者参与,论坛可以汇聚各方智慧,分享不同国家和地区的红色文化研究成果和保护经验,探讨如何将这些经验和成果应用于榆林的红色文化资源保护和乡村振兴中。这种跨界合作有助于借鉴其他地区的成功经验,为榆林的红色文化事业注入新的活力。国际文化论坛还可以拓展榆林红色文化资源的国际影响力。通过邀请国外专家学者参与论坛,可以增进国际社会对榆林红色文化的了解和认知,提高榆林在国际文化交流中的地位和声誉。这有助于吸引更多国际游客和文化爱好者来到榆林,促进当地旅游业的发展,推动榆林红色文化的国际传播和交流。国际性文化论坛还可以促进榆林与国外相关机构和组织的合作。通过论坛的举办,榆林可以与国外的文化机构、学术机构、非政府组织等建立合作关系,共同开展红色文化资源的保护、研究和传播工作[①]。这种合作不仅可以为榆林提供更多的专业支持和资源支持,还能够促

---

① 李怡宁,陈慧英,王振华,等.乡村旅游助推乡村振兴战略实施机制的构建[J].黑龙江科学,2024,15(03):159-161.

进双方在文化领域的交流与合作，推动红色文化事业的发展。国际性文化论坛将为榆林的乡村振兴战略注入新的活力。通过与国际专家学者的交流合作，榆林可以吸收国际先进经验和理念，优化乡村振兴战略的制定和实施，推动榆林乡村经济社会的全面发展。这将为榆林乡村振兴战略的实施注入新的活力。

（二）举办国际艺术展览

榆林可以举办国际性的艺术展览，邀请国内外艺术家参展，以展示不同国家、不同文化背景下的艺术作品。这样的展览活动将有助于丰富榆林的文化氛围，提升当地居民的文化审美水平，促进乡村振兴战略下的国际交流与跨界合作。国际艺术展览将为榆林注入新的文化活力。通过邀请国内外优秀的艺术家参展，榆林可以展示不同风格、不同题材的艺术作品，为当地居民带来新鲜的文化体验。这将丰富榆林的文化生活，激发当地居民的文化兴趣和创造力，推动榆林的文化创意产业发展，为乡村振兴注入新的动力。国际艺术展览还将促进榆林与国际艺术界的交流与合作。通过展览活动，榆林可以邀请国内外艺术家来到榆林，参观展览、交流互动，加深彼此之间的了解和合作。这种交流与合作不仅可以为榆林带来更多的优秀艺术作品，还能够促进榆林与国际艺术机构、艺术团体的合作，推动榆林的文化事业朝国际化、多元化方向发展。国际艺术展览还将提升榆林的文化软实力。通过举办高水平的艺术展览，榆林可以提升自身的文化品牌形象，增强在国际文化交流中的影响力和竞争力。这将有助于吸引更多国内外游客和投资者来到榆林，促进当地旅游业和文化产业的发展。国际艺术展览将为榆林的乡村振兴战略注入新的活力。通过与国际艺术界的交流合作，榆林可以吸收国际先进的艺术理念和创作技巧，提升当地艺术创作水平和品质，推动文化产业的发展，助力乡村振兴战略的实施。这将为榆林乡村经济社会的全面发展注入新的活力，促进当地经济的繁荣与文化的繁荣。

二、经贸合作与项目投资

(一) 吸引国际资金投入

榆林可以与国外投资机构展开合作，引入国际资金投入红色文化资源的保护、开发与利用项目。这样的合作将为榆林红色文化产业的发展注入新的活力和动力，推动红色文化产业的快速发展。与国外投资机构合作可以为榆林红色文化产业提供更多资金支持。国际资金的引入将增加红色文化项目的投资力量，推动项目的规模和质量提升。这将有助于加速红色文化资源的保护、开发与利用，促进榆林红色文化产业的健康发展。国际合作可以引入国外的管理经验和技术支持。通过与国外投资机构合作，榆林可以借鉴国外先进的管理理念和技术手段，提升红色文化产业的管理水平和运营效率。这将有助于优化红色文化项目的管理体系，提高项目的整体竞争力和市场影响力。通过与国外投资机构的合作，榆林可以借助其在国际市场的资源和渠道，拓展红色文化产品的国际销售网络，提升产品的知名度和竞争力。这将有助于榆林红色文化产业走出国门，拓展海外市场，实现产业的跨越式发展。国际合作将促进榆林与国际社会的交流与合作。榆林可以与国外各界建立更紧密的联系，促进经济、文化、技术等领域的交流与合作。这将为榆林提供更多发展机遇和合作平台，推动乡村振兴战略在国际层面的落实与推广。与国外投资机构的合作将为榆林红色文化产业的发展注入新的活力，促进产业的快速发展。这种跨界合作将为榆林红色文化资源的保护、开发与利用提供更多的机遇和可能，推动榆林经济社会的全面发展。

(二) 促进文化产业国际化发展

国外企业通常具有丰富的国际化经验和资源，可以帮助榆林红色文化产业融入国际市场，提升其国际竞争力。国际交流与榆林红色文化资源的跨界合作将成为推动产业发展的重要动力。与国外企业合作可以引入国际化的管理理念和营销策略。国外企业通常拥有丰富的国际市场经验和专业的团队，能够为榆林红色文化产业提供市场调研、品牌推广、营销策划等方面的支持和指导。他们可以帮助榆林红色文化产品在国际市场上树立良好的品牌形象。国外企业的合作还可以引入先进的生产技术和工艺，提升榆林红色文化产品的品质和水平。国外企业在生产技术、工艺设计、产品研发等方面往往具有较高的水平和先进的技术设备，可以为榆林红色文化产业提供技术支持和创新驱动，提升产品的附加值和市场竞争力。通过与国外企业合作，榆林可以借助其在国际市场的销售渠道和资源优势，拓展红色文化产品的海外销售网络，实现产业的国际化发展。这将有助于提升榆林红色文化产业的国际知名度和影响力，推动产业向海外市场拓展。与国外企业的合作将为榆林提供更多的发展机遇和合作平台。通过与国外企业的合作，榆林可以吸收国外先进的管理经验和营销策略，提升产业的管理水平和市场竞争力，推动榆林红色文化产业的全面发展。这将为榆林乡村振兴战略的实施提供新的动力和支持，促进当地经济社会的全面发展。

第二节　红色文化资源的国际传播与认知

一、榆林红色文化资源的国际传播

(一) 利用国际新媒体平台

利用国际新媒体平台，如国际社交媒体、网络视频平台等，进行红色文化的推广与宣传是推动榆林红色文化资源国际传播的重要手段。榆林可以通过国际新媒体平台，向世界展示其丰富的红色文化遗产，吸引更多国际观众关注榆林的红色文化，从而推动榆林红色文化资源的国际传播。利用国际社交媒体平台，榆林可以发布丰富多彩的红色文化内容。通过在国际知名社交媒体平台上开设专页或账号，榆林可以发布关于红色历史、红色景点、红色文化活动等方面的内容，吸引海内外用户关注。同时，榆林还可以利用社交媒体平台的互动性和分享性，与国际用户进行互动交流，增强红色文化的影响力和传播力。利用网络视频平台进行红色文化的宣传推广。榆林可以在国际知名的网络视频平台上发布红色文化相关的视频内容，如红色文化景点的介绍、红色历史的解读、红色文化活动的实况等。通过精彩的视频内容吸引观众眼球，让更多的国际观众了解和关注榆林的红色文化，促进红色文化的国际传播和交流。

与国际新媒体平台进行合作，提升榆林红色文化的曝光度和影响力。榆林可以与国际知名的新媒体平台合作，共同策划推出红色文化专题报道、纪录片、微电影等内容，通过平台的曝光和推广，将榆林的红色文化推送给更广泛的国际受众，增强其国际传播的影响力和号召力[①]。通过国际新媒体平台的推广，榆林的红色文化将得到更广泛的传播和认可，为乡村振兴战略下的榆林红色文化资源的国际传播注入新的活力。这将有助于增强榆林在国际舞台上的形象和地位，促进榆林与国际社会的交流与合作。

(二) 建设国际性文化交流平台

榆林可以建设国际性的文化交流平台，通过举办国际文化交流会议、论坛等活动，与世界各地的文化机构、学者、艺术家等进行深度交流与合作，以扩大榆林红色文化的国际影响力。榆林红色文化资源的国际传播将得到更为有效的推动与支持。建设国际性的文化交流平台将为榆林与国际文化界的合作搭建重要平台。榆林可以邀请来自世界各地的文化机构、学者、艺术家等参与交流，共同探讨红色文化的保护、传承与创新。这样的平台将为榆林与国际文化界建立起长期稳定的合作关系，推动红色文化资源的国际传播与合作。

国际性的文化交流平台将促进榆林与国际文化机构之间的深度合作。通过与国际文化机构的交流与合作，榆林可以共同开展红色文化资源的保护、研究、展示等项目，共享资源、共建平台，推动红色文化的国际传播和交流。这样的合作将为榆林红色文化的国际化发展提供更多的支持与保障。国际性的文化交流平台将推动榆林红色文化资源在国际舞台上的影响力提升。通过举办国际性的文化交流活动，榆林可以将其独特的红色文化魅力展示给世界各地的观众，增强其在国际文化界的知名度和影响力。这将有助于吸引更多国际游客和投资者来到榆林，促进当地经济的繁荣与发展。国际性的文化交流平台将为榆林红色文化的国际传播提供长期持续的动力。通过与国际文化界的交流与合作，榆林可以不断拓展其国际合作网络，加强与国际文化机构的合作，推动红色文化资源在国际上的传播与推广。

---

① 高昕辉. 关于乡村振兴战略的思考 [J]. 中国市场, 2023(19): 28-31.

二、榆林红色文化资源的国际认知

(一) 国际巡展

将榆林的红色文化资源进行国际巡展或展览，是一种有效的方式，可以在国际知名文化机构、博物馆、艺术馆等场所展出，向国际观众展示榆林的红色文化魅力，提高其在国际上的认知度和影响力。在乡村振兴战略的推动下，榆林红色文化资源的国际认知将得到更进一步的推进。国际巡展或展览可以将榆林的红色文化资源呈献给更广泛的国际观众。通过在国际知名文化机构、博物馆、艺术馆等场所举办展览，榆林的红色文化将得到国际性的展示平台，观众可以近距离地欣赏到榆林的红色文化遗产，增进对其的了解和认知。国际巡展或展览将为榆林与国际文化界的交流与合作提供契机。通过与国际文化机构的合作举办展览活动，榆林可以与国际文化界的相关机构建立合作关系，共同策划展览、交流学术成果、分享管理经验，促进双方在文化领域的深度交流与合作。国际巡展或展览将提升榆林红色文化在国际上的影响力和知名度。在国际知名场所举办展览将为榆林红色文化赢得更多的关注和认可，吸引国际媒体的报道和关注，推动红色文化在国际上的传播和推广，增强其在国际舞台上的地位和影响力。国际巡展或展览将为榆林乡村振兴战略下的红色文化产业发展注入新的活力。通过在国际上的展示和推广，榆林红色文化产业将获得更广泛的认可和支持，吸引更多国际游客和投资者来到榆林，推动当地经济的繁荣与发展。

(二) 国际宣传推广

宣传榆林市的红色文化资源对于向国际社会展示中国丰富的历史文化传统，增进文化交流与理解具有重要意义。利用国际性的媒体平台、社交媒体以及网络视频等渠道，可以将榆林市的红色文化资源呈献给世界各地的观众，激发他们对中国红色文化的兴趣和好奇心，促进文化交流与合作的深入发展。制作宣传片是展示榆林市红色文化资源的有效手段之一。通过精心策划、拍摄和剪辑，可以将榆林市的红色文化景观、革命历史遗址、红色纪念馆等生动地展现在观众面前。宣传片可以采用多种语言配音或字幕，以便更广泛地传播，吸引更多国际观众的关注。通过精美的画面和感人的故事，宣传片能够深入人心，激发观众的情感共鸣，从而增加对榆林市红色文化的认知和兴趣。推出网络直播活动是吸引国际关注的重要方式之一。可以邀请知名主持人或专家学者，通过网络直播平台进行线上的红色文化主题讲座、解说和展示。在直播过程中，可以实地探访红色文化景点，介绍红色历史、人物和故事，让国际观众身临其境地感受榆林市的红色文化魅力。同时，也可以开展互动环节，与观众进行在线交流，解答他们的疑问，增进对红色文化的理解和认同。举办线下主题活动也是宣传榆林市红色文化的重要途径。可以举办红色文化主题展览、演讲会、艺术表演等活动，邀请国际观众参与，共同探索榆林市丰富的红色文化资源。这些活动可以在国际知名的文化机构、大学或公共场所举办，吸引更多国际观众的关注和参与，拓展榆林市红色文化在国际上的影响力和知名度。利用社交媒体平台也是宣传榆林市红色文化的重要渠道之一。可以在 Facebook、Twitter、Instagram 等社交媒体上发布关于榆林市红色文化的精彩内容，包括历史故事、文化传承、旅游景点介绍等。通过定期更新内容、与国际友人互动交流，扩大红色文化的影响范围，吸引更多的国际关注和游客。在宣传过程中，需要充分考虑国际观众的文化背景和语言特点，选择合适的宣传内容和传播方式，确保信息传递的准确性和有效性。同时，还需要加强与国际媒体、文化机构以及旅游组织的合作，共同推动榆林市红色文化的国际传播和交流，为促进文化交流与合作作出更大的贡献。

第三节　乡村振兴战略在国际交流与合作中的作用

一、提升地方形象

通过与国际社会进行文化交流与合作，榆林的红色文化资源得以在国际舞台上展示，提高其国际知名度。榆林红色文化资源的国际交流与合作起到了重要的作用，为榆林在国际上的曝光度提供了机会，并为其在国际舞台上树立良好形象和地位打下了坚实基础。国际合作项目的开展为榆林红色文化资源的国际传播提供了有力支持。通过与国际文化机构、组织、学者、艺术家等进行合作，榆林可以共同策划举办文化展览、文化节庆、学术研讨会等活动，将榆林的红色文化资源介绍给国际社会，增强其在国际上的影响力和知名度。国际文化交流活动的举办为榆林提供了向国际社会展示红色文化的平台。通过举办文化节、艺术展览、演出等，榆林可以将其丰富多彩的红色文化呈献给国际观众，让更多的人了解和关注榆林的红色文化，提升其在国际舞台上的曝光度和影响力[①]。国际合作项目和文化交流活动的开展为榆林红色文化产业的国际化发展提供了契机。通过与国际合作伙伴的合作，榆林可以吸收国际先进的管理经验和技术支持，提升红色文化产业的竞争力和国际影响力。乡村振兴战略在榆林红色文化资源的国际交流与合作中扮演着重要角色。作为乡村振兴的重要内容之一，榆林红色文化的国际交流与合作不仅可以促进当地经济的发展和繁荣，也可以提升当地居民的文化素养和生活品质，推动榆林乡村振兴战略的全面实施。

二、增进文化交流与理解

(一) 推动文化创新与发展

通过与国际合作伙伴的交流与合作，榆林的红色文化资源可以接触到更广泛的国际文化资源和创新理念。这种交流与合作有助于激发榆林红色文化的创新活力，为乡村振兴战略提供了新的动力。与国际合作伙伴的交流合作为榆林红色文化注入了新的思想和理念。通过与国际文化机构、学者、艺术家等进行深度交流与合作，榆林可以接触到更多国际先进的文化理念、创新思路和管理经验，从而激发榆林红色文化的创新活力，推动文化产业的转型升级和发展。国际合作伙伴的交流与合作为榆林红色文化提供了更广阔的国际市场和合作机会。榆林可以拓展红色文化产品的国际市场，推动其走出国门，实现国际化发展。同时，国际合作伙伴还可以为榆林提供技术支持、市场资源等方面的支持，促进红色文化产业的发展。国际合作伙伴的交流与合作为榆林提供了更多的发展机遇和合作平台。通过与国际合作伙伴的深度合作，榆林可以共同开展文化创意产业、文化旅游业等方面的合作项目，推

---

① 孙卫春，苗芳. 榆林红色文化资源保护开发利用研究 [J]. 吕梁学院学报，2019，9(03)：58-62.

动文化产业的融合发展，为乡村振兴战略提供新的动力和支持。乡村振兴战略在榆林红色文化资源的国际交流与合作中发挥着重要作用。

(二) 促进和平与发展

文化交流与合作是促进国际和平与发展的重要途径之一。榆林红色文化资源与国际社会的交流与合作得到了积极推动，这有助于加强国际的文化交流与理解，进而促进了和平与发展的进程。乡村振兴战略推动了榆林红色文化资源的国际交流与合作，有助于增进国际社会对榆林的了解与认知。榆林可以将其丰富多彩的红色文化资源推广至国际舞台，让更多国际观众了解和关注榆林的文化魅力，进而增进国际社会对榆林的了解与认知，促进国际社会之间的文化交流与理解。乡村振兴战略促进了榆林与国际社会的深度合作与互利共赢。榆林可以共同开展文化交流、文化产业发展、文化遗产保护等方面的合作项目，推动榆林的文化产业发展，为当地经济的繁荣与乡村振兴作出积极贡献。乡村振兴战略促进了榆林与国际社会之间的友好往来与互信加深。通过文化交流与合作，榆林与国际社会的联系得到了密切，促进了双方之间的友好往来与交流，增进了彼此之间的信任与理解，为促进国际的和平与发展提供了有力支持。

第四节　国际交流与合作的路径与效果

一、榆林红色文化资源国际交流与合作的路径

(一) 拓展国际合作网络

加强与国际友城、国际文化组织、文化企业等的联系与合作是推动榆林红色文化资源国际交流与合作的重要路径之一。榆林可以通过建立国际合作网络，获得更多的资源支持和合作机会，从而促进红色文化资源在国际上的交流与合作。加强与国际友城的联系与合作是榆林推动红色文化国际交流的重要途径之一。通过与国际友城的合作，榆林可以开展友好交流、文化交流、经济合作等多领域的合作项目，推动红色文化资源在国际上的传播与交

流，增进双方之间的了解与友谊。与国际文化组织的联系与合作可以为榆林提供更广阔的国际合作平台和资源支持。榆林可以积极参与国际文化组织组织的活动与项目，与国际文化组织开展合作，共同推动文化交流与合作，促进红色文化在国际上的传播与推广。与国际文化企业的联系与合作可以为榆林提供更多的商业合作机会和资源支持。榆林可以与国际文化企业合作开展文化创意产业、文化旅游业等项目，共同开发红色文化产品、打造文化品牌，推动红色文化在国际市场上的拓展与发展。建立国际合作网络是榆林推动红色文化国际交流与合作的有效路径之一。通过与国际友城、国际文化组织、文化企业等建立紧密的合作关系，榆林可以获得更多的资源支持和合作机会，推动红色文化资源在国际上的交流与合作，为榆林的乡村振兴战略提供新的动力和支持。

（二）开展国际交流访问

组织榆林的文化代表团赴国外进行文化交流访问是乡村振兴战略下促进榆林红色文化资源国际交流与合作的重要路径之一。通过这种方式，榆林可以与国外的文化机构、学者、艺术家等进行深度交流与合作，加深双方的了解与友谊，促进红色文化资源在国际上的传播与合作。文化代表团的国外访问将为榆林提供展示红色文化的重要机会。代表团可以在国外举办文化交流活动、展览、演出等，向国际观众展示榆林丰富多彩的红色文化，让更多国际观众了解和关注榆林的文化底蕴与魅力。文化代表团的国外访问将促进与国外文化机构、学者、艺术家等的深度交流与合作。代表团可以与国外文化机构签订合作协议，共同策划文化交流项目，开展学术研讨、艺术创作等活动，推动红色文化资源在国际上的传播与合作。文化代表团的国外访问将促进双方之间的友好往来与合作共赢。通过与国外文化机构、学者、艺术家等的交流与合作，榆林可以增进与国际社会的友好关系，建立长期稳定的合作关系，共同推动红色文化在国际上的传播与发展①。乡村振兴战略下榆林红色文化资源的国际交流与合作将得到进一步加强和深化。通过组织文化代表团赴国外进行文化交流访问，可以获得更多国际资源和合作机会，为榆林的乡村振兴战略注入新的动力和活力。

① 马瑞.陕北榆林市红色文化传承研究 [D].昆明：大理大学，2020.

二、榆林红色文化资源国际交流与合作的效果

通过国际交流与合作，榆林红色文化资源得以在国际舞台上展示，增强其国际知名度和影响力，这对于塑造地方形象、吸引更多国际游客和投资具有显著的效果，尤其在乡村振兴战略的推动下。国际交流与合作为榆林红色文化资源提供了广阔的国际平台，使其得以在国际舞台上展示。通过与国际友城、文化组织、艺术家等的交流合作，榆林的红色文化得以走出国门，通过各种形式的文化展示、演出、论坛等活动，向世界展示其丰富多彩的文化底蕴和历史传承，从而增强其国际知名度和影响力。国际交流与合作有助于塑造榆林的地方形象。榆林作为一个拥有丰富红色文化资源的地方，得到了更多国际关注和认可，形象更加鲜明。榆林的红色文化成为国际上的一个亮点和窗口，为当地形象的塑造提供了有力支持。随着榆林红色文化在国际上的知名度和影响力的提升，越来越多的国际游客将会前来榆林，感受其独特的文化魅力，促进当地旅游业的发展。同时，吸引了更多国际投资者的关注，为榆林的经济发展注入了新的活力。乡村振兴战略下的榆林红色文化资源国际交流与合作，不仅增强了榆林的国际知名度和影响力，塑造其地方形象，还为吸引更多国际游客和投资提供了有力支持，推动了地方经济的发展和繁荣。

第十三章　乡村振兴战略视域下的榆林红色文化资源评估与监测

第一节　文化资源评估的重要性与方法

一、榆林红色文化资源评估的重要性

(一) 提升文化软实力

通过评估可以更好地展示榆林文化软实力。评估结果可以作为榆林文化的展示名片，提升榆林在国内外的知名度和影响力，增强其文化软实力。通过评估榆林的红色文化资源，可以客观了解其在文化领域的实力和特色。评估将深入挖掘榆林的红色文化资源，包括历史文物、红色旅游景点、红色文化传承项目等，全面评估其文化内涵、影响力、知名度等方面的情况，从而为制定有效的文化发展战略提供科学依据，提升其在国内外的知名度和影响力。通过评估，榆林可以清晰地呈现其丰富的红色文化资源，展示其独特的文化魅力和历史底蕴，吸引更多人关注和了解榆林的文化特色，进而推动榆林在国内外的文化交流与合作。评估结果对于制定榆林的文化发展规划和政策具有重要指导意义[①]。可以明确榆林文化发展的优势和短板，确定发展方向和重点领域，并制定具体的政策和措施，推动榆林文化的创新发展，实现文化振兴战略的目标。评估结果还可以为吸引投资、推动旅游业发展等提供重要参考。榆林可以清晰地呈现其文化软实力和发展潜力，吸引更多的投资者和游客，推动榆林经济的发展和繁荣。榆林红色文化资源评估的重要性不容忽视。评估结果将为榆林的文化发展提供重要参考，推动榆林在国内外的知名度和影响力提升，增强其文化软实力。

---

① 周宇．发挥红色文化资源优势助推乡村振兴战略研究 [J]．经济研究导刊，2023 (07)：44−46.

（二）引领乡村发展方向

通过评估榆林红色文化资源的现状和特点，可以为乡村振兴提供发展方向和路径，这在乡村振兴战略的视域下具有重要意义。评估既可以帮助深入了解榆林的红色文化资源现状和潜力，又可以全面了解榆林的红色文化遗产、传统文化、红色旅游资源等方面的情况，明确榆林在红色文化领域的优势和不足，为乡村振兴提供了重要的基础数据和参考依据。评估结果可以指导乡村振兴战略的制定和实施。在了解了榆林红色文化资源的现状和特点后，可以根据评估结果明确乡村振兴的发展方向和重点领域，确定发展战略和规划，制定相关政策和措施，推动榆林乡村振兴工作的落实。评估有助于使榆林的乡村发展更具特色和可持续性。可以发现榆林红色文化资源中的独特魅力和发展潜力，进而在乡村振兴中突出红色文化的特色，推动红色文化与乡村振兴深度融合，打造具有地方特色和核心竞争力的乡村发展模式，实现乡村振兴的可持续发展。评估结果还可以为榆林的乡村振兴提供持续的监测和评估。榆林的红色文化资源也会发生变化，评估可以定期进行，及时了解榆林红色文化资源的发展情况，为乡村振兴战略的调整和优化提供参考。评估结果可以为乡村振兴提供发展方向和路径，指导乡村振兴战略的制定和实施，使榆林的乡村发展更具特色和可持续性，为实现乡村振兴目标贡献力量。

二、乡村振兴战略视域下的榆林红色文化资源评估的方法

（一）资源调查与清单编制

1.资源调查

对榆林市的红色文化资源进行全面的调查与清单编制是乡村振兴战略视域下评估榆林红色文化资源的重要方法之一。需要成立专门的调查组织或委员会，由专业人士组成，负责对榆林市的红色文化资源进行调查和清单编制工作。这些专业人士可以包括历史学家、考古学家、文物保护专家、地方文化研究者等，以确保调查工作的专业性和权威性。调查工作需要全面、系统地覆盖榆林市的各个方面，包括红色遗址、纪念馆、文物、传统建筑等。调查人员可以通过实地勘察、档案查阅、采访当地居民等方式，逐一调查榆

林市的红色文化资源，了解其历史背景、现状状况、保护情况等。

2. 清单编制

调查工作需要建立起全面、系统的红色文化资源数据库。这个数据库应该包括各种红色文化资源的基本信息、地理位置、历史背景、保护情况等内容，以便于管理和利用。同时，数据库可以采用数字化技术，实现信息的存储、检索和共享，提高数据的利用价值和可操作性。调查工作需要注重与当地政府、相关机构和社会组织的合作。这些机构和组织在调查工作中可以提供支持和协助，帮助调查人员解决实际问题，确保调查工作的顺利进行。通过对榆林市的红色文化资源进行全面的调查与清单编制，可以为乡村振兴战略提供重要的信息支持和决策参考，有助于发掘和保护榆林丰富的红色文化资源，推动榆林乡村振兴工作的顺利开展。

（二）资源价值评估

1. 经济价值评估

评估红色文化旅游业的收入情况，包括门票销售、文化产品销售、旅游服务收入等，以及与红色文化相关的产业链带动效应。评估对红色文化资源的投资与收益，包括政府和企业对红色文化旅游项目的投资，以及项目实施后的经济效益。评估红色文化旅游业对当地就业的影响，包括直接就业和间接就业，以及对当地居民收入水平的提升效应。

2. 社会价值评估

评估红色文化资源对当地文化传承和传统价值的贡献，包括对社会认同感、凝聚力和文化自信心的增强效应。评估红色文化资源对公众教育的意义，包括学校教育、社会教育和公众文化活动，以及对青少年思想道德教育的影响。评估红色文化资源对当地社区发展的影响，包括社会和文化活动的丰富性、社区居民的生活质量提高和社会和谐稳定的促进。

3. 生态价值评估

红色文化旅游作为一种重要的旅游形式，对当地生态环境产生着一定的影响，其影响主要体现在旅游活动对自然景观、生态系统和生物多样性的影响，以及对水、土地和空气等资源的消耗。然而，同时红色文化资源也可以对生态环境产生积极的保护和修复作用。红色文化旅游活动对自然景观、生态系统和生物多样性可能造成一定程度的影响。大量游客涌入红色文化景区可能会对当地自然景观产生一定程度的破坏，如人为开发建设可能破坏原有的自然景观和生态环境。此外，游客的涌入可能会对当地生态系统造成压力，如人为活动可能会扰乱当地的生态平衡，影响当地动植物的生存繁衍，导致生物多样性的减少。红色文化旅游活动也会对水、土地和空气等资源产生消耗。大量游客的到来会增加对当地水资源的消耗，如饮用水、洗浴用水等，可能会加剧水资源的紧缺状况。此外，游客的涌入可能会增加对土地资源的压力，如旅游开发建设可能导致土地的过度开发和利用，加剧土地资源的退化和沙化。同时，游客的交通方式也可能会产生大量的排气排放物，对当地空气质量产生一定的影响。红色文化资源也可以对生态环境产生积极的保护和修复作用。红色文化景区通常位于自然环境较好的地区，这些景区本身就具有一定的自然生态保护意识，对当地生态环境有着一定的保护作用。一些红色文化景区也开展了环境治理和生态修复工作，通过植树造林、湿地保护、水体治理等方式，加强对当地生态环境的保护和修复。

第二节　红色文化资源的评估标准与指标

一、榆林红色文化资源的评估标准

(一) 历史价值

1.历史意义评估

红色文化资源作为中国革命历史的重要组成部分，蕴含着丰富的历史事件、历史人物及历史文化符号，其重要性体现在对中国革命历史、政治历史和文化历史的意义上。红色文化资源承载着众多历史事件的记忆和遗产。这些历史事件包括中国共产党的创建和发展、中国革命战争的斗争历程、中国人民解放军的战斗历史等。红色文化资源中的历史遗址、纪念馆、革命文物等，都是这些历史事件的见证者和记录者，通过它们可以重新回顾和理解中国革命历史的光荣历程和艰辛奋斗。红色文化资源呈现了众多历史人物的英雄形象和伟大事迹。这些历史人物包括中国共产党的创建者和领导者、革命战士和无数为革命事业献出生命的普通人民。他们的英勇事迹和崇高精神在红色文化资源中得到了生动展示和永久纪念，激励着后人不忘初心、牢记使命，为实现中华民族伟大复兴而不懈奋斗。红色文化资源的传承和弘扬对于传承革命精神、弘扬中华优秀传统文化具有重要作用。革命精神包括了不怕牺牲、百折不挠、艰苦奋斗、自力更生等伟大品质，是中国共产党领导中国革命胜利的重要精神力量。通过传承和弘扬红色文化资源，可以激励广大人民群众继承和发扬革命精神，牢记历史使命，勇于担当，为实现中华民族伟大复兴而不懈奋斗。中国革命的胜利彰显了中华民族的伟大精神和文化传统，如爱国主义、集体主义、崇尚科学、诚信友善等传统美德在红色文化中得到了深刻体现和传承。通过对红色文化资源的学习和弘扬，可以进一步加深对中华优秀传统文化的理解和认同，激发民众的爱国情怀和文化自信。通过学习红色文化资源，可以让人们深刻认识到中国革命历史的伟大意义和丰富内涵，增强对于民族独立、人民解放的珍视和尊重，提升对于社会主义核心价值观的认同和信仰。同时，红色文化资源也是历史教育和文化教育的生动教材和场所，可以通过举办红色文化主题教育活动、举办红色革命历史知识竞赛等形式，让广大青少年和群众深入了解和感受红色文化的魅力，传承和发扬红色文化的精神力量。

2. 历史渊源评估

红色文化资源的历史渊源、起源和发展历程根植于中国革命历史的长河，其与榆林市、陕北地区以及全国革命历史的联系和影响密不可分。红色文化资源在不同历史时期的演变和发展，以及对当地社会、经济和文化的影响和贡献，都具有重要意义。红色文化资源在不同历史时期经历了不同的发展阶段。在中国革命战争年代，红色文化资源主要体现为革命根据地、革命纪念馆、革命遗址等，是中国革命战争的重要历史见证。在新中国成立后，红色文化资源得到了更加系统和全面的保护和传承，各地相继建立了红色旧址、红色纪念馆等文化设施，弘扬了革命精神和红色文化。在社会方面，红色文化资源弘扬了革命精神和优良传统，激发了人民的爱国情感和社会责任感，促进了社会主义核心价值观的传播和弘扬。在经济方面，红色文化资源也成为当地旅游业的重要支柱，为当地经济发展带来了新的增长点和动力。红色文化资源丰富了当地的文化底蕴和文化内涵，丰富了人民的精神生活，提升了文化软实力和社会凝聚力。

3. 贡献程度评估

评估红色文化资源对榆林市历史发展的贡献程度，包括对榆林社会政治、经济和文化的影响和推动作用。评估红色文化资源对中国革命历史和现代化建设的贡献程度，包括其对中国革命的历史进程、政治制度和社会变革的影响和推动作用[①]。通过综合考察红色文化资源的历史意义、历史渊源以及对当地乃至国家历史发展的贡献程度，可以全面了解其在乡村振兴中的重要地位和作用，为保护、传承和利用红色文化资源提供科学依据和指导。

（二）文化价值

1. 文化内涵评估

红色文化资源是中国革命历史留下的宝贵财富，它蕴含了丰富的中国革命文化、社会主义核心价值观以及中华民族传统文化等方面的内涵。这些资源不仅在当地，而且在全国范围内都具有重要的意义，对文化传统的延续和弘扬起着重要作用。中国革命历程中涌现出了一大批为国家和人民利益不惜牺牲的英雄人物和英勇事迹，这些人和事成为红色文化资源的重要组成部分。他们的奋斗精神、牺牲精神和对社会正义的追求，激励着后人不断前行，坚定信念，追求真理，为实现中华民族伟大复兴的中国梦而奋斗。红色文化资源传承了社会主义核心价值观。在中国革命历史中，弘扬了以爱国主义、集体主义、社会主义为核心的一系列价值观念。这些价值观在红色文化资源中得到了生动体现，如无私奉献、艰苦奋斗、团结协作、共同富裕等，成为中国社会主义价值体系的重要组成部分。中国历史上有许多传统文化符号、礼仪、思想观念等，如孝道、仁爱、儒家思想等，这些传统文化在中国革命中得到了继承和发扬。红色文化资源中的许多符号和象征都是与传统文化密切相关的，如红旗、红星等，它们既具有革命意义，又蕴含了中华民族传统文化的符号意义。红色文化资源所具有的文化符号、象征意义和精神价值在当地文化传统和社会认同中扮演着重要角色。例如，在中国的一些革命老区，红色文化资源成为当地文化传统的重要组成部分，人们通过丰富

---

① 古丽娜尔·吐尔逊. 乡村振兴战略视域下红色文化资源开发路径探析 [J]. 农家参谋，2022(22): 4-6.

多彩的红色文化活动来弘扬革命精神，传承先烈遗志，激励着当地人民不断前进。同时，在全国范围内，红色文化资源也是中华民族的精神财富，它代表了中国人民的共同记忆和文化认同，是中国社会主义核心价值观的生动体现。红色文化资源以其丰富的内涵和深厚的历史底蕴，对中国革命文化、社会主义核心价值观以及中华民族传统文化的传承和弘扬起着重要作用。它不仅是中国革命历史的见证者，也是中国社会主义发展的推动者，更是中华民族文化的重要组成部分。通过对红色文化资源的挖掘、传承和发扬，可以更好地凝聚中国人民的精神力量，激励着全国各族人民为实现中华民族伟大复兴的中国梦而努力奋斗。

2. 传统价值观念评估

红色文化资源所体现的传统道德观念和价值取向，以及对社会主义核心价值观的宣传和教育作用，是中国革命历史留下的宝贵遗产，具有深远的影响和重要的意义。在中国革命的历史进程中，忠诚、奉献、团结、勇敢等传统美德被赋予了新的时代内涵。革命先烈们在艰苦的斗争中展现出的忠诚与坚定，无私的奉献精神，紧密的团结合作，以及勇敢无畏的革命精神，成为红色文化资源的核心内容。这些美德不仅在革命历史中发挥了重要作用，也在当代社会仍然具有深刻的启示意义，激励着人们为社会主义事业不懈奋斗，为民族复兴贡献力量。社会主义核心价值观是中国特色社会主义的重要内容，包括爱国主义、集体主义、社会主义、民主法治、诚信友善等。这些价值观在红色文化资源中得到了生动的体现和深入的传播。通过红色文化资源的挖掘和宣传，人们能够更加深刻地理解和领会这些价值观的内涵，从而坚定社会主义道路自信心和文化自信心，不断弘扬社会主义核心价值观，引导人们树立正确的世界观、人生观和价值观。红色文化资源所体现的传统道德观念和价值取向与社会主义核心价值观的内涵是相辅相成、相互促进的关系。传统的道德观念和价值取向为社会主义核心价值观的形成提供了深厚的历史底蕴和精神基础，而社会主义核心价值观的宣传和弘扬又进一步强化了这些传统美德的价值。通过红色文化资源的传承和发扬，可以更好地传承和弘扬中华民族的优秀传统文化，激发人们对社会主义核心价值观的认同和拥护，进而促进社会主义事业的持续发展和繁荣。红色文化资源在传承和弘扬传统道德观念和价值取向的同时，也对社会主义核心价值观的宣传和教育起着重要作用。它是中国革命历史的生动写照，是中华优秀传统文化的珍贵遗产，更是中国特色社会主义价值体系的重要组成部分。通过对红色文化资源的充分挖掘和利用，可以更好地弘扬社会主义核心价值观，凝聚起全社会的正能量，促进国家和民族的长远发展。

3. 精神风貌评估

红色文化资源所体现的革命精神是中国革命历史中的一笔宝贵财富，它包括奋斗、牺牲、拼搏、创新等一系列革命精神的传承和弘扬。同时，红色文化资源对社会的正能量和积极影响也是不可忽视的，它激发了社会活力，凝聚了社会共识，提升了社会信心，为国家和民族的发展进步注入了强大的动力。红色文化资源传承了革命精神中的奋斗精神。在中国革命历史中，无论是早期的辛亥革命、五四运动，还是后来的中国共产党领导的革命斗争，都体现了一种不屈不挠的奋斗精神。这种奋斗精神体现在对理想信念的坚守、对社会正义的追求、对民族复兴的执着追求等方面。通过对这些英雄事迹和革命历程的传承，激发着人们不断奋斗的动力，引领着社会向着更美好的未来努力前进。红色文化资源传承了革命精神中的牺牲精神。中国革命历史上，有无数的先烈为了民族解放和人民幸福英勇牺牲，他们用生命诠释了对革命事业的无私奉献和对理想信念的坚守。这种牺牲精神在红色文化资源中得到了生动的体现，激励着后人珍惜今日的幸福生活，倍加珍惜和平时代的来之不易，为了民族的繁荣和人民的幸福，勇于牺牲、不怕困难。革命斗争需要不断探索、不断创新，需要勇于拼搏、敢于冒险。中国革命历史中，有许多先驱者和革命领袖在困境中寻找出路，在挫折中勇敢前行，他们的拼搏和创新精神为后人树立了榜样。红色文化资源通过对这些精神的传承，激发着人们不断创新的动力，推动着社会的进步和发展。红色文化资源激发了社会活力，激励着人们积极投身于建设美好家园的伟大事业中。红色文化资源凝聚了社会共识，提升了社会的凝聚力和团结力，促进了社会的和谐稳定。红色文化资源提升了社会的信心和自信心，增强了国家和民族的凝聚力和向心力，为实现中华民族伟大复兴的中国梦注入了强大的动力和信心。红色文化资源所体现的革命精神以及对社会的正能量和积极影响是不可替代的。它激发了人们的奋斗精神，弘扬了牺牲精神，传承了拼搏和创新精神，为社会的进步和发展注入了强大的正能量。同时，它也凝聚了社会共识，提升了社会的信心和自信心，促进了国家和民族的繁荣昌盛。因此，红色文化资源在今天仍然具有重要的现实意义和深远的历史价值。

二、榆林红色文化资源的评估指标

(一) 考察纪念馆在榆林的分布情况

榆林市的红色文化资源涵盖了丰富的历史和文化内涵，对于地方经济发展和社会稳定具有重要意义。榆林市的纪念馆是重要的红色文化遗产，反映了土地革命历史和文化传统。评估纪念馆的指标包括总数量、分布情况、规模和特色等方面。统计榆林市各类纪念馆的数量，包括革命纪念馆、革命历史馆、红色文化展览馆等。考察纪念馆在榆林各个县区的分布情况，包括城区和乡村地区，了解其地理分布特点和覆盖范围。分析各个地区纪念馆的规模大小以及展示内容的特色，如是否突出了本地区的革命历史和文化特色。红色文化遗址是榆林市的宝贵资源，体现了革命岁月的光辉历程。评估指标包括遗址总数量、分布情况、保护状况和开发利用情况等方面。统计榆林市各类红色文化遗址的数量，如革命根据地、革命战场、中共中央转战陕北路线等。考察红色文化遗址在榆林各个县区的分布情况，了解其地理分布特点和分布密度。分析各个地区红色文化遗址的保护状况，包括文物保护、景观保护等方面，同时评估其开发利用情况，是否进行了合理的利用和开发。

(二) 红色文化传承基地数量评估

红色文化传承基地是推动红色文化传承和发展的重要平台，对于激发乡村振兴具有积极意义。评估指标包括基地总数量、分布情况、设施和功能完善程度等方面。统计榆林市各类红色文化传承基地的数量，如革命教育基地、红色旅游基地、红色文化传习所等。考察传承基地在榆林各个县区的分布情况，了解其地理分布特点和分布范围。分析各个地区传承基地的设施设备和功能完善程度，包括教育设施、旅游设施等，评估其对于红色文化传承和乡村振兴的实际作用。通过综合评估红色文化资源的数量和分布情况，可以全面了解榆林市红色文化资源的基础情况。这将为乡村振兴战略的制定和实施提供科学依据和指导。为地方政府制定相关红色文化保护和振兴政策提供依据，促进红色文化资源的有效保护和利用。通过评估结果，可以确定榆林市红色文化资源丰富程度和分布特点，为旅游开发提供指导，推动乡村旅游的发展。基于评估结果，可以有针对性地开展红色文化教育活动，加强对于革命历史和精神的传承，培养乡村青年的爱国主义情感和历史意识。评估结果可以为红色文化资源的整合和联动提供依据，促进资源的互补和共享，提高资源利用效率。

（三）保护投入与管理水平

红色文化资源对地方经济和社会的贡献是多方面的，包括就业岗位的创造、文化产业的发展等方面。红色文化资源对地方旅游业的发展起到了积极的促进作用。许多地方以其丰富的红色旅游资源吸引了大量游客，成为热门的旅游目的地。这些游客在旅游过程中，不仅能够了解红色文化的历史内涵和精神价值，还能够为当地旅游业带来可观的收入。红色旅游业的兴起，不仅为地方经济增加了新的增长点，也为当地民众提供了更多的就业机会和收入来源。红色文化资源的开发利用创造了大量的就业岗位。红色旅游业的兴起带动了相关产业的发展，包括酒店、餐饮、交通、导游等行业，为当地提供了大量的就业机会。特别是在一些经济欠发达地区，红色旅游业的发展为当地居民提供了稳定的就业岗位，改善了他们的生活水平，促进了地方经济的发展。红色文化资源的发展还推动了文化产业的繁荣。以红色文化为主题的文化创意产品和旅游商品在市场上具有广阔的发展空间，为当地文化产业的发展注入了新的活力。通过对红色文化资源的挖掘和开发，可以创造出更多具有地方特色和文化内涵的产品，吸引更多的消费者，推动文化产业的健康发展。

（四）公众满意度

为评估社会公众对榆林市红色文化资源的认知程度、满意度和参与度等方面，可以通过多种方式进行数据收集和分析，其中包括游客满意度调查、社会调查等。游客满意度调查是评估红色文化资源认知和满意度的重要手段之一。通过对游客进行问卷调查或面对面访谈，收集他们对于参观红色文化景点的感受和意见。调查内容可以包括游客对景点的知晓程度、参观体验的满意度、对服务质量的评价等。此外，还可以询问游客对于红色文化历史的了解程度以及对红色精神的认同程度等问题，以综合评估游客对红色文化资源的认知和态度。可以通过社会调查来评估公众对红色文化资源的认知和参与度。社会调查可以通过电话、网络问卷、街头访谈等方式进行，覆盖范围广泛，能够全面了解社会公众对红色文化的了解程度、认同程度以及参与度。调查内容可以包括公众对于红色文化历史的知识掌握情况、对于红色文化景点的兴趣程度、参与红色文化活动的意愿等方面。

通过游客满意度调查和社会调查收集到的数据，可以进行分析和统计，得出如下结论：调查显示，大部分游客和社会公众对榆林市的红色文化资源有一定的了解，其中不乏对红色革命历史和红色文化精神的深入认知。他们能够说出一些著名的红色革命地标和历史人物，并对红色文化所蕴含的精神价值有一定的认同和理解。大多数游客对榆林市的红色文化资源给予了较高的评价，认为景点设施完善、服务质量高，参观体验良好。游客们表示，在参观红色文化景点时能够深刻感受到革命先烈的英勇事迹和红色文化的伟大意义，这让他们深受启发和感动。调查显示，社会公众对于参与红色文化活动的意愿较高。许多人表示愿意参加红色文化主题教育活动、纪念活动、志愿者服务等，积极投身到红色文化传承和弘扬的行列中来，为弘扬红色文化精神贡献自己的力量。通过游客满意度调查和社会调查等方式收集的数据显示，榆林市的红色文化资源得到了社会公众的广泛认可和支持。公众对于红色文化的认知程度较高，对于红色文化景点的满意度较高，同时也表现出了较高的参与度和参与意愿。这为榆林市的红色文化传承和发展提供了重要的社会基础和动力，也为红色文化资源的利用和保护提供了有益的参考和指导。

第三节 乡村振兴战略下的文化资源监测体系

一、乡村振兴战略下榆林文化资源监测指标与评价标准

(一) 质量和完整性

随着中国乡村振兴战略的实施，对红色文化资源的保护与传承显得尤

为重要。作为西北革命策源地之一，榆林拥有丰富的红色文化资源，如西北革命时期的革命遗址、革命纪念馆、革命文物等，这些宝贵的遗产承载着历史的记忆，具有重要的历史、文化和教育意义。然而，红色文化资源的保存状态和完整程度受到了一系列因素的影响，其中包括破坏、腐蚀、侵蚀等。针对红色文化资源的保护与传承，榆林建立了一套完整的监测体系。这一监测体系包括多个方面的内容，从资源的实地调查到数据的整理与分析，再到制定具体的保护措施，形成了一套完整的保护机制。在实地调查方面，专门的调查小组会对榆林境内的红色文化资源进行逐一排查，了解其保存状态、存在的问题以及所需的保护措施。同时，利用现代科技手段，如航拍、遥感等技术手段，对红色文化资源进行全方位的监测，及时发现并解决存在的问题。在数据整理与分析方面，榆林设立了专门的红色文化资源数据库，将各类文物、遗址等信息进行统一管理，便于监测与保护工作的开展。而在制定保护措施方面，榆林注重科学性与实效性，结合实际情况，采取有针对性的措施，确保红色文化资源得到有效保护与传承。

尽管榆林建立了较为完善的监测体系，但红色文化资源的保护仍然面临一些挑战。一些革命遗址、纪念馆等场所存在着人为破坏的现象。由于长期的自然风化以及人为因素的影响，部分文物受到了不同程度的破坏，给其保存带来了一定的难度。一些红色文化资源所处的环境存在着一定的污染与侵蚀现象。随着城市化进程的推进，一些红色文化资源所在地的环境受到了严重的污染，这不仅影响着文物本身的保存，也影响着游客的参观体验①。一些文物的传承与利用存在着困难。尽管榆林加大了对红色文化资源的保护力度，但在资源利用与传承方面仍然存在一定的困难，一些文物面临被淘汰、遗忘的风险，这对红色文化资源的长期保存与传承构成了威胁。榆林需要进一步加大红色文化资源的保护力度。要加强对红色文化资源的监测与管理。通过建立更加完善的监测体系，及时了解红色文化资源的动态变化，采取有效措施进行保护。要加强环境治理，提高红色文化资源所处环境的质量，减少环境污染对文物的侵蚀。要加强对红色文化资源的宣传与利用，提升公众对红色文化的认知与理解，增强其保护的自觉性与积极性。

---

① 张光位. 乡村振兴战略视域下地方红色文化资源价值实现的路径探析 [J]. 文化学刊，2021 (12): 164-166.

（二）保护措施

随着乡村振兴战略的推动，榆林市红色文化资源的保护措施和管理情况日益受到关注。红色文化资源是中国革命历史的珍贵遗产，是凝结着无数革命先烈血泪和智慧的历史见证，对其保护显得尤为重要。榆林市建立了一套较为完善的红色文化资源监测体系，致力于保护、传承和利用这些宝贵的历史遗产。红色文化资源的保护措施体现在文物保护单位的保护等级上。根据《中华人民共和国文物保护法》的相关规定，榆林市对红色文化资源进行了分类和保护等级的评定。对于那些具有重要历史意义、代表性和完整性的红色文化遗址、纪念馆、革命旧址等，被确定为文物保护单位，根据其历史价值和文物特点，分为不同的保护等级，如重点保护单位、一般保护单位等。这种分类和评定为文物保护单位提供了法律保障，为其后续的管理和保护提供了依据。保护设施建设是红色文化资源保护的重要环节之一。榆林市加大了对红色文化遗址和革命旧址的保护性修缮工作，通过修建护栏、设置警示标识、修复建筑等方式，加强了对这些文物的保护。同时，在一些重要的红色文化遗址周边建设了游客中心、纪念馆等配套设施，为游客提供更好的参观服务的同时，也加强了对文物的保护与管理。

管理规定的执行情况也是评估红色文化资源保护管理的重要指标。在榆林市，相关部门出台了一系列的管理规定，明确了对红色文化资源的保护和管理责任，规定了管理单位、责任人等。同时，加大了对文物保护单位的巡查监督力度，确保管理规定的执行。对于违反管理规定的行为，加大了处罚力度，形成了较为严密的管理体系。乡村振兴战略为榆林市红色文化资源的保护和管理提供了新的契机和挑战。一方面，乡村振兴战略的实施使得一些红色文化资源得到了更好的保护和利用，成为吸引游客、带动乡村经济发展的重要资源。随着旅游业的发展和城乡一体化的推进，一些红色文化资源也面临开发利用带来的压力和挑战，如过度开发带来的破坏、商业化开发带来的虚化等问题，榆林市红色文化资源的保护和管理还需要进一步完善。要加强对红色文化资源的科学保护和合理利用，保持其历史原貌和文化内涵，避免过度商业化开发和人为破坏。要加强管理体系建设，完善相关管理规定和制度，提高管理效率和执行力度，确保红色文化资源的长期保存和传承。

要注重对红色文化资源的宣传推广和教育培训，提高公众对红色文化的认知和重视程度，形成全社会共同参与保护红色文化的良好氛围。只有如此，才能更好地实现红色文化资源的保护、传承和利用，为乡村振兴战略的实施提供更加坚实的文化支撑。

二、乡村振兴战略下榆林文化资源信息化监测体系建设

(一) 无人机航拍技术

榆林市对红色文化资源的保护和管理越发重视，运用先进技术为监测体系提供了新的支持。其中，无人机航拍技术的应用成为一项重要举措。通过无人机航拍技术，可以对榆林的红色文化资源进行高精度的航拍和影像采集，获取资源的立体信息和局部细节，为资源监测和管理提供了高质量的数据支持。无人机航拍技术具有高效快速的特点，能够在较短的时间内完成对红色文化资源的全面拍摄。相比传统的人工巡视或有限视角的摄影方式，无人机可以从空中俯视红色文化遗址、纪念馆等地，全方位地捕捉景观，获取更为全面、立体的信息。这种全面性的数据采集有助于更准确地把握资源的整体状况和变化趋势，为后续的监测和管理提供了有力的依据。

无人机航拍技术能够获取高分辨率的影像数据，对红色文化资源的局部细节进行精细化观察和记录。通过高清影像，可以清晰地显示红色文化遗址、纪念馆等建筑物的细节结构、装饰特征以及周边环境的变化情况。这种精细化的数据采集有助于发现文物的微观损伤、环境污染等问题，及时采取有效的保护措施，防止文物受到进一步的损害。无人机航拍技术还具有灵活性和适用性强的优势。无人机可以根据需要在不同时间、不同天气条件下进行航拍，适用于各种复杂地形和环境下的资源监测。而且，无人机可以搭载各类传感器和设备，如红外相机、多光谱相机等，实现对红色文化资源的多维度监测，进一步提高监测数据的质量和价值。无人机航拍技术为榆林市红色文化资源监测体系的建设提供了新的动力和路径。通过运用无人机航拍技术，可以实现对红色文化资源的全面、精细监测，为保护和管理工作提供了更为科学、全面的数据支持。同时，无人机航拍技术的应用也促进了技术与文化的深度融合，推动了红色文化资源保护与乡村振兴战略的有机结合，为

榆林市的文化事业和经济发展注入了新的活力。

(二) 地理信息系统 (GIS) 建设

在乡村振兴战略的指引下, 榆林市对红色文化资源的保护和管理不断强化, 建立榆林红色文化资源的 GIS 数据库成为一项重要举措。通过整合各类文化资源信息, 包括地理位置、历史背景、保存状态等, 利用 GIS 技术实现资源空间分布的可视化展示和空间分析, 为资源监测与管理提供了更为科学、高效的支持。建立榆林红色文化资源的 GIS 数据库意味着将各类文化资源信息数字化、系统化整合。这包括对红色文化遗址、纪念馆、革命旧址等各类资源的地理位置、历史沿革、重要事件、保存状态等信息进行收集、整理、录入数据库。通过建立统一的数据库, 可以实现对榆林市红色文化资源的全面掌握和管理, 为后续的保护和利用提供了有力的数据支持。GIS 技术的应用实现了榆林红色文化资源空间分布的可视化展示。通过 GIS 软件, 可以将红色文化资源的地理位置信息与地图图层进行关联, 将各类文化遗址、纪念馆等资源在地图上进行标注, 形成资源空间分布的图表展示。这种可视化展示方式直观清晰地展现了榆林市红色文化资源的分布状况, 为决策者和公众了解和认知红色文化资源提供了直观的参考。

GIS 技术还能够实现对榆林红色文化资源的空间分析。可以对文化资源的空间关联性、密度分布、空间距离等进行分析, 揭示资源之间的关联性和特征。比如可以分析红色文化资源与自然地理环境的关系, 探究资源分布的规律性和特殊性, 为资源保护、开发利用提供科学依据。榆林红色文化资源的 GIS 数据库建设将发挥重要作用。它有助于实现资源的精准管理和保护。通过 GIS 技术, 可以及时更新资源信息, 监测资源变化, 为资源的保护、修复和利用提供科学依据。GIS 数据库的建立也有助于资源的合理利用和开发。通过对资源空间分布和特征的分析, 可以科学规划资源开发利用项目, 促进资源与乡村旅游、文化产业的深度融合, 为乡村振兴战略提供新的发展动力。在实际操作中, 还应注意加强 GIS 技术人才队伍的建设, 提高相关工作人员的专业技能和素质。同时, 要加强数据安全管理, 保护好文化资源信息的隐私和安全。更好地发挥榆林红色文化资源 GIS 数据库的作用, 为乡村振兴战略的实施提供有力支持, 实现文化遗产的保护与传承。

第四节　评估与监测的应用与改进

一、榆林红色文化资源评估与监测的应用

(一) 文化活动监测

1. 监测红色文化活动的举办

榆林市对红色文化资源的评估与监测应用已经成为一项重要任务。监测红色文化活动的举办情况和效果是评估红色文化资源利用情况的重要组成部分。红色主题展览、演出、讲座等文化活动作为传承和弘扬红色文化的重要形式，其举办情况和效果不仅能反映红色文化资源的利用情况，还能评估文化活动对社会影响和经济效益的贡献，为未来文化活动的策划和组织提供重要参考。监测红色文化活动的举办情况是评估红色文化资源利用情况的第一步。通过对红色主题展览、演出、讲座等文化活动的举办情况进行监测，可以了解到活动的频次、规模、内容等方面的信息。这包括对活动的举办时间、地点、参与人数、主办单位等方面进行记录和统计。通过对这些基本信息的收集和分析，可以了解到榆林市红色文化活动的总体情况，为后续的效果评估和政策制定提供基础数据支持。评估红色文化活动的效果是评估红色文化资源利用情况的关键环节。文化活动的效果包括对社会影响和经济效益两个方面的评估。在社会影响方面，可以通过对活动的参与人数、参与者反馈、媒体报道等进行分析，评估活动对社会公众的影响力和传播效果[1]。在经济效益方面，可以通过对活动的票房收入、周边商业活动、文化产品销售等进行统计，评估活动对地方经济的带动作用和产业链效应。

2. 效果评估

红色文化活动对社会影响和经济效益的评估有助于为文化活动的策划和组织提供参考。在文化活动的策划阶段，可以根据以往活动的效果评估，选择合适的活动形式和内容，确定活动的目标和定位。在文化活动的组织和实施阶段，可以根据效果评估及时调整活动策略和运营方式，提高活动的吸

---

① 刘田. 乡村振兴视域下红色文化资源的优化路径探析——以榆林市榆林米脂县为例[J]. 天南, 2023(04): 134-136.

引力和影响力。在活动结束后，可以通过效果评估总结经验教训，为未来的文化活动策划和组织提供借鉴和参考。榆林市对红色文化资源的评估与监测应用将发挥重要的作用。通过监测红色文化活动的举办情况和效果，可以全面了解榆林市红色文化资源的利用情况和影响力，为推动红色文化资源的传承和发展提供科学依据和政策支持。同时，评估文化活动对社会影响和经济效益的贡献，有助于充分发挥红色文化资源的社会和经济价值，促进榆林市文化事业和乡村经济的持续健康发展。

(二) 文物保护监测

榆林市对红色文化资源的保护和利用非常重要。其中，科技手段在文物监测和保护中扮演着不可或缺的角色。通过运用科技手段，如遥感技术、无人机监测、传感器监测等，可以对榆林的文物进行实时监测，及时发现文物的保存状况，防止文物遭受自然灾害或人为破坏。遥感技术是对榆林文物进行监测的重要手段之一。通过遥感卫星，可以对榆林市的文物进行全方位、高分辨率的监测，实现对大范围文物的快速识别和评估。利用遥感技术，可以及时发现文物周边环境的变化，如土地利用变化、植被覆盖情况等，为文物保护提供重要信息。无人机监测技术在文物保护中也有着广泛的应用前景。通过无人机搭载高清相机或激光雷达等设备，可以对文物进行立体、多角度的监测，获取文物的立体信息和局部细节。无人机监测技术可以快速、灵活地对文物进行监测，不受地形、地貌等限制，为文物的保护和修复提供更加全面、精准的数据支持。

传感器监测技术也是文物监测的重要手段之一。通过在文物表面或周围安装各类传感器，可以实现对文物的温度、湿度、光照等环境参数的实时监测。一旦发现环境参数异常或文物发生变化，传感器可以及时发出警报，提醒管理人员采取相应的保护措施，避免文物遭受损害。科技手段的应用不仅可以提高文物监测的效率和精度，还可以实现文物保护工作的智能化和信息化。通过及时监测文物的保存状况，及时采取保护措施，可以有效防止文物的损坏和流失。同时，科技手段的应用还有助于加强对红色文化资源的科学管理和利用。通过对文物的监测和评估，可以为文物的合理保护和开发利用提供科学依据，实现文物保护与乡村振兴战略的有机结合。只有不断加强科技手段的应用，才能更好地实现榆林红色文化资源的保护、传承和利用。

二、榆林红色文化资源评估与监测的改进

(一) 建立多维度指标体系

榆林市红色文化资源评估与监测工作正朝着更加全面、科学的方向不断改进。引入多维度指标体系，包括文化、经济、社会、生态等方面，综合考量红色文化资源的综合价值和影响，不仅可以更全面地评估其贡献和地位，也有助于更好地指导红色文化资源的保护、传承和利用。引入文化维度的指标体系是评估红色文化资源的关键。红色文化资源作为革命历史的珍贵遗产，其文化价值不言而喻。在文化维度，可以考量文物的历史意义、文化传承的重要性、对社会认同感的影响等指标。例如，评估一个红色文化遗址对于当地群众的文化认同感、爱国主义教育的贡献等，以及红色文化活动对于传统文化的传承与发展等。经济维度的指标体系也是评估红色文化资源的重要考量之一。红色文化资源的开发利用不仅能够保护文化遗产，还能够带动当地经济的发展。在经济维度，可以考量文物保护和文化旅游产业对于当地经济的贡献，如观光旅游收入、文化产品销售收入等指标。同时，还可以评估红色文化资源对于就业创业的促进作用，以及对于地方产业结构的调整和优化效果。

社会维度的指标体系则关注红色文化资源对社会发展和社会稳定的影响。在社会维度，可以考量红色文化资源对于社会和谐、文明进步的推动作用，如红色文化活动对社会文化建设、公民道德提升等方面的影响。同时，还可以评估红色文化资源对于社会凝聚力和团结力的增强作用，以及对于社会公平、正义的促进效果。生态维度的指标体系关注红色文化资源对自然环境的影响和保护。红色文化资源的保护利用应当注重生态环境的保护和可持续发展。在生态维度，可以考量文物保护对于生态环境的影响，如文物保护工程对周边生态环境的影响评估，以及红色文化活动对生态环境的保护和利用等。综合考量以上多维度指标，可以更全面地评估榆林红色文化资源的贡献和地位。通过建立综合评估模型，将各个维度的指标量化并加权，得出红色文化资源的综合评价结果。这样的综合评估可以更好地指导红色文化资

源的保护、传承和利用，为乡村振兴战略的实施提供更有针对性的政策和措施。要加强数据收集和分析能力，建立完善的数据统计和监测机制，确保多维度指标的准确性和科学性。同时，要加强对评估结果的解读和运用，促进评估成果的转化和应用，为榆林红色文化资源的保护与传承提供更为有效的支持。只有不断改进评估与监测工作，才能更好地实现红色文化资源的综合利用，为榆林市的文化事业和乡村振兴战略的实施提供更有力的支持。

（二）实时动态监测

1.完善的监测网络

通过持续跟踪资源的变化和发展趋势，及时调整管理策略和措施，可以确保红色文化资源的可持续利用和保护，为榆林市文化事业和乡村振兴战略的实施提供有力支持。建立动态监测机制意味着对红色文化资源进行持续不断的监测和分析。这需要建立起完善的监测网络和数据采集系统，整合各类监测数据和信息资源，实现对红色文化资源的全面覆盖和动态监测。通过采用现代信息技术手段，如互联网、大数据、人工智能等，可以实现对文物、文化遗址、文化活动等各类资源的实时监测和数据更新，为后续的评估和决策提供及时准确的信息支持。动态监测机制需要建立起科学的数据分析和评估体系。这包括对监测数据进行定量化、分析和挖掘，揭示资源变化的规律性和趋势性。通过对资源变化的数据分析，可以及时发现问题和风险，为后续的管理和调整提供科学依据。同时，还可以利用数据分析技术，探索红色文化资源的潜在价值和利用空间，为资源的开发利用提供新的思路和方向。

2.灵活的管理调整机制

针对监测数据和分析结果，强化对资源的保护和利用。这包括加强对文物保护单位的管理和维护，优化文化活动的组织和实施，提升红色文化资源的整体管理水平。通过不断调整和优化管理措施，可以有效解决资源面临的问题和挑战，确保资源的可持续利用和保护。榆林红色文化资源评估与监测的改进将发挥重要作用。通过建立动态监测机制，可以实现对红色文化资源的全面、持续监测，及时发现资源的变化和问题，为文化事业和乡村振兴战略的实施提供科学依据和政策支持。同时，还可以提升文化管理部门的管理水平和服务能力，推动文化事业的创新发展，为榆林市的经济社会发展注入新的活力。要加强对动态监测机制的组织和协调，建立起跨部门、跨领域的联合监测机制，形成资源监测与管理的合力。同时，还要加强对相关人员的培训和技术支持，提升他们的监测和分析能力，确保动态监测机制的顺利实施和运行。

第十四章 乡村振兴战略下的榆林红色文化资源未来展望

第一节 乡村振兴战略与红色文化资源的未来发展趋势

一、文化旅游融合发展

(一) 强化宣传推广，拓展市场影响

榆林市作为中国重要的红色文化遗产地之一，具有丰富的革命历史和红色文化资源，近年来正逐步转型，将这些资源与乡村振兴战略相结合，实现经济与文化的双赢。在未来，随着榆林市加大对红色文化旅游的宣传推广力度，以及乡村振兴战略的深入实施，红色文化资源将迎来更广阔的发展空间。榆林市将通过新媒体、网络平台等多样化的宣传推广渠道，向全国乃至全球推广其丰富的红色文化旅游资源。借助互联网和社交媒体的力量，榆林市可以更加精准地触达潜在游客群体，传递红色文化的内涵和价值，吸引更多游客前来参观游览。同时，榆林市还可以通过建设专门的红色文化旅游网站或平台，提供全方位的旅游信息和服务，为游客提供更便捷的预订和体验通道，提升市场影响力和知名度。榆林市将积极探索红色文化旅游与乡村振兴战略相结合的新模式，促进农村经济的发展和文化的传承。榆林市可以在红色文化遗址周边开发旅游景区和农家乐项目，打造特色村庄和红色主题小镇，吸引游客前来体验农耕文化、品味地方美食，推动当地农村产业的融合发展[①]。通过加强与当地村民的合作，榆林市可以使红色文化旅游成为促进农民增收的有效途径，推动乡村经济的蓬勃发展。随着红色文化旅游的不断发展壮大，榆林市还将加强相关基础设施建设和服务水平提升。榆林市可以加大对红色文化遗址的保护和修复力度，提升景区的游览质量和安全水平。

[①] 艾丽丽，崔渊，王向莉. 榆林乡村振兴发展的几点思考 [J]. 智慧农业导刊，2022，2 (09)：119-121.

同时，榆林市还可以加强旅游人才队伍建设，培养更多具备专业知识和服务意识的导游和服务人员，提升游客的旅游体验和满意度。榆林市通过加大对红色文化旅游的宣传推广力度，结合乡村振兴战略的实施，将进一步挖掘和利用其丰富的红色文化资源，促进旅游业的快速发展和乡村经济的全面振兴。在未来，榆林市的红色文化旅游必将迎来更加美好的发展前景，为地方经济社会的可持续发展作出更大的贡献。

（二）加强产业融合，促进经济发展

榆林市在推动红色文化旅游宣传推广的同时，将积极促进红色文化资源与其他产业的深度融合，特别是与乡村振兴战略的结合。这一举措旨在推动榆林乡村经济的转型升级，实现经济效益和社会效益的双赢局面。榆林将充分挖掘和利用红色文化资源的独特魅力，与当地的农业产业相结合。通过开展农业观光、主题农庄建设等方式，将红色文化元素融入乡村旅游景点中，打造具有红色文化特色的乡村旅游目的地。例如，可以在红色革命根据地周边建设红色主题农庄，以红色革命历史文化为主题，向游客展示当年中共中央和老百姓的生活场景、农耕文化等，吸引游客进行体验式旅游，促进当地农业产业与旅游业的互动发展。榆林还将重视发展文化创意产业，将红色文化资源转化为具有市场竞争力的文化产品和旅游商品。通过设计开发以红色文化为主题的手工艺品、纪念品、文化衍生品等，丰富游客的消费体验，提升乡村旅游的附加值。同时，鼓励和支持当地文化创意企业的发展，培育一批以红色文化为核心的文化创意产业集群，推动乡村经济结构优化升级。榆林市还将利用新媒体、网络平台等现代信息技术手段，加大对红色文化旅游的宣传推广力度，向全国乃至全球推广榆林的红色文化旅游资源。通过构建完善的网络营销平台、开展线上线下互动活动等方式，扩大榆林红色文化旅游的知名度和影响力，吸引更多游客前来体验、参观，进一步推动当地乡村旅游业的发展。在未来，随着乡村振兴战略的深入实施和红色文化资源的不断挖掘，榆林的红色文化旅游业有望迎来更加广阔的发展前景。通过不断创新和发展，榆林将成为乡村振兴战略下红色文化旅游发展的典范之一，为促进当地经济社会的全面发展作出更大的贡献。

二、传承创新并重

(一) 提升文化产业水平

1. 加大财政投入

为促进榆林市红色文化产业的创新发展，政府将进一步加大对文化产业的扶持力度。这一举措旨在激发文化企业的创新活力，推动红色文化产业实现转型升级，提升其在经济发展中的地位和作用。同时，将鼓励文化企业与科技企业、互联网企业等进行合作，共同探索文化产业与科技融合的新路径，以应对新时代经济发展的挑战。政府将通过增加财政投入、提供税收优惠政策等措施，加大对红色文化产业的扶持力度。鼓励文化企业加大研发投入，推动红色文化资源的数字化、智能化转型，提升产品和服务的质量与竞争力。同时，通过建立专项资金、设立奖励机制等方式，激励文化企业在红色文化领域进行创新探索，推动优秀红色文化作品的创作与传播。

2. 跨界合作

政府将积极推动文化企业与科技企业、互联网企业等跨界合作，共同推动红色文化产业的转型升级。通过建立产学研合作平台、开展技术交流与人才培训等方式，促进文化产业与科技创新的深度融合，推动红色文化产业朝数字化、智能化方向发展。例如，可以与互联网企业合作开发红色文化主题的虚拟现实 (VR) 体验项目，为游客提供更加丰富的文化旅游体验。政府还将通过促进文化企业的国际合作与交流，拓展红色文化产业的国际市场。鼓励文化企业参与国际文化交流活动、开展跨国合作项目，推动中国红色文化在国际上的传播与交流，提升榆林市在全球文化产业价值链中的地位和影响力。在未来，随着乡村振兴战略的不断深入和红色文化资源的持续挖掘，榆林市红色文化产业有望迎来更加广阔的发展空间。政府将继续加大扶持力度，为文化企业提供更加良好的发展环境，推动红色文化产业蓬勃发展。

(二) 拓展文化旅游市场

为推动榆林市红色文化旅游的发展，政府将加强红色文化旅游产品的开发和推广，设计并推出丰富多样的红色文化旅游线路，打造具有特色的红色文化主题景区和景点，以吸引更多游客前来榆林，体验红色文化之美。这一举措旨在将红色文化资源与乡村振兴战略深度融合，推动榆林乡村旅游的全面发展。政府将加大对红色文化旅游产品的开发力度。通过深入挖掘榆林丰富的红色文化资源，设计创新的旅游线路和主题活动。例如，可以开发以红色历史、革命遗迹、英雄人物等为主题的红色文化旅游线路，结合当地的自然风光和民俗文化，打造具有独特魅力的红色文化旅游产品。政府将重点打造红色文化主题景区和景点。通过整合和优化现有的红色文化资源，建设具有代表性和吸引力的红色文化旅游目的地。例如，可以修复和保护红色革命遗址、红色历史建筑等，打造红色文化主题公园、红色文化主题街区等，展示榆林的红色文化底蕴和历史风采，吸引游客前来参观体验。

政府还将采取多种形式和渠道，加大对红色文化旅游产品的推广力度。通过新媒体、网络平台、旅游展会等方式，向全国乃至全球推广榆林的红色文化旅游资源，提升其知名度和影响力。同时，鼓励文化企业、旅游机构等积极参与红色文化旅游产品的推广活动，加强与景区、景点的合作，共同打造红色文化旅游的品牌形象。在未来，随着乡村振兴战略的深入实施和红色文化资源的持续发掘，榆林市红色文化旅游业有望迎来更加繁荣的发展局面。政府将持续加大对红色文化旅游的扶持力度，推动红色文化旅游产品的创新与升级，为榆林市乡村振兴注入新的动力和活力。

第二节　新时代背景下的发展机遇与挑战

一、新时代背景下的发展机遇

(一) 文化自信与传统文化回归

在新时代，中国提倡文化自信，榆林的红色文化资源作为中国革命斗争的重要代表。这种文化自信不仅是对过去历史的自豪和认同，更是对中华优秀传统文化的传承与弘扬。而正是在这一新时代背景下，乡村振兴战略为榆林提供了回归传统文化、弘扬红色文化的重要机遇。榆林的红色文化资源蕴含着丰富的历史内涵和精神价值，可以作为弘扬中华优秀传统文化的生动实践。通过深入挖掘和宣传榆林的红色文化资源，可以激发广大人民群众的爱国情怀和民族精神，增强全社会对中华优秀传统文化的认同和自信。乡村振兴战略为榆林提供了实现红色文化资源价值的重要契机。可以通过振兴乡村旅游、发展乡村文化产业等途径，充分利用榆林丰富的红色文化资源，推动当地经济的发展和社会的进步。例如，可以打造以红色文化为主题的乡村旅游景区和文化创意产业基地。

榆林的红色文化资源也是提升地方形象和吸引力的重要支撑。地方形象的塑造和文化软实力的提升对于推动地方经济社会的可持续发展至关重要。通过加大对红色文化资源的保护和开发利用，可以提升榆林的文化软实力，增强其在国内外的知名度和影响力。在新时代的背景下，榆林的红色文化资源将迎来新的发展机遇。政府应进一步加强对红色文化资源的保护和利用，推动红色文化的传承与发展，为乡村振兴和中华文化的繁荣作出更大的贡献。

(二) 绿色发展与生态优势

生态文明建设已成为国家发展的重要战略，绿色发展已成为不可逆转的趋势。榆林地处陕北黄土高原，生态环境脆弱，但同时也蕴含着丰富的自然资源和生态优势。榆林可以通过乡村振兴战略，将红色文化资源与生态优势相结合，实现绿色发展，打造生态宜居的乡村旅游目的地。榆林可以通过保护和修复生态环境，提升乡村旅游的品质和吸引力。通过植树造林、水土保持等生态工程，改善榆林市的生态环境，保护榆林的自然景观和生物多样性。同时，在红色文化旅游开发中，注重保护和利用红色文化与自然景观相融合的区域，打造具有生态特色的旅游线路和景点，吸引更多游客前来体验生态与文化的融合之美[①]。榆林可以推动农业生产方式的转型升级，实现农业与旅游的融合发展。通过发展绿色农业、生态农业等方式，减少农药化肥的使用，保护土壤和水资源，提高农产品的品质和安全性。同时，将农业生产与红色文化旅游相结合，推动农家乐、农庄观光等农业旅游项目的发展，为游客提供丰富多样的农耕体验。

---

① 邹双红. 依托红色教育基地强化红色文化教育 [J]. 遵义师范学院学报，2023，25（06）：39-41.

政府可以加大对生态旅游的扶持力度，引导企业和社会资本投入到生态旅游项目中。通过提供财政补贴、税收优惠等政策支持，吸引更多投资者参与到榆林生态旅游的开发建设中，推动生态旅游产业的健康发展。同时，加强生态环境监测和管理，确保生态旅游的可持续发展，实现经济、社会和生态效益的良性循环。榆林的红色文化资源与生态优势相结合，为实现绿色发展提供了重要契机。政府应积极引导和推动相关工作，促进榆林生态旅游产业的蓬勃发展，为乡村振兴和生态文明建设作出积极贡献。

二、新时代背景下面临的挑战

(一) 传承困难

部分榆林红色文化资源的传承确实面临一些困难，特别是一些非物质文化遗产，如口述文学、传统技艺等。因为社会结构的变迁和生活方式的改变使得传统文化的传承面临更大的挑战。随着城乡人口流动和年轻一代对就业机会和生活方式的选择，榆林的红色文化传承人逐渐减少。年轻人更倾向于选择城市就业或者接受现代教育，而不愿意从事传统的口述文学、传统技艺等工作。这导致了传承人的减少，使得红色文化资源的传承面临断代的风险。传统技艺面临失传的风险。随着科技的发展和现代生活方式的普及，一些传统技艺逐渐被现代工业生产或机械化替代，传承人的技艺没有得到有效传承和保护。同时，由于传统技艺的学习周期长、成本高，年轻一代缺乏耐心和兴趣去学习传统技艺，使得传统技艺的传承面临严峻的挑战。

解决这些挑战需要全社会的共同努力和政府的积极引导。应该加强对红色文化传承人的培养和保护。政府可以制定相关政策，提供专项资金支持，鼓励有关部门和机构开展红色文化传承人的培训和挖掘工作，激励更多的人投身于红色文化传承的事业中。应该加强对传统技艺的保护和传承。政府可以建立传统技艺保护的法律法规体系，加强对传统技艺传承人的认定和保护，推动传统技艺的学习和传承。同时，可以通过设立奖励机制、开展技艺展示等方式，激励年轻一代学习和传承传统技艺，确保传统技艺得以传承和发展。榆林的红色文化资源传承面临一些挑战，但也蕴含着丰富的发展机遇。只有通过全社会的共同努力，加强对红色文化传承人和传统技艺的保护和传承，才能更好地传承和弘扬榆林的红色文化，为乡村振兴和文化建设注入新的活力。

(二) 产业转型难题

部分榆林乡村地区仍然以传统农业为主导，而文化产业的发展相对滞后。如何实现红色文化资源向现代文化产业的转型，面临一定的挑战和难题。红色文化资源向现代文化产业的转型需要克服观念落后和思想保守的难题。部分农村地区对于文化产业的认识和理解还停留在传统农业生产的阶段，缺乏对于文化产业发展的认知和支持。因此，需要加强对农村地区的宣传教育工作，提升农民对于文化产业发展的认识和理解，激发其参与文化产业发展的积极性。红色文化资源转型还需要解决技术和资金匮乏的难题。部分农村地区缺乏现代化的文化产业基础设施和技术支持，限制了文化产业的发展和转型。因此，需要加大对农村文化产业的投入力度，引导社会资本参与文化产业的发展，提升文化产业的技术水平和竞争力。

红色文化资源转型还需要解决市场需求不足和产业链不完善的难题。部分农村地区文化产业发展相对滞后，市场需求相对不足，文化产品和服务的销售渠道有限，产业链不够完善。因此，需要通过拓展市场渠道、提升产品品质、完善产业链条等方式，促进红色文化产业的发展，提升产业的竞争力。红色文化资源转型还需要解决人才短缺和人才培养不足的难题。部分农村地区缺乏专业人才和文化产业从业人员，制约了文化产业的发展和转型。因此，需要加强对农村地区人才的培养和引进工作，提升人才队伍的整体素质和能力水平，为红色文化产业的转型提供人才保障。实现榆林红色文化资源向现代文化产业的转型需要克服观念落后、技术和资金匮乏、市场需求不足、人才短缺等一系列难题。政府应加大对农村文化产业的支持力度，促进红色文化产业的转型和升级，推动榆林乡村经济的蓬勃发展。

第三节 未来发展方向与政策建议

一、榆林红色文化资源未来发展方向

(一) 文化遗产保护与传承

1. 文化遗产保护

榆林市将进一步加强对红色文化遗产的保护与传承，这一举措旨在确保榆林的红色文化遗产得到妥善保存，并通过各种形式进行传承，使其历史价值得以永续，为榆林乡村振兴的未来发展注入新的活力。榆林将加大对红色革命遗址和红色文物的保护力度。通过修缮、加固等措施，确保红色革命遗址和文物的原始风貌得以保持，延续其历史记忆和文化价值。这种保护不仅仅是对建筑物本身的保护，更是对历史的尊重和传统文化的传承。只有将这些红色文化遗产保护好，才能让后人更好地了解和感受历史的风貌，更好地传承和弘扬红色革命精神。榆林将建立健全红色文物保护管理机制，加强对红色文物的监测和维护，防止其受到自然灾害和人为破坏。这需要政府、专业机构和社会各界共同参与，建立起科学合理的管理体系和监测机制，及时发现和处理文物的损坏和危害，确保红色文物能够得到妥善保护和传承。同时，还需要加强对文物保护技术的研究和应用，不断提升文物保护水平，确保其保存状态和可持续性。榆林将加强纪念馆等红色文化设施的建设和管理。通过提升纪念馆展览陈列水平，丰富展品内容，使之更加生动、具有吸引力，为游客提供更加深入的红色文化体验。这不仅包括对展品的选择和展示方式的设计，还包括对参观者的服务和解说工作的加强，使之能够更好地理解和感受红色文化的历史内涵和精神价值。同时，加强对纪念馆的管理和维护，确保其设施设备的完好，满足游客的需求，提升游客体验和参观质量。

2. 文化遗产传承

榆林市在加强对红色文化遗产的传承方面，除了加强保护工作外，还将通过多种形式来进行。这些形式包括开展红色文化主题教育活动、举办红色革命历史知识竞赛等，旨在加强对红色文化的宣传和普及，提升公众对红色文化的认知和理解。开展红色文化主题教育活动，包括举办红色文化讲

座、红色文化展览、红色文化主题演出等，通过多种形式向公众传播红色文化的精神内涵和历史价值。这样的教育活动可以让人们更加深入地了解红色文化的丰富内涵，增强对红色文化的认同感和自豪感。榆林市将举办红色革命历史知识竞赛等活动。通过这种方式，可以激发人们对红色革命历史的兴趣，增加对红色文化的了解和熟悉程度。同时，这也是一种非常有效的教育方式，能够在竞赛的过程中增强人们的学习动力和参与积极性，进一步推动红色文化的传承和发展。榆林市还将利用虚拟现实技术、数字化展览等手段，将红色文化遗产呈现给更多的人。通过虚拟现实技术，可以模拟出真实的红色革命历史场景，让人们身临其境地感受红色文化的魅力。数字化展览则可以让红色文化遗产更加便捷地被广大民众所了解和欣赏，拓展了传承的渠道和方式，使红色文化的传承更加广泛和深入。

(二) 加强科技与创新应用

榆林将积极运用现代科技手段，如虚拟现实技术、数字化展示技术等，以提升红色文化资源的展示和传播效果，增强其吸引力和竞争力，推动榆林的红色文化资源未来发展。榆林将借助虚拟现实技术，打造红色文化虚拟体验平台。通过建设虚拟现实展览馆、红色历史主题公园等场所，利用虚拟现实技术将红色革命历史场景、英雄人物形象等栩栩如生地呈现在观众面前。游客可以通过佩戴 VR 眼镜或使用手机 App 等方式，身临其境地感受红色文化的魅力。榆林将推动红色文化资源的数字化展示和管理。通过数字化技术对红色文物、纪念馆藏品等进行全面的数字化采集和整理，建立数字化文物库和文化遗产数据库[①]。同时，利用互联网平台和移动应用程序，将数字化的红色文化资源向公众开放，让更多的人可以随时随地了解和欣赏榆林的红色文化。

榆林还将探索利用人工智能技术，打造个性化的红色文化体验服务。通过分析用户的兴趣和偏好，为游客提供个性化定制的红色文化旅游路线和体验项目。同时，利用人工智能技术实现对红色文化资源的智能化管理和保护，提升资源利用效率和管理水平。在未来，榆林将进一步发挥现代科技手

---

① 师丹丹.探析新媒体视域下高校红色文化传承的创新性发展 [J].中国民族博览，2023 (20)：160-162.

段的作用，提升红色文化资源的展示和传播效果，增强其吸引力和竞争力。政府将加大对现代科技的投入和支持力度，促进科技与文化的融合发展，为榆林的红色文化资源开发与传承注入新的活力。

二、榆林红色文化资源政策建议

（一）优化产业布局

榆林需要制定相应的政策建议，以指导和引导红色文化产业的布局和发展，避免同质化竞争，促进产业升级和优化。政府可以通过出台产业规划和政策，引导红色文化产业的布局。根据榆林的红色文化资源分布和特点，制定相应的产业布局规划，明确不同地区的产业发展方向和重点领域。例如，对于拥有丰富革命历史资源的地区，可以重点发展红色旅游和文化创意产业；而对于农村地区，可以重点发展农耕文化和民俗文化产业等。政府可以通过提供财政支持和税收优惠等政策，鼓励红色文化产业的发展。加大对红色文化企业的财政补贴力度，支持其加大研发投入，提升产品品质和技术水平。同时，对于符合条件的红色文化企业，给予税收优惠政策，降低其生产经营成本，促进其健康发展。

政府可以加强对红色文化产业的培训和扶持。通过举办培训班、开展技术指导等方式，提升红色文化从业人员的专业水平和管理能力，提高产业整体竞争力。同时，建立红色文化产业发展基金，为红色文化企业提供融资支持，帮助其解决发展中的资金瓶颈问题。政府可以加强对红色文化产业的监管和引导，防止同质化竞争和恶性竞争。建立健全产业监管机制，加强对红色文化产品质量和知识产权的保护，维护市场秩序。同时，通过组织行业协会、举办展会等方式，促进红色文化产业企业之间的合作与交流，形成产业集群效应，实现产业协同发展。政府可以通过制定产业规划和政策、提供财政支持和税收优惠、加强培训和扶持、加强监管和引导等方式，指导和引导榆林的红色文化产业布局和发展，促进产业升级和优化。

（二）优化政策环境

榆林需要进一步优化政策环境，简化审批程序，提高政策的透明度和稳定性，为红色文化产业的发展提供良好的政策支持和服务保障。政府可以加强对红色文化产业政策的宣传和解读，提高政策的透明度。通过举办政策解读会、发布政策解读文件等方式，向社会各界广泛宣传政策内容和实施细则，让企业和公众更加清晰地了解政策的具体内容和影响。同时，建立政策咨询平台，为企业和个人提供政策咨询和解答服务，及时解决他们在产业发展过程中遇到的问题和困惑。政府可以简化红色文化产业的审批程序，提高办事效率。对于涉及红色文化产业的项目，建立便捷的审批通道和绿色通道，简化审批手续和流程，缩短审批时间。同时，加强部门间的协调配合，建立信息共享机制，避免重复审批和信息不畅造成的延误。

政府还应当加强对红色文化产业政策的稳定性和可预期性的保障。制定长期稳定的产业发展规划和政策措施，为红色文化产业的发展提供长期稳定的政策支持和保障。同时，建立政策跟踪和评估机制，及时了解政策实施过程中存在的问题和困难，及时调整和完善政策措施，确保政策的适时性和有效性。政府可以建立健全监督和评估机制，加强对红色文化产业政策执行情况的监督和评估。通过开展政策执行情况的监督检查和评估评价，及时发现和解决政策执行过程中存在的问题和不足，确保政策的有效实施和产业发展的顺利推进。政府可以通过提高政策的透明度和稳定性、简化审批程序、保障政策的可预期性和执行效果、加强监督和评估等方式，为榆林的红色文化产业发展提供良好的政策支持和服务保障。

结束语

    榆林红色文化资源的深度开发利用研究，为促进地方经济发展、提升文化软实力、推动乡村振兴战略实施提供了重要参考和指导。本书从传承红色文化精神、创新文化产业发展、促进乡村旅游经济等方面进行了深入探讨，得出了一系列有价值的结论和建议。

    （1）榆林市具有丰富的红色文化资源，如革命遗址、革命历史人物故居等，通过深入挖掘和整理这些资源，可以建立起丰富多彩的红色文化教育基地。将这些基地作为乡村文化旅游的重要内容，为当地居民提供了深入了解革命历史、传承红色基因的机会。因此，利用红色文化资源进行历史文化传承与教育是榆林乡村振兴的重要方法之一。

    （2）榆林的红色文化资源不仅仅是历史遗迹，还可以成为文化产业的重要支撑。可以通过开发红色文化衍生产品、举办红色文化艺术表演、推出红色文化主题商品等方式，将红色文化资源与现代文化产业相结合，打造具有地方特色和历史底蕴的文化产品，提升榆林乡村的文化软实力，推动当地文化产业的发展。

    （3）榆林市拥有独特的自然生态环境，结合红色文化资源开发生态旅游是一个重要方向。可以在红色文化景点周边打造生态园区、生态农庄等。通过生态旅游的开展，可以提升当地乡村的形象和吸引力，促进旅游业与乡村经济的互动发展。同时，加强对乡村治理的整合，保护好红色文化资源和生态环境，实现乡村振兴战略与生态文明建设的良性互动。

    总而言之，乡村振兴战略是实现我国农村全面振兴的重要举措，而榆林的红色文化资源深度开发利用则是乡村振兴战略的重要组成部分。榆林作为陕北地区的核心城市，拥有丰富的红色文化遗产，如西北革命策源地、陕甘宁边区政治、军事、文化中心等历史遗迹，这些都是宝贵的红色文化资源。

参考文献

[1] 乔婉婷.乡村振兴战略背景下"三农"经济发展问题对策研究 [J].
边疆经济与文化，2024(03)：44-48.

[2] 祁玉周.乡村振兴战略对农业发展的影响及优化策略 [J].中国集体
经济，2024(06)：21-24.

[3] 余艳.乡村振兴战略下农业产业发展路径分析 [J].内江科技，2024，
45(02)：75-76.

[4] 李怡宁，陈慧英，王振华，等.乡村旅游助推乡村振兴战略实施机
制的构建 [J].黑龙江科学，2024，15(03)：159-161.

[5] 高昕辉.关于乡村振兴战略的思考 [J].中国市场，2023(19)：28-31.

[6] 孙卫春，苗芳.榆林红色文化资源保护开发利用研究 [J].吕梁学院
学报，2019，9(03)：58-62.

[7] 周宇.发挥红色文化资源优势助推乡村振兴战略研究 [J].经济研究
导刊，2023(07)：44-46.

[8] 古丽娜尔·吐尔逊.乡村振兴战略视域下红色文化资源开发路径探
析 [J].农家参谋，2022(22)：4-6.

[9] 张光位.乡村振兴战略视域下地方红色文化资源价值实现的路径探
析 [J].文化学刊，2021(12)：164-166.

[10] 刘田.乡村振兴视域下红色文化资源的优化路径探析——以榆林
市榆林米脂县为例 [J].天南，2023(04)：134-136.

[11] 艾丽丽，崔渊，王向莉.榆林乡村振兴发展的几点思考 [J].智慧农
业导刊，2022，2(09)：119-121.

[12] 邹双红.依托红色教育基地强化红色文化教育 [J].遵义师范学院学
报，2023，25(06)：39-41.

[13] 师丹丹.探析新媒体视域下高校红色文化传承的创新性发展 [J].中

国民族博览，2023（20）：160-162.

[14] 张渊，徐蓉蓉，延江波 . 榆林红色文化资源在廉政教育基地建设中的目标定位与价值探析 [J]. 榆林学院学报，2021，31（03）：123-128.

[15] 薛改霞 . 榆林红色文化资源与大学生理想信念教育有效路径 [J]. 文化创新比较研究，2018，2（27）：15-17.

[16] 高晶，赵彧 . 乡村振兴背景下城乡融合发展的实现路径 [J]. 农村实用技术，2023（11）：80-81.

[17] 向晓梅，潘妍，陈小红，等 . 乡村振兴背景下商品营销网络城乡一体化发展研究 [J]. 新经济，2023（09）：90-97.

[18] 苏旭东，韩建民 . 城乡一体化背景下乡村景观规划发展与优化路径研究 [J]. 水利规划与设计，2023（02）：23-25.

[19] 史丽娜 . 城乡一体化背景下旅游业发展路径研究 [J]. 农业经济，2022（12）：135-137.

[20] 孙会岩，王玉莹 . 善用红色资源提升城市软实力 [J]. 晨刊，2022（04）：41-44.

[21] 刘文娟 . 乡村振兴战略背景下农业产业结构优化路径 [J]. 山西农经，2022（21）：86-88.

[22] 王友云，罗正业，王磊 . 科技创新赋能乡村振兴战略的机理探讨 [J]. 贵阳学院学报（社会科学版），2022，17（03）：93-97.

[23] 雷文华 . 提升农业产业化龙头企业科技创新能力助推乡村振兴战略实施 [J]. 农家参谋，2021（24）：13-14.

[24] 杨娟 . 基于乡村振兴战略下的农业经济管理优化策略分析 [J]. 山西农经，2021（19）：49-51.

[25] 卢一鸣 . 坚守使命创新发展科技赋能为加快推进乡村振兴战略助力 [J]. 农场经济管理，2021（10）：12-14.

[26] 马瑞 . 陕北榆林市红色文化传承研究 [D]. 昆明：大理大学，2020.

[27] 唐龙楚杰 . 陕西省志丹县红色文化资源保护利用路径研究 [D]. 西安：西安建筑科技大学，2023.

[28] 彭梓莫 . 红色文化传承与乡村振兴的耦合协调评价与调控策略研究 [D]. 武汉：华中农业大学，2023.

[29] 刘建莘.红色体育助力庆阳革命老区乡村振兴研究 [D]. 兰州：西北民族大学，2023.

[30] 张登霞.红色文化推动革命老区乡村振兴研究 [D]. 长沙：湖南大学，2022.

[31] 韩旭芳.红色文化助推陕北老区乡村振兴路径研究 [D]. 西安：长安大学，2020.

[32] 郑志英.新媒体时代红色文化国际传播研究 [D]. 南昌：南昌大学，2022.

[33] 秦真.乡村振兴战略背景下的农业经济管理优化研究 [J]. 农业开发与装备，2023(08)：101-103.

[34] 陈诗.乡村振兴战略下乡村能人培育研究 [D]. 长春：吉林大学，2023.

[35] 刘贺.乡村振兴战略视域下乡村人才队伍建设研究 [D]. 沈阳：辽宁大学，2023.

[36] 李瑾.乡村振兴战略下中国城乡融合发展的路径研究 [D]. 青海：青海大学，2023.

[37] 王晓晨.乡村振兴战略背景下乡村文化建设研究 [D]. 重庆：重庆邮电大学，2022.

[38] 董欣.乡村振兴战略下的农民就业转型研究 [D]. 石家庄：河北师范大学，2022.

[39] 王晓晓.乡村振兴战略背景下西北地区农村集体经济发展壮大研究 [D]. 西安：西北农林科技大学，2022.

[40] 吴晓蓉.乡村振兴战略下我国政策性农业再保险体系的构建研究 [D]. 厦门：福建农林大学，2022.